国家社科基金
GUOJIA SHEKE JIJIN HOUQI ZIZHU XIANGMU
后期资助项目

中国工业企业成长动态及其影响因素：事实与诠释

China's Industrial Firm Growth Dynamics and the Influence Factors: Facts and Clarifications

李洪亚　著

中国财经出版传媒集团
经济科学出版社
Economic Science Press

国家社科基金后期资助项目
出版说明

　　后期资助项目是国家社科基金设立的一类重要项目，旨在鼓励广大社科研究者潜心治学，支持基础研究多出优秀成果。它是经过严格评审，从接近完成的科研成果中遴选立项的。为扩大后期资助项目的影响，更好地推动学术发展，促进成果转化，全国哲学社会科学工作办公室按照"统一设计、统一标识、统一版式、形成系列"的总体要求，组织出版国家社科基金后期资助项目成果。

全国哲学社会科学工作办公室

前　言

　　作为一个经济组织，企业是社会经济的组成部分，是一个重要的微观经济主体。企业是生产力的载体，也是生产关系的体现，企业的成长是生产力与生产关系共同作用的结果，企业成长表现为企业规模量的增长与质的提升。企业成长是企业经营者追求的最终目标，也是推动整体经济增长的前提和基础。对于企业成长问题的研究由来已久，至少可以追溯到古典时期亚当·斯密（Adam Smith）的分工理论，以及后来的规模经济理论、企业成长的生命周期理论等。企业成长问题是一个广泛的研究对象，涉及经济学和管理学等交叉学科。虽然研究者已从不同侧面、不同角度对企业成长问题进行了大量研究，但是由于现代经济的快速发展，企业的发展和创新也日新月异，时至今日，企业成长问题仍然是经济学者们研究的重要课题。

　　本书在企业规模与成长关系的研究框架下探究中国工业企业成长动态及其影响因素。总体来看，主要研究两大问题：第一，对中国工业企业成长动态演进规律的探求；第二，对影响中国工业企业成长因素的考量。本书的研究始于 1998 年一直延续至 2010 年，这一期间中国社会主义市场经济体制改革进一步深化、经济更加开放，工业化进程进一步加快，经济处于高速增长阶段。因此，深入探究社会主义市场化改革进程中中国工业企业成长动态的演进路径、全面剖析影响中国工业企业成长的因素，对于中国工业企业成长乃至整体国家经济发展来说都具有重要意义。

　　关于企业规模与成长关系的研究是一个古老而又现代的话题，古典时期亚当·斯密的分工理论、马克思的企业规模与成长理论与规模经济理论、科斯的交易费用理论以及基于分布规律视角下的企业规模与成长关系理论等都对此进行了深入研究，既探究了企业规模与成长的规律性，也分析了影响企业成长的各种因素。其中，基于分布规律视角下的企业规模与成长关系理论——吉布莱特（Gibrat）定律，把企业规模与成长和产业结构之间的关系联系在一起，成为产业组织经济学研究的重要领域。吉布莱特定律不仅刻画了企业成长的动态演进过程，也为实证研究影响企业成长的因素提供了一个分析框架。企业的成长是一个复杂的系统工程，与诸多因素相关，是内部因素和外部因素共同作用的结果。本书以马克思的企业成长多因素论为根本，基于分布规律视角下的企业规模与成长关系的研究框架对影响中国工业企业成长的因素进行了多方面的考察。本书分别从个体层面和总体层面分析了中国工业企业成长动态及其影响因素的特征事实，并对此进行了诠释。

在个体层面上，本书分别从企业研发（R&D）投入、生产率、创新、对外直接投资（OFDI）与融资约束等多角度探究中国工业企业成长动态的演进特征以及各因素对其产生的影响。

第一，研发投入视角。从研发投入视角利用 2005～2007 年中国制造业 2 万多家企业数据，采用面板数据工具变量两阶段最小二乘法（IV-2SLS）克服研发内生性问题检验吉布莱特定律，并实证分析衡量企业创新能力的两个重要指标——研发投入规模和研发投入强度对中国制造业企业成长的影响效应。结果表明：一方面，中国制造业企业规模与成长之间并不遵循吉布莱特定律，企业成长具有"规模依赖"。另一方面，研发投入规模和研发投入强度对中国制造业企业成长均产生显著正向影响，其中不考虑研发的内生性，用最小二乘法（OLS）估计的结果均低估研发投入规模和研发投入强度对企业成长的影响效应；而考虑研发的内生性，用 IV-2SLS 方法估计可以改善研发投入规模和研发投入强度对企业成长影响的低估。此外，还特别探讨中国制造业企业研发行为对不同所有制和不同地区企业成长影响的不同效应。本书研究结果为加大中国制造业企业的研发投入规模和研发投入强度，推动中国制造业企业成长提供了经验证据，对于深入理解中国制造业企业的行为特征具有参考价值。

第二，生产率视角。采用 1998～2007 年中国非制造业工业企业数据，基于吉布莱特定律的研究框架，分析生产率、企业规模对中国非制造业工业企业成长及其规模分布的影响。结果表明：首先，企业规模与成长之间并不遵循吉布莱特定律，企业规模对企业成长具有显著的负向影响；而生产率对企业成长则具有显著的正向影响，且影响具有长期的持续性。其次，企业规模的扩张会带来平均企业规模的扩大与行业集中度的上升，使得企业规模（对数）分布更倾向于偏离正态分布；而生产率的提高在推动平均企业规模扩大的同时却会带来行业集中度的下降，使得企业规模更趋向正态分布。最后，分析了企业年龄、产权特征、地区差异以及出口需求等因素对此产生的影响。通过对不同行业分类研究发现，不同行业企业成长及其行为不仅具有相似性也具有差异性。本书既有助于更好地理解中国非制造业工业企业成长及其行为特征，也有助于更好地把握中国非制造业工业企业产业组织演进的动态过程及其背后的市场结构特征。从而为推动中国工业企业成长、促进企业规模结构合理化以及产业结构优化等方面政策的制定提供了经验依据。

第三，创新视角。创新能否推动中国新一代信息技术产业企业成长，高创新性是否带来中国新一代信息技术产业企业的高成长性？这一问题的研究对于当前中国实施创新驱动发展新一代信息技术产业来说具有重要的现实意义。采用2004～2007年中国新一代信息技术产业微观企业数据，同样基于企业规模与成长关系的模型——吉布莱特定律的分析框架，对此实证研究。结果表明：创新可以对中国新一代信息技术产业企业成长带来积极正向效应，而且新一代信息技术产业企业高创新性还可以带来高成长性。在稳健性检验方面，多种变量及多种方法估计的结果均支持这一结论。同时，结果还显示出：中国新一代信息技术产业企业成长具有显著的"规模依赖"和"年龄依赖"特征；企业的国有产权属性对新一代信息技术产业企业的成长具有负向影响，而出口需求与东部地区对新一代信息技术产业企业成长具有显著正向效应。以期本书可以为深入理解中国新一代信息技术产业企业成长的规律以及为实施创新驱动发展战略推动中国新一代信息技术产业发展及其企业成长提供经验证据。

第四，对外直接投资视角。在中国企业大规模"走出去"的现实背景下，作为制造业大国，对外直接投资是否确实能够推动中国制造业企业成长，其原因何在？这一问题的研究对于推动中国制造业企业成长是"立足本国"还是"走向世界"的抉择来说具有重要意义。在探讨对外直接投资影响中国制造业企业成长机制基础上，利用2000～2007年中国制造业企业数据，基于吉布莱特定律的实证分析框架，采用倾向得分匹配与双重差分法（PSM-DID）对此实证研究。结果发现：对外直接投资对制造业企业成长没有呈现出显著正向效应，其中，对外直接投资对高成长率与低成长率的制造业企业成长的影响不显著，而对中等成长率的制造业企业成长还呈现出显著负向效应，其影响效应具有非对称性。究其影响途径，虽然对外直接投资对中国制造业企业出口强度具有显著正向效应，但是对制造业企业生产率的影响不显著；而且，由于对外直接投资面临竞争性的增强，对外直接投资对制造业企业利润率或盈利能力具有显著负向效应。研究认为，实施"走出去"来推动中国制造业企业成长，应提高制造业企业竞争力以避免对制造业企业盈利能力产生的负向效应；同时，应提高制造业企业自主创新能力，积极吸收逆向技术溢出来推动制造业企业生产率与出口强度。以期本书能为深入理解中国制造业企业成长特征及实施"走出去"发展战略推动中国制造业企业成长提供借鉴与参考。

第五，融资约束视角。关于企业规模分布的"融资约束"理论认为由于金融市场的不完善，融资约束会制约企业成长，从而影响整体企业规模分布状况。基于2000～2010年中国制造业上市公司数据的分析表明，中国制造业上市公司企业规模分布存在"年龄依赖"和"规模依赖"，并非完全遵循吉布莱特定律；融资约束制约中国制造业上市公司企业成长，尤其显著影响了中国制造业上市公司中小企业成长率；从总体上看，融资约束并不能决定中国制造业上市公司整体企业规模分布状况，然而融资约束却显著影响了中国制造业上市公司中小企业规模分布。此研究结果对于深入理解中国金融市场的有效性与中国企业规模结构以及产业结构之间的内在联系具有借鉴意义。基于以上分析，本书认为，建立高度发达、信息透明和完善的金融市场体系，削减企业融资约束，特别是减缓中国制造业中小企业融资约束，可以进一步推动中国制造业企业成长，也将会进一步促使中国制造业企业规模结构合理化和产业结构优化方向演进。

在总体层面上，基于动态随机一般均衡（DSGE）模型的分析框架，本书利用2003～2010年中国工业行业层面的数据实证研究中国工业企业规模与成长之间的关系。研究结果表明，中国工业企业成长与其规模之间呈显著的负相关关系，轻工业和重工业两部门在资本积累和劳动力配置等方面存在差异，但由于各要素之间的相互作用，两部门之间企业规模对其成长率的影响差异并不明显，其中轻工业企业规模对其成长的影响效应略高于重工业企业规模对其成长的影响效应。通过测算中国工业部门的物质资本份额、人力资本份额和劳动力份额，研究发现，中国工业企业粗放式的增长方式仍然没有得到彻底改观，较高的物质资本份额连同工业化转型过程中所要求的人力资本份额的提高，使得中国工业部门所容纳的劳动力份额偏低。依据以上结果，本书研究认为中国工业企业规模的扩张制约着中国工业企业的成长，降低物质资本份额，提高人力资本份额和人力资本利用率可以减少中国工业企业规模对其成长率的负面影响。

本书从多角度多层面探究了中国工业企业成长动态演进特征及其影响

因素，得到许多有意义的研究结论，丰富了关于企业成长研究的文献。希望本书的研究对于推动中国工业企业的健康成长与整体工业经济的结构优化与转型升级以及整体国家的经济发展能够提供有用之处。

目　录

第一章 导　论

第一节　研究的背景及对象

一、研究背景

企业是什么?[①] 从产业组织演进角度来看，企业不仅是一个经济组织，还是一个社会组织，[②] 其自身成长过程是整个社会经济系统演进过程中的一个经济事实，而社会经济系统则是企业成长的外部环境。[③] 显而易见，企业成长是内部因素和外部因素共同作用的结果。其中，内部因素如企业自身的规模、年龄、产权特征以及组织架构等因素；外部因素主要是企业所处的行业环境、市场环境以及整体的宏观经济环境等。而且，基于内因与外因的辩证关系可知，内部因素是主要的，对企业成长起到决定性作用；但是，外部因素也会影响到内部因素，对于企业成长来说，外部因素可以构成企业成长的动力，但也可能会成为企业成长的障碍。[④] 推动企业成长，内因与外因二者不可或缺。

毋庸置疑，在分析影响企业成长因素时，不仅要考察企业自身的内在原因，还需要在一定外部环境中分析企业成长的外部因素。如何有效利用积极因素、如何克服潜在不利影响，既是推动企业成长的关键所在，也是企业成长问题研究所要解决的重要命题。企业是社会经济系统演进过程中的产物，当外界社会经济环境发生变化时，企业生存和发展的时间和空间

---

① 企业可以视为一种生产函数或一种降低交易费用的资源配置机制。

② 杨杜：《企业成长论》，中国人民大学出版社1996年版，第21页。

③ 汤明：《企业成长的四维理论》，经济科学出版社2007年版，第63～72页。

④ 刘彪文：《企业成长论》，线装书局2010年版，第137页。

就会发生变化。因此，研究企业成长问题总是在一定的社会经济环境中或在一定的社会经济背景下考察的。本书对于中国工业企业成长动态及其影响因素的研究也不例外，本书的研究始于1998年，一直延续至2010年，这一时期中国经济体制改革得到进一步深化，整体经济获得了快速的增长，工业化进程也进一步加剧。中国工业企业成长所处的制度环境和经济环境发生了很大变化，制度变迁影响企业成长路径，经济环境制约企业成长，对于中国工业企业成长外部环境或现实情况的分析，是研究中国工业企业成长动态及其影响因素的现实背景。本书研究所涉及的外部环境或研究背景主要有如下一些方面。

第一，从中国市场体系发展历程来看，1998~2010年中国正处于社会主义市场经济体制改革深化阶段，社会主义经济体系基本形成，社会主义市场经济体制进一步完善。[①] 1997年中国经济体制改革进入一个新阶段，其重点在于全力抓好国有经济战略性调整、推进公有制经济制度创新、大力发展非公有制经济。[②] "十五"规划纲要中明确指出要进一步开放市场、放开价格，继续发展商品市场，重点培育和发展要素市场，建立和完善全国统一、公平竞争、规范有序的市场体系。2001年，中国加入了世界贸易组织（WTO），中国市场体系也已成为国际市场体系的重要组成部分，促使中国市场体系在市场规则、运行机制、法律制度等方面与国际市场接轨。[③] 自2003年中共十六届三中全会作出《中共中央关于完善社会主义市场经济体制若干问题的决定》以来，中国经济体制改革进入了以科学发展观为指导、以完善社会主义市场经济体制为目标的新时期。[④] 1998~2010年这一时期中国在财政金融等重要领域进一步深化体制改革，中国商品市场和要素市场得到快速发展，市场中介组织发展迅猛，市场化程度迅速提高。

第二，从经济发展速度上来看，这一时期也是中国经济持续稳定快速发展的历史时期。自1997年东南亚金融危机过后，至2007年中国经济处于黄金增长时期，年均增长率接近两位数字增长，其中2007年经济增长速度到达11.4%。2008年后，尽管遭受国际金融危机的冲击，中国经济仍然保持了较高的增长速度。2010年国内生产总值达到40.15万亿元，首

①③　陈东琪、邹德文：《共和国经济60年》，人民出版社2009年版，第175页。
②　汤明：《企业成长的四维理论》，经济科学出版社2007年版，第151~152页。
④　张银杰：《市场经济理论与市场经济体制改革新论——社会主义市场经济理论疑难问题探索》，上海财经大学出版社2006年版，第168页。

次超过日本，成为世界第二大经济体，年均增长 10.4%，2010 年中国人均国内生产总值达到 30015 元，年均增长 9.9%。[①]

第三，从中国工业化进程来看，这一时期也是中国工业化快速推进时期。至 2010 年，中国已经形成了包含 39 个工业大类、191 个中类、525 个小类，[②] 一个行业比较齐全的工业体系，工业结构也已实现了从门类简单到齐全、从轻工业为主到轻工业、重工业共同发展，从以劳动密集型工业为主导向劳动、资本和技术密集型共同发展的转变，工业结构渐趋合理，创新能力不断提升，中国正从一个农业大国向工业大国转变。

第四，从经济发展战略角度来看，这一时期中国已经从传统的"均衡发展"战略向"非均衡发展"战略转变，从"封闭型"经济向"外向型"经济过渡，实施"出口导向型发展"战略。区域非均衡发展战略的实施，加快了中国东部沿海省份经济的发展，使东部地区特别是长三角、珠三角地区成为推动中国国民经济快速增长的重要增长极，同时通过传递、扩散机制和示范效应，也带动了中、西部地区经济快速发展，促进了中国整体经济的快速增长。在出口导向型战略和税收优惠政策吸引下，大量人财物流向东部沿海城市，东部地区率先发展，出口导向型经济也得到快速增长。因此，这一时期中国工业化进程是一个"区域发展不平衡"的工业化进程，也是一个"出口导向型"的工业化进程。

在这样的社会经济背景下，中国工业企业也得到了快速成长，企业数目不断增多，企业规模不断扩大。至 2010 年，全国规模以上工业企业共452872 家，实现工业总产值 698591 亿元，资产总额 592882 亿元，主营业务收入 697744 亿元，全部从业人员 9544.7 万人。[③]可见，1998～2010 年中国工业企业成长处于一个相对良好的发展环境，中国工业企业呈现快速成长的态势。这一时期，中国工业企业规模演进与企业成长类型呈现多样化，市场选择机制逐渐成为企业成长的主要方式，不管是从总量上来看还是从平均企业规模变化上来看，中国工业企业规模都获得了明显增长，工业企业规模结构也呈现出大型企业与中小型企业并存的适配阶段。

尽管这一时期中国企业成长处于一个相对较好的发展阶段，然而现实情况还显示，中国的市场经济体制还存在不完全不成熟的因素；虽然中国经济获得了快速增长，但是中国经济粗放式的增长方式仍然没有得到彻底改观，物质资本投入型增长方式仍然占据主导地位；虽然中国工业化进程

① ③　2012 年《中国统计年鉴》。
②　CSMAR 数据库 2011 年《中国工业行业统计数据库》。

得到快速发展，但是中国工业化结构还有待进一步优化。

那么，在中国市场经济体制快速发展进程中，与西方发达国家相比，中国工业企业成长是否具有自身演进的特征事实或规律？在推动中国工业企业成长的诸要素中，哪些因素能够对中国工业企业成长产生有利影响，又有哪些因素制约中国工业企业成长？在中国社会主义市场经济体制下中国工业企业的产权特征比较明显，国有、集体、私营和外资等企业形式在企业成长路径选择和政府政策支持等方面也具有很大差异，那么，企业产权特征对于中国工业企业成长会产生什么样的影响？在中国经济高速发展过程中，中国"非均衡发展"战略的实施也会使得中国工业发展以及企业成长具有明显地区差异，地区差异对于中国工业企业成长的影响会有什么不同？外向型经济发展带动了中国出口需求增加，出口需求能否拉动中国工业企业成长？基于以上研究背景，结合中国工业企业发展的现实情况，本书对以上问题进行了思考与论证。

二、研究对象

对于企业成长问题的研究涉及经济学、管理学等交叉学科研究领域，其研究对象比较广泛。因此，本书对于企业成长问题的研究首先进行一个界定，以明确其研究对象。在本书中，主要研究中国工业企业成长动态演进规律及其影响因素，其研究对象：一是，企业成长动态演进规律；二是，影响企业成长的因素。此外，由于一个产业内的企业规模的变化或企业规模与成长之间的关系又反映了该产业的动态演进或结构变迁，因此产业发展状况或结构变迁也进入了本书的研究视野。本书对于中国工业企业成长动态及其影响因素的考察，吸收借鉴西方经济学研究方法，坚持马克思的企业规模与成长理论及其企业成长的多因素论，围绕中国工业企业成长规律或企业规模变动规律的考究展开，探讨诸多因素对中国工业企业成长的不同影响效应。在理论上，深入探讨各因素影响企业成长的内在机制，对此进行诠释。在实证上，利用不同的样本数据、采用不同的研究方法从不同视角定量考察各要素对中国工业企业成长的影响，既有企业个体层面的分析，也有行业整体层面的分析。样本数据中不仅考察了大样本下的情况，还考察了小样本下的情况；既包含非上市公司数据，也包含上市公司数据，全面综合地考察了影响中国工业企业成长动态演进特征及其影响因素。其中，影响中国工业企业成长的因素既包括企业生产率、研发投入、融资约束、资本结构、盈利能力、偿债能力、运营能力以及产权特征等内在因素，也包括行业特征、地区差异、出口需求、经济增长与市场结构等外在因素。

第二节　研究的意义

一、研究的理论意义

基于马克思的企业规模与成长理论基本观点，吸收并利用西方企业规模与成长理论，本书对中国工业企业规模变动或企业成长规律进行理论阐释并进行实证分析。马克思主义经济学的本质在于探求经济规律、解释经济现象，马克思的企业规模与成长理论坚持马克思的唯物史观，遵循生产力与生产关系的辩证关系原理对不同历史时期、不同社会形态与政治制度下的企业规模动态演进和成长过程进行考察，科学合理地揭示了企业规模变动与成长规律。西方企业规模与成长关系理论也对不同时期企业规模变动或成长过程进行了刻画，并给予经济学意义上的诠释。西方学者对于企业规模与成长关系的众多研究发现企业成长具有一些典型"特征事实"，并得到了许多国家经验数据的支持。随着中国社会主义市场经济的快速发展，市场经济体制的确立，中国工业企业规模与成长关系是否遵循成熟市场经济国家企业规模与成长规律。针对中国的基本国情，中国工业企业规模与成长规律是否具有特殊性。本书对于中国工业企业规模与成长规律的研究，融合了马克思的企业规模与成长理论与西方企业规模与成长理论，寻找二者之间的共性或相似性使之运用于对中国工业企业成长规律的考察。

因此，本书对于企业成长规律以及企业成长因素的考察，在理论上具有重要意义。一定程度上来说，是马克思的企业规模与成长理论与西方学者关于企业规模与成长理论之间的一个融合。在本书的研究中，从总体上坚持了马克思的企业规模与成长理论的基本观点，而在具体问题的研究时吸收并借鉴了西方经济学者的经验研究成果。本书探究了 1998～2010 年这一时期的中国工业企业规模变动或企业成长规律以及影响企业成长的诸多因素，研究发现，在中国社会主义市场经济体制下，中国工业企业规模变动或企业成长具有成熟市场经济体制国家的企业规模与成长规律的鲜明特点，而且中国工业企业成长也具有明显的产权特征与地区差异等特殊性。显然，马克思企业规模与成长理论与西方企业规模与成长理论融合对于经济现实更具有解释力，阐明了马克思的企业规模与成长理论与西方企业规模与成长理论既存在差异性，也存在统一性，这一研究具有一定的理论意义。

二、研究的现实意义

企业规模扩张和高效成长是经济增长乃至经济发展的重要动力之源，对于转型之中的中国经济，企业的规模扩张和高效成长对于中国融入世界经济体系，推动中国经济转型增长都发挥着不可替代的作用，不仅有利于中国经济，还有利于世界经济的发展。根据美国《财富》杂志公布的2012年世界前500强企业名单中，中国境内已有73家企业榜上有名，其中中国石油化工股份有限公司以3752.14亿美元的营业收入位列第5位，以就业人数衡量企业规模，中国石油化工股份有限公司企业规模为1021979人。① 所以，对于怎样促进中国企业的规模扩张和高效成长问题的研究具有鲜明的现实意义。

与此同时，从中国工业企业总体上来看，中国工业企业80%以上属于中小型企业。② 随着中国企业"抓大放小"政策的实施，国家财税金融等政策有向大企业倾斜的倾向，往往更关注大企业的成长，而中小企业的成长往往被忽视。事实上，大企业成长确实对于国家整体经济增长至关重要，而中小企业也是我国国民经济发展中不可缺少的组成部分，中小企业在提高经济效率、扩大就业、缩小收入差距、保持经济活力，以及维持市场结构等方面有着不可替代的重要性③，中小企业也是推动中国经济增长的重要动力之源。对此，本书不仅关注了中国大型企业的成长性，还特别探讨了中国中小企业的成长问题。例如，对于中小企业创新、对外直接投资、研发能力以及融资约束等问题的研究都具有重要的现实意义。

中国是一个工业大国，对于探求中国工业化进程中工业企业规模与成长规律及其影响企业成长因素的分析，可以更深入地理解中国工业企业的行为特征及其成长态势，也为进一步推动中国工业企业规模扩张和高效成长政策制定与实施提供了可咨遵循的经验依据。对于社会主义市场经济体

---

① 财富中文网：http://www.fortunechina.com/。

② 国家统计局网站。数据显示，1998~2010年中国工业中小企业单位数占工业企业单位数的比重年均为97.62%，其中，2010年中国工业企业单位数共378440个，大型企业单位数为9103个，中小企业单位数为369337个。

③ 华经情报网：https://www.huaon.com/story/446507。

制下中国工业企业规模与成长规律及其影响企业成长的因素分析，也为进一步推动社会主义市场化体制改革，促进中国工业企业成长提供了经验证据。尤其是，基于中国数据对于影响中国工业企业成长因素的定量考察，对影响中国工业企业成长因素定性分析的基础上，在定量上可以更为准确地把握。同时，对于中国工业企业规模与成长关系的研究，也可对中国工业以及工业制造业的动态演进与结构变迁有所认识和把握。对于中国工业大、中、小型企业规模结构合理化以及产业结构优化也具有特殊的现实意义。

本书从不同视角深入探讨了中国工业企业规模与成长规律，并实证检验诸要素对中国工业企业成长影响的不同效应。这为进一步促进中国工业企业成长以及整体经济增长提供了理论与经验证据，基于本书研究结果提出能够促进中国工业企业成长以及整体经济增长的诸多政策建议。这不仅对于促进中国工业企业的高效快速成长具有借鉴意义，还对于促进中国从一个工业大国向工业强国转变，进而推动中国整体经济的持续健康发展具有参考价值。

第三节　研究的思路、方法与结构

一、研究的思路

本书在关于企业规模与成长关系研究的统一分析框架下考察中国工业企业成长动态及其影响因素。在探究中国工业企业规模变动规律或企业成长规律基础上，主要分析企业规模对企业成长的影响，并分别从企业研发投入、生产率、创新、对外直接投资与融资约束等不同视角具体分析影响中国工业企业成长的各种因素，包括企业的自身特点、所有制与区位因素以及行业层面与宏观层面各因素的不同影响效应。在各章的具体研究中，本书都对相关研究文献进行了梳理，对各主要因素的影响效应进行了相关理论上的阐释后，利用中国工业企业相关数据进行实证研究，基于实证研究结果均提出了相应的政策建议。

二、研究的方法

本书的研究坚持马克思的唯物辩证法思想，坚持历史与逻辑的统一，以马克思主义为指导吸收借鉴其他西方经济学研究方法，规范和实证研究相结合。规范分析主要是从理论上阐释各因素影响企业成长的内在机制，并根据实证研究结果提出促进企业成长的相关政策建议，对此定性分析。实证分析则主要利用中国工业企业相关数据对影响中国工业企业成长的因素进行实证上的检验，对此定量分析。借助数量经济学和计量经济学等研究方法通过构建实证研究模型对影响中国工业企业成长的因素进行实证研究。

三、本书的结构

本书共十章，包括以下方面：

第一章是导论，主要介绍研究的背景、对象、意义、研究的思路、方法与结构。

第二章是相关理论评述，主要阐述了马克思的企业规模与成长理论、亚当·斯密的分工理论、规模经济理论、科斯的交易费用理论以及基于分布规律视角下的企业规模与成长关系理论等内容。

第三章对中国工业企业成长动态及其影响的内部与外部因素进行诠释，从整体上为全书的研究提供一个概览。

第四章从研发投入的视角分析中国制造业企业成长动态演进规律及其影响因素，以考察衡量企业研发活动的两个主要指标——企业研发投入规模与企业研发投入强度变量对中国制造业企业成长的不同影响效应。

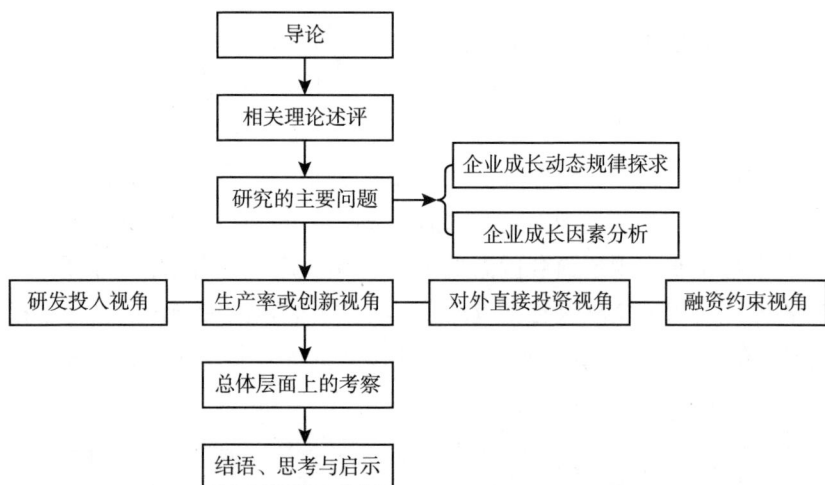

图 1-1　本书的结构思路

第五章从生产率视角研究中国非制造业企业成长动态演进规律，刻画中国非制造业工业企业成长的行为特征，主要分析生产率对非制造业企业成长的影响效应，并考察企业规模、年龄等因素对非制造业企业成长的影响，探讨企业生产率、规模、年龄对不同规模、不同年龄、不同所有制、不同地区以及不同出口需求非制造业企业成长的不同影响效应。

第六章从创新的角度研究创新对中国新一代信息技术产业企业成长的影响，这一问题的研究对于当前中国实施创新驱动发展新一代信息技术产业来说具有重要现实意义。采用 2004～2007 年中国新一代信息技术产业微观企业数据，基于企业规模与成长关系的模型——吉布莱特定律的分析框架，对此实证研究。

第七章从对外直接投资视角研究对外直接投资对中国制造业企业成长影响的非对称效应。其研究为深入理解中国制造业企业成长行为特征以及对外直接投资对其产生的影响提供了经验依据。基于研究结论，提出了实施对外直接投资能够推动中国制造业企业成长的相关政策建议。

第八章从融资约束视角探讨融资约束对中国制造业上市公司企业成长及整体企业规模分布的影响，揭示企业融资约束制约企业成长的内在机制，并给予实证上的检验。

第九章是从总体层面对中国工业企业规模与成长关系进行实证分析，揭示中国工业企业成长的规律性，分析企业规模对企业成长的影响，定量测算了中国工业企业物质资本份额和人力资本份额，并考察了中国工业部门轻重工业企业物质资本份额与人力资本份额差异对企业成长影响的不同效应。

第十章是本书的结语、思考与启示。

第四节　研究的贡献、不足与进一步的研究方向

一、研究的贡献

（1）寻找马克思的企业规模与成长理论与西方企业规模与成长理论的共性或相似性并对此进行分析，是本书对企业规模与成长理论的一个探索。在分析中国工业企业规模与成长规律以及探寻中国工业企业成长因素时，能够以马克思的企业规模与成长理论为指导，充分吸收西方企业规模

与成长理论，是本书理论探索的一个运用。

（2）对于中国工业企业成长规律的探究，本书采用了统一的分析框架，即企业规模与成长关系研究框架下展开的，为本书的研究带来了很大方便，这是研究方法的一种新的尝试。在统一的分析框架下，从不同的视角分析了中国工业企业成长规律，研究结果一致表明，中国工业企业成长具有规模依赖，这一规律的探究具有重要的现实意义。

（3）本书采用了灵活多样的实证研究方法，包括截面数据 OLS、动态面板数据模型、面板数据 IV-2SLS 以及分位数回归等实证研究方法。在变量选取上，考虑到数据的可得性以及变量的不可观测或难以观测性，尤其是对于不可观测或难以观测的变量的处理构成了本书研究的难点，本书中对此都进行了适当的处理，这也是本书的重点。其中，对于生产率的测度采用生产函数并利用半参数 LP（Levinsohn and Petrin，2003）或 ACF（Ackerberg et al.，2015）估计法等进行测算得到；考虑到研发本身存在的内生性，基于研发行为决策理论构建面板数据 Probit 模型，利用 Probit 模型的拟合值作为研发投入工具变量；对于创新变量的测度采用了新产品产值、研发投入以及生产率测度等多种方法进行度量；鉴于对外直接投资数据不能够直接获得，采用"自然实验"的方法设立了对外直接投资实验组虚拟变量和实验期虚拟变量；鉴于企业融资约束不可观测或难以观测，对于企业融资约束采用了融资约束代理变量进行检验了融资约束对于企业规模与成长的影响。

（4）从使用的数据样本上来看，本书采用了中国工业企业以及中国工业行业数据，其中中国工业企业数据库，具有样本量大，指标比较齐全等优点，利用其样本数据可以使本书得到的研究结果更为可靠。本书还采用了上市公司数据，对于不同类型的企业样本进行了研究，得到的结论也基本一致，说明本书的研究结论具有稳健性。

（5）本书的研究结论蕴含着重要的政策含义。从第四章到第九章分别从研发投入、生产率、创新、对外直接投资以及融资约束等不同角度以及整体行业层面对中国工业企业规模与成长规律进行深入探讨的同时，还主要考察了各种因素对中国工业企业成长的影响效应。基于每一章的实证研究结论本书均提出了能够提高中国工业企业成长的诸多政策建议。

二、研究的不足与进一步的研究方向

由于数据可得性上的限制，使得在数据的选用上还存在着一定的不足。本书中利用到的中国工业行业数据库包含的数据期间为 2003～2010年，上市公司数据库的时间跨度为 2000～2010 年，而中国工业企业数据库包含的数据时期包含 1998～2007 年这一期间，就使用的数据期间上来看，数据期间不能够涵盖到近期的数据，使得本书的分析受到局限。由于数据本身的缺失，使得在分析具体问题时所能利用的数据期间就相对较短，例如，分析研发投入对企业成长的影响，而研发投入数据在中国工业企业数据库中只包含 2005～2007 年这一期间，虽然本书尽量避免由于数据因素导致的估计结果的不稳健，但是由于数据库本身存在的一些缺陷，可能影响到估计结果。出于研究问题的考虑以及数据的可得性，本书的样本数据并不统一，其选择的数据样本并不相同，这虽然给研究问题带来了很大的方便，但是同时也会产生一些问题，在今后的研究中将会尽量进行完善做进一步改进。

由于影响企业成长的因素众多，本书研究的中国工业企业成长因素，不可能面面俱到，本书的分析虽然研究了影响中国工业企业成长的主要因素以及基于中国国情的一些特殊因素，但仍然还有诸多因素没有分析，这是本书的不足，也是今后所要进一步研究的方向。还有就是对于企业规模与成长问题的研究涉及的问题不仅仅只是企业成长问题，还包括企业进入退出、企业规模分布结构以及产业结构等诸多问题，本书的研究聚焦在企业成长规律和企业成长的因素分析上，对于其他问题的研究，本书有所尝试，比如关于企业规模分布的研究，但并不深入，这也是今后要进行更为深入研究的方向。

此外，在研究方法上，限于笔者研究能力的局限，在研究方法上还需要进一步的改进，使其更切入问题的分析。尤其是对马克思经济学理论应用到具体问题的研究中，本着求同存异的态度，如何把马克思主义经济学与西方经济学更好地融合应用到现实经济问题的分析中还需要更深入地探索，使马克思经济学不仅在理论层面，还要在应用层面上发挥更大的作用。从这一方面说，本书对于影响中国工业企业成长因素的分析仅仅是一个探索，以后还需要更深入的研究。

第五节　小　　结

本书所研究的是中国工业企业成长动态及其影响因素，对于中国工业企业成长动态及其影响因素，本书不仅探讨了其内在机制还提供了广泛的事实证据。作为本书的导论部分，本章从总体上对全书做了简要介绍。在本章中，首先提出本书将要研究的问题，阐述其研究的背景，然后探讨其研究的意义，并概括了本书的研究思路、方法以及结构等。本章共包含四节内容：第一节介绍本书研究的问题、背景及对象；第二节阐述本书研究的理论与现实意义；第三节介绍本书的研究思路、方法与结构；第四节探讨本书的贡献、不足与进一步的研究方向等。本书以下章节将在此基础上展开研究。

第二章　相关理论述评

关于中国工业企业成长动态及其影响因素的研究，其理论基础来自马克思的企业规模与成长理论以及西方企业规模与成长理论。这一问题的研究至少可以追溯到古典经济学家亚当·斯密的分工理论，以及后来的规模经济理论、企业成长的生命周期理论以及基于分布规律视角下的企业成长理论等。本章主要梳理一下马克思的企业规模与成长理论以及西方企业规模与成长理论，寻找其相似性及其差异，为实证分析中国工业企业成长动态的特征事实及其影响因素对其产生的影响提供理论支撑。对于相关经验研究文献，在以后各章的具体问题研究时再作展开评述，这里不再赘述。

第一节　马克思的企业规模与成长理论

马克思的企业规模与成长理论有着非常丰富的内容，多角度地论述了企业规模与成长问题。马克思结合英国资本主义发展的实践，以劳动价值论为基础，通过对以简单协作、工场手工业和机器大工业为基础的工厂制度的分析，揭示了资本主义生产规模、资本规模和企业规模历史演变规律。[①] 马克思不是单纯从技术经济分析的角度来解释企业规模及其变动抽象的、一般的规律，而是以生产力与生产关系辩证关系原理分析了资本主义时代的生产力与生产关系的具体特点，揭示了资本主义时期的企业规模及其变动的具体的、历史的规律。在马克思看来，企业规模的扩大是一个历史规律，企业的规模与成长之间存在着历史发展的必然趋势。马克思的企业规模与成长理论是马克思企业理论的重要组成部分，其主要内容包括：

（1）企业的规模决定于企业生产的技术手段。马克思认为，资本指挥

---

① 邱海平：《马克思的企业规模理论研究》，《当代经济研究》2000 年第 8 期，第 5 ~ 14 页。

的工作数量的增加是由技术的需求而产生的。在大工业经济时代，机器工具的发明和应用，使企业的规模空前扩大，生产力得到不断提高，生产方式也发生了根本的变革。在企业中，由于机器的使用，满足了工作机规模的扩大和工作机上同时作业的工具数量的增加，所以企业才能够不断的成长。对于机器的使用，技术的统一，把各种局部协作劳动整合于同一个企业内，使企业的生产规模、工人技术技能水平与之相适应。机器的使用进一步加强了劳动协作的性质，机器的技术手段将协作更大规模地统一于一个企业之中，劳动资料本身的性质决定的技术构成及协作的规模和程度，也就决定了企业的规模。因此，生产率或技术水平决定了企业的规模大小。劳动资料取得机器这种物质存在方式，要求以自然力代替人力。人力包括体力和脑力或智力，因此，可以用机器来生产机器，用机器来协作和控制机器，进而用机器生产产品，企业的规模将会随机器水平的提高而变化和集约化。

（2）技术手段的变革导致企业生产经营所必需的最低资本额发生变化，使企业规模发生变化。技术手段从一开始要求一定的经济规模，当技术水平发生变化后企业的规模也将发生变化。"机器和发达的机器体系这种大工业特有的劳动资料，在价值上比手工业和工场手工业生产的劳动资料增大的无可比拟"①，因而也就决定了企业规模的起点。

（3）企业规模变化或成长是一个动态的发展过程。马克思认为，在资本主义生产方式下，企业规模的扩大是一个不断运行的过程，其基本的途径主要有三种主要方式，即资本的内部积累、横向集中和资本的社会化控制。第一，资本的内部积累。在资本的生产过程中，剩余价值不断再转化为资本，表现为进入生产过程的资本量的不断增长。这种增长又成为不断扩大生产规模的基础，成为随之出现的提高劳动生产力和加速剩余价值生产的方法的基础。第二，资本的横向集中。通过集中而在一夜之间集合起来的资本量，同其他资本量一样，不断地再生产和增大，只是速度更快，从而成为社会积累的新的强有力杠杆。第三，资本的社会化控制。大工业的发展，使其技术基础不断发生革命，从而使生产不断地社会化，靠单个资本已无力完成大工业发展技术所要求的企业规模，股份公司便应运而生。股份制对企业规模扩大的适应，表现为对社会资本的控制，股份公司通过信用制度取得了对社会资本的控制使用。② 马克思的生产规模、资本

---

① 《马克思恩格斯全集》第 23 卷，人民出版社 1975 年版，第 421 页。
② 周景勤：《关于企业理论的探讨》，《经济学动态》1995 年第 5 期，第 29 ~ 31 页。

规模和企业规模理论是从总体层面上对企业规模的变动轨迹或企业成长路径的演化进行分析，揭示了其内在的动态规律并分析了其存在的客观原因。

马克思的企业规模与成长理论还从个体层面上对影响企业成长的因素进行了分析。对于企业成长的因素分析，或关于企业规模的大小决定因素，马克思认为企业规模大小除取决于生产成本，还要考虑其他因素（李石泉和王炜，1998）。首先，企业规模大小"取决于单个资本家能支付多大资本量来购买劳动力"，因此，"较大量的生产资料积聚在单个资本家手中，是雇用工人进行协作的物质条件，而且协作的范围或生产的规模取决于这种积聚的程度。"[①] 其次，还要看制成品自身的性质以及制成品的市场需求状况。例如，钟表与扣针两种产品的生产规模就不会完全一样。最后，还要考虑生产的技术基础和分工发展程度。采用手工技术与采用机器技术，其生产规模也不会完全相等。但马克思一般认为，在机器生产基础上和市场竞争作用下，大企业优于小企业。"在其他条件不变时，商品的便宜取决于劳动生产率，而劳动生产率又取决于生产的规模。因此，较大的资本战胜较小的资本。"[②] 马克思以提高劳动生产率为主线，分析了企业规模扩张的原因，并把企业规模的大小看作是技术、协作、资本、市场、利润等多种基本经济条件共同作用的结果。[③] 马克思在企业规模决定上的多因素论，比企业规模决定上的单一因素论（如交易费用论），更能解释现实经济中企业规模参差不齐的现象，更能说明为什么同一行业内和同一市场上的各个企业也会有大有小的事实。

可见，以马克思的企业规模与成长理论为基础，可以探讨不同历史时期企业规模变动规律或企业成长规律并分析不同时期影响企业成长的多因素。

马克思的企业规模与成长理论对于企业成长路径的考察与企业成长因素的分析以现实的企业规模变动或企业成长为基础，强调技术进步或生产率对企业规模变动或企业成长的影响，探究了企业成长路径的动态演变过程，认为企业的成长是多因素决定的。马克思的企业规模与成长理论对于分析影响中国工业企业成长的因素具有指导性意义。

---

① 马克思：《资本论》第 1 卷，中译本，人民出版社 1975 年版，第 366～367 页。
② 马克思：《资本论》第 1 卷，中译本，人民出版社 1975 年版，第 686～687 页。
③ 张银杰：《马克思的企业理论与新制度经济学的企业理论之比较》，《教学与研究》1998 年第 10 期，第 47～51 页。

第二节　西方企业规模与成长理论

一、亚当·斯密的分工理论

古典经济学的开创者亚当·斯密的分工理论可谓开启了研究企业规模与成长理论的先河，斯密认为在企业的生产中分工和专业化提高了劳动生产率，劳动生产率的提高也促使了企业生产规模进一步扩大，而这又进一步深化了企业的分工和协作，企业在如此循环往复中获得了不断的成长。他在其著作《国民经济的性质和原因的研究》第一章中就开宗明义地指出："劳动生产力上最大的增进，以及运用劳动时所表现的更大的熟练、技巧和判断力，似乎都是分工的结果。"[①] 斯密论述了分工对于效率增进的三个原因：第一，劳动者的技巧因业专而日进；第二，由一种工作转到另一种工作，通常须损失不少时间，有了分工，就可以免除这种损失；第三，许多简化劳动和缩减劳动的机械的发明，使一个人能够做许多人的工作。

第一，劳动者熟练程度的增进，势必增加他所能完成的工作量。分工实施的结果，各劳动者的业务，既然终生局限于一种单纯操作，当然能够大大增进自己的熟练程度。惯于使用铁锤而不曾练习制铁钉的普通铁匠，一旦因特殊事故，必须制钉时，他一天至多只能做出二三百枚钉来，而且质量还拙劣不堪。即使惯于制钉的普通铁匠，但若不以制钉为主业或专业，就是竭力工作，也不会一天制造出八百枚或一千枚以上。几个专以制钉为业的不满二十岁的青年人，在尽力工作时，每人每日能制造二千三百多枚。可是，制钉绝不是简单的操作。同一劳动者，要鼓炉、调整火力，要烧铁挥锤打制，在打制钉头时还得调换工具。比较起来，制扣针和制金属纽扣所需要的各项操作要简单得多，而以此为终生业务的人，其熟练程度通常也高得多。

第二，由一种工作转到另一种工作，常要损失一些时间，因节省这种时间而得到的利益，比本书中看到的以及所想象的大得多。不可能很快地从一种工作转到使用完全不相同工具而且在不同地方进行的另一种工作。

---

① 亚当·斯密：《国民经济的性质和原因的研究》上卷，中译本，商务印书馆 2007 年版，第 5 页。

耕作小农地的乡村职工，由织机转到耕地，又由耕地转到织机，一定要虚费许多时间。诚然，这两种技艺，如果能在同一厂坊内进行，那么在时间上的损失，无疑要少得多，即使如此，损失还是很大。人由一种工作转到另一种工作时，通常要闲逛一会儿。在开始新工作之初，很难立即全神贯注地积极工作，总不免心不在焉。分工把一个人的工作任务固定下来，避免了工作轮换，同时避免了工作转移过程中的时间损失。

第三，利用适当的机械能在什么程度上简化劳动和节省劳动，这必定是大家都知道的，无须举例。在这里所要说的只是：简化劳动和节省劳动的那些机械的发明，看起来也是起因于分工。人类把注意力集中在单一事物上，比把注意力分散在许多事物上，更能发现达到目标的更简易更便利的方法。分工的结果，各个人的全部注意力自然会倾注在一种简单事物上。所以只要工作性质上还有改良的余地，各个劳动部门所雇用的劳动者中，不久自会有人发现一些比较容易而便利的方法，来完成各自的工作。唯其如此，用在今日分工最细密的各种制造业上的机械，有很大部分，原是普通工人的发明。他们从事于最单纯的操作，当然会发明比较便宜的操作方法。无论是谁，只要他常去观察制造厂，他一定会看到极像样的机械，这些机械是普通工人为了要使他们担当的那部分工作容易迅速地完成而发明出来的。

尽管斯密提出的分工理论时针对的是工厂，本书可以斯密的分工理论运用到企业的成长上。事实上，现代企业是由许多工厂组成的复合体，在这个复合体内，如何提高企业的生产效率，也是企业管理上一个极为重要的问题。本书同样可以根据分工理论的解释，来解决如何提高企业生产率及其企业成长率这一问题。从这个层面上来说，斯密的分工理论与马克思的企业规模与成长理论具有相似之处。

二、规模经济理论

规模经济理论以 U 型长期平均成本曲线来解释企业规模变动情况，对于规模经济的定义，通常用产品的生产或服务过程的特征来描述。当产品的平均成本随着产出的增加而下降时，就表明实现了规模经济。[①] 因为，当平均成本（AC）随着产出的增加而递减时，边际成本（MC）一定小于平均成本。如果平均成本是固定的，那么边际成本一定等于平均成本，则

---

① 徐晓明：《企业成长——打造"百年老店"的战略选择》，复旦大学出版社 2007 年版，第 5～8 页。

表明规模报酬不变。如果平均成本是递增的，则边际成本大于平均成本，则为规模不经济。因此，可以这样描述：$MC < AC$ 时规模经济；$MC = AC$ 时规模报酬不变；$MC > AC$ 时规模不经济。

规模经济能够用生产过程中的平均成本曲线来进行描述，如图 2 - 1 所示。最初随着产量的增加，企业的生产平均成本呈现出递减的趋势，当产量达到一定的水平时，平均成本开始上升。平均成本递减的区域就是实现了规模经济的区域，而平均成本呈递增的区域就是规模不经济的区域。

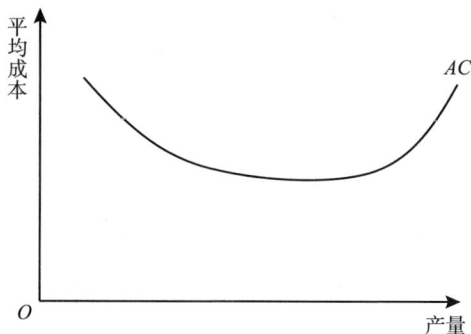

图 2 - 1　平均成本曲线

平均成本在刚开始递减，是因为随着产出的增加，固定成本分摊到每单位产品上会递减。但平均成本最终会递增，因为当产出达到一定水平后，单位变动成本将打破不变状态而会随着产出的继续增加而递增，而且递增的量超过固定成本递减的量。

规模经济之所以会产生，原因在于：第一，固定成本具有不可分割的属性以及固定成本在产量中的分摊。当生产过程中存在不可分割性时，就会产生固定成本。不可分割性意味着某一投入不能按比例缩小到某一最小的水平，甚至是在产出量非常小的情况下也是如此。因此，不可分割导致固定成本的产生；当固定成本在不同的产量水平上分摊时，就产生了规模经济。第二，变动投入生产率的提高。企业规模的扩大引起变动生产率的增加，从而提高生产率，也能够实现规模经济。第三，企业储备存货时也可能带来规模经济。企业储备存货是为了把缺货的可能性减低到最低限度，储备存货之所以能够带来规模经济，是因为在缺货水平一样时，大业务量企业所必需的存货比例比小业务量企业要小，从而也就减少了大企业已售货物的平均成本。

许多古典及新古典经济学家解释企业为什么要成长时，他们通常认为企业成长的动力和原因在于对静态的最优企业规模的追求。企业成长必然涉及企业规模的问题，必然要考虑企业规模的决策问题，所以规模经济理论可以用来解释企业的成长。例如，古典经济学家马歇尔（Alfred Marshall）对于19世纪末至20世纪初英国制造业企业规模与成长问题的研究就发现大规模生产的主要优势，在于技术经济、机械经济和原料经济等方面，大工厂的优势表现在专门机械的使用与改良、采购与销售、专门技术和企业经营管理工作的进一步划分上；早期的穆勒（John Stuart Mill）的企业成长理论集中于对于企业规模与成长的探讨，也认为正是由于企业规模经济的作用，才出现了大企业代替小企业成长的趋势;① 等等。这些都体现了规模经济的思想,② 即便是现代的新古典经济学家们仍然用规模经济理论来解释现代的企业规模与成长问题。

三、科斯的交易费用理论

以科斯（Ronald Harry Coase）为代表的西方新制度经济学派企业理论认为企业规模的大小取决于企业扩张或收缩的内部组织管理费用和市场交易费用的比较。③ 如果一个企业再多组织一项交易所引起的成本大于市场机制组织这项交易成本，这项交易就应由市场组织。换言之，企业规模的临界点或边界是企业内部组织管理费用与在市场或别的企业组织同样交易所需要费用相等的那一点。企业内部组织管理费用一般包括四个方面的内容：一是设计和执行企业内部行为规则的费用。为了保证企业内部分工协作关系的正常进行，需要建立一套行为规则。二是监督和管理费用。企业规模越大，等级层级数量越多，在等级制的"金字塔"结构中，越往下层机构越多，人数越多，表现出少数人指挥多人的特点，这时上级对下级的监督就越困难，就不可避免地产生偷懒和"搭便车"行为，降低企业的效率，从而带来较高的企业内部组织管理费用。企业层级越多，信息向上级反馈和指令向下传递的系统容易出现偏差和迟缓，如果上层管理机构根据偏差和迟滞的信息作出决策，职工也是根据偏差和不完整的指令操作，会导致决策失误，使管理体制效率下降。三是由于企业内部存在管理复杂事务、原谅失误、相互包庇、相互吹捧、不愿冒险和创新的思想观念，会带

① 彭罗斯：《企业成长理论》，中译本，上海人民出版社2007年版，译者的话第6页。

② 马歇尔：《经济学原理》，中译本，华夏出版社2004年版，第226~227页。

③ 威廉姆森、温特：《企业的性质——起源、演变和发展》，中译本，商务印书馆2007年版，第18~40页。

来企业效率的损失。决策者以为企业具有管理复杂事务的能力，但由于管理能力往往有限，超过自己的能力会造成失误。四是企业内部对个人贡献的度量机制比市场机制差，引发企业内部动力机制减弱。因为谁也不知道每个环节对最终产品和产出的影响。

市场交易费用主要包括以下几个方面的内容：一是寻找交易对象和交易价格的费用；二是谈判或讨价还价的费用；三是签约的费用；四是执行合约的费用；五是监督违约并对之惩罚的费用。

西方新制度经济学派企业理论认为，企业的规模将在以下几种情况下趋于扩大：一是组织成本越少，随着本组织的交易的增多，成本上升得越慢；二是企业家犯错误的可能性越小；三是企业规模越大，生产要素供给价格下降得越大。

实际上节约交易费用，即提高劳动生产率。所以，从这个意义上说，马克思主义经济学和西方新制度学派的企业理论在企业规模扩大的原因问题上，有相同的看法。[①]

四、基于分布规律视角下的企业规模与成长关系理论

基于分布规律视角研究企业的规模和成长关系的理论可以追溯到 1931 年法国学者吉布莱特在其出版的《非均衡经济学》一书中，第一次提出了关于企业规模和产业结构之间运行关系的模型，对企业规模与成长和产业结构之间的关系问题进行了开创性的研究。[②] 这一模型来源于荷兰天文学家卡普坦（Kapteyn）的研究。卡普坦认为，自然界中广泛存在着偏态分布，这种偏态分布是一个简单的高斯过程，大量各自独立运行的微小增量，能够形成一个正态分布的变量。借助于假定变量的基本函数（如对数函数），可以对这些可观测到的变量构建分布函数模型，吉布莱特认为在产业中的各个企业在一定时期内规模的增减变化就是各自独立运行的微小增量。由此他认为，一个企业的规模在每个时期预期的增长值与该企业当前的规模是成比例的。换句话说，就是同一行业中的企业，无论其规模大小，在相同的一定时期内，其规模变动（成长）的概率是相同的，即企业的成长率是独立于其规模的变量。举例来说，同一产业中一个资产总额为

---

① 张银杰：《现代企业制度新论——企业疑难问题探索》，上海财经大学出版社 2004 年版，第 225～226 页。

② 傅红岩：《吉布莱特定律与西方企业成长理论评述》，《经济学动态》1998 年第 8 期，第 69～72 页。

2 亿元和 100 万元的企业，在同一个时期内规模扩大两倍的概率是相同的。这就是吉布莱特定律或法则，他本人称之为比例效应定律（LPE），用公式描述：假设 x_t 为企业在 t 时期的规模，企业在 t 和 $t-1$ 期间的成长率用随机变量 ε_t 表示，则有 $x_t - x_{t-1} = \varepsilon_t x_{t-1}$，$x_t = (1+\varepsilon_t) x_{t-1} = x_0 (1+\varepsilon_1)(1+\varepsilon_2)\cdots(1+\varepsilon_t)$，令 t 为一个极短的时间量，则 ε_t 为一个极小变量，那么 $\log(1+\varepsilon_t) \approx \varepsilon_t$，取对数，则有 $\log x_t \approx \log x_0 + \varepsilon_1 + \varepsilon_2 + \cdots + \varepsilon_t$，再假设增量 ε_t 是个独立于平均数和方差的变量，令 $t \to \infty$，则相对于 $\log x_t$，$\log x_0$ 是个极小量，$\log x_t$ 的变化近似于一个正态分布，即 x_t 呈对数正态分布。换一种方式，吉布莱特定律可表示如下：$S_{ij}^{t+\Delta} = U_{ij}(t, \Delta) S_{ij}^{t}$，其中，$S_{ij}^{t}$ 是第 i 个行业中第 j 个企业的规模，$S_{ij}^{t+\Delta}$ 为其在 $t+\Delta$ 时的规模，$U_{ij}(t, \Delta)$，是一个与 S_{ij}^{t} 无关的随机分布的变量。检验吉布莱特定律最简便的方法是把同一行业中的企业按其 t 时期的规模 S_{ij}^{t} 为标准进行分类，再计算各个类别企业的 $S_{ij}^{t+\Delta}/S_{ij}^{t}$ 出现的频率，用来检验各个类别企业的频率分布，看其是否一致。若一致，则吉布莱特定律成立。吉布莱特定律主要说明了两个问题：第一，企业的成长是个随机过程，即影响企业成长有诸多因素，难以对其准确预测；第二，不同规模的企业，其成长率并不因为各自的规模不同而有所差异。这样一句简短的语句，表面看来只是对企业规模的分布进行的直观描述，事实上，其内涵极为深刻。西蒙和博尼尼（Simon and Bonini, 1958）等对企业规模和成长之间的关系进行了研究，归纳起来，可以得到以下几点结论：第一，在众多的产业部门中，企业规模的分布形态是 J 型的，即只有少数几家大企业，而存在大量的小企业；第二，企业成长符合吉布莱特定律，即大小企业之间的成长率没有差别；第三，吉布莱特定律应该以单位成本曲线是一条水平线为假设前提，而不是通常的 U 型成本曲线，即不存在规模经济。当然，在西蒙和博尼尼的模型中认为企业存在着一个最小效率规模，超过这一规模水平才具有不变的单位成本。吉布莱特定律在被提出后的初期，并没有得到足够的重视，直到 20 世纪 40 年代以后，国外学者围绕着吉布莱特定律对企业的规模和成长关系进行了大量的经验研究，内容涉及各种规模企业之间成长的比较、市场结构、进入与退出乃至产业结构的演进等等。但是，由于研究所采用的样本以及采用的方法等所具有的差异，所得到的研究结果迥异，早期的研究更多地认为吉布莱特定律是成立的，而后期的研究较多地否定了吉布莱特定律。

企业成长问题是一个十分复杂的问题，不仅企业自身的生产经营、管理、战略等因素影响企业自身的成长，而且市场结构和产业组织演变等原因也对其成长产生重要影响。在吉布莱特定律的基础上，20 世纪 80 年代西方学者针对不同情形，建立了许多企业成长的模型，包括前述西蒙和博尼尼的"进入"模型。约万诺维奇（Jovanovic，1982）构建了一个"噪音选择"模型（又称"学习"理论），在约万诺维奇的理论模型中，存在许多企业进入退出一个行业，每个企业都具备一定的效率水平。然而它们并不清楚自己和其他对手相比而言的相对效率水平。在进入该行业后的一段时间，通过所获的利润，各家企业可以知道自己的相对效率水平。具备高效率的企业继续存在乃至成长起来，而低效率的企业则会退出该行业。该模型认为当企业的规模恒定时，企业的成长率会随着其年龄或寿命而下降。该模型假设企业的产出量是管理非效率的凸性递减函数，在这个假定下联系到企业采用的技术和其能力的分布情况，约万诺维奇认为对于成熟的企业和同时进入同一行业的企业，其成长率和规模无关，即与吉布莱特定律一致。埃文斯（Evans，1987）通过对不同规模和年龄企业成长的考察，提出了以下两个主要论点：第一，企业规模与成长的关系。一方面，企业的生存能力随着规模的扩大而提高，能够持续存在的企业显示出较高的生产率；另一方面，已存活下来的企业成长率随着其规模的扩大而下降，即企业规模与成长负相关。第二，企业的生命周期。对于任何一个企业来说，随着其寿命的增长，其成长率会有所降低，但生存能力反倒会随之提高。

与此同时，对吉布莱特定律的研究也为实证研究影响企业成长的因素提供了一个分析框架。对于吉布莱特定律的经验研究文献，总体来看，可以分为两大类（Santarelli et al.，2006）。一类是静态分析，如曼斯菲尔德（Mansfield，1962）的研究；另一类是动态分析，如切舍（Chesher，1979）的研究。具体划分，每一大类又分为三种情况：第一种情况是吉布莱特定律适用于给定产业内所有的企业，不仅包括所研究期内的在位企业还包括退出企业；第二种情况是吉布莱特定律仅适用于在所有时期内都幸存的企业，但是假设小企业比大企业更有可能退出该产业，因此，这种研究就可能受到样本选择偏误的影响，这种观测对于新进入的小企业特别适用；第三种情况是吉布莱特定律仅适用于超过最小效率规模以上的大企业。因此，对于企业的规模和成长关系的经验研究就有六种情况。然而，由于不能够分析在观测期内离开一定产业的企业成长的动态性，所以对于检验吉布莱特定律的第一种情况的动态分析就不能够研究。但是，最近的一些研究已经开始关注新进入企业进入后的成长，加上新进入企业进入后的成长问题的研究，因此关于企业规模和成长关系问题的研究大致可以分为六种类型。

基于分布规律视角下的企业规模与成长关系理论预测了企业成长的不同成长路径及其实现过程，基于不同的前提假设可以刻画不同的企业成长路径。同时基于分布规律视角的企业的规模和成长关系的理论为分析影响企业成长的因素提供了一个实证分析框架，可以探测现实中的企业成长过程及其影响因素。基于分布规律视角下的企业规模与成长关系理论成为西方企业规模与成长理论发展的重要一支，在这方面已经取得了许多研究新进展，对于促进企业成长政策的制定与实施具有重要启示。

第三节 小 结

以上对于马克思的企业规模与成长理论与西方企业规模与成长理论的述评，可以发现二者具有一定程度的相似性和共性存在。西方企业规模与成长理论不仅刻画了企业成长的动态发展过程，还揭示了影响其成长的内在动力和机制，而马克思的分析则更为深刻，二者之间可以进行耦合，其实质上，二者具有统一性。二者对于企业成长规律的探求以及对影响企业成长因素的考察为分析中国工业成长因素不仅提供了基本的理论支撑，还为实证研究提供了一个具体的分析框架。而国内对企业规模与成长关系的研究还不多见，尤其是对企业规模变动规律或成长规律更缺乏实证上的研究。所以，本书的研究以吉布莱特定律的分析框架进行展开，对企业规模变动或企业成长进行实证分析，并从中探讨影响中国工业企业成长的各种因素。本书的理论基础包括马克思的企业规模与成长理论、企业规模经济理论、交易费用理论以及基于分布规律视角下的企业规模与成长关系理论，而经验研究是基于企业规模与成长关系理论——吉布莱特定律的分析框架对中国工业企业成长规律进行了检验，并分析了影响中国工业企业成长的诸多因素。

第三章　企业成长动态及其影响因素：诠释

　　企业是近代和现代的范畴，是随着生产力的发展而产生的。企业既是生产力的载体，又是生产关系的体现。[1] 企业的成长是生产力与生产关系共同作用的结果，当生产力发生变化时企业的成长方式也将发生变化。企业是一个重要的微观经济主体，企业成长是整体经济增长的前提和基础。企业成长是企业经营者追求的最终目标，也是相关政策制定者所努力的方向，对于企业成长问题的研究一直吸引着广大经济学者的密切关注。[2] 企业成长问题的研究至少可以追溯到古典时期亚当·斯密对企业成长问题的论述，以及后来的规模经济理论、科斯的交易费用理论等。虽然研究者已从不同侧面不同角度进行深入探讨了企业成长问题，但是由于现代经济的快速发展，企业的发展和创新也日新月异，即便是今天，企业成长问题仍然是经济学者们研究的重要课题。近年来，随着中国社会主义市场经济体制改革的进一步深化，中国经济持续快速发展，工业化进程进一步加剧，企业创新能力不断增强。因此，深入探究市场化改革进程中中国工业企业成长的路径，全面剖析影响中国工业企业成长的因素，对于中国工业企业成长乃至中国经济发展来说无疑具有重要意义。

　　本书基于企业规模与成长关系研究框架探究了中国工业企业成长规律并定量考察了影响中国工业企业成长的因素。总体来看，本书主要研究了两大问题：一是对中国工业企业规模与成长规律的探究；二是对影响中国工业企业成长因素的分析。

---

　　[1]　张银杰：《现代企业制度新论——企业疑难问题探索》，上海财经大学出版社 2004 年版，第 1 页。
　　[2]　需要说明的是，笔者站在一个经济学研究者的角度来研究企业成长问题，更为关注的是企业的就业增长，所以书中的实证研究部分企业规模主要采用企业的就业人员总数进行衡量，企业的成长率主要采用企业就业人数的增长率来衡量。

第一节　中国工业企业成长动态演进规律探究

工业企业规模的变动是经济结构调整的重要内容，企业规模的动态演进表现为企业的成长，反映了不同企业规模对资源的利用情况。[①] 因为不同规模的企业对资源利用的不同效率不仅影响了工业结构调整的方向，而且影响了经济增长的速度和质量，但是现有的研究对这一重要问题尚未做深入的探讨，对企业成长动态演进规律的探究就成了本书研究的焦点。

由于企业成长规律反映了正在改变着的市场结构和生产技术对企业规模的作用，改变了企业市场中的竞争方式，尤其反映了工业化进程中企业生产能力的扩大趋势和资源在不同企业规模之间配置的变动对一国经济结构调整和经济增长的影响。因此，深入研究这一问题对经济结构转型中的中国工业来说就显得更为迫切。对于中国工业企业规模与成长规律的研究，一直贯穿于本书的始终。马克思的企业规模与成长理论认为不同历史时期企业成长具有特定的规律，鉴于本书研究的背景，本书主要分析在1998～2010年这一期间中国工业企业成长的规律性。对于中国工业企业成长规律的探究，基于企业规模分布规律视角——吉布莱特定律的分析框架展开，吉布莱特定律认为企业的成长是个随机过程，影响企业成长的因素众多，难以对其预测，企业成长独立于其规模。本书从不同角度、利用不同的样本并采用了不同的研究方法对此进行了理论上的分析与实证上的检验。

本书第四章中采用2005～2007年中国制造业企业数据，采用面板数据IV-2SLS方法克服研发内生性问题检验了吉布莱特定律并实证分析了研发投入对企业成长率的影响。结果表明，中国制造业企业规模与成长之间并不遵循吉布莱特定律，企业成长具有"规模依赖"。在第四章中本书选择了中国工业企业中的一个子样本——制造业企业样本进行分析。对于中国制造业企业来说，不管是从企业数目上来看，还是从整体企业规模上来看，制造业企业在中国工业企业中都占绝对比重。中国不仅是一个工业大国，还是一个制造业大国，对于中国制造业企业的分析更进一步支持了本书的基本结论，企业成长具有规模依赖，随着企业规模的不断扩大，企业

---

① 殷醒民：《中国工业企业规模的变动趋势研究》，《管理世界》1997年第3期，第136～146页。

成长率下降。在这一章中，还按照所有制和地区分组检验了不同所有制和不同地区企业规模与成长规律，不同所有制和地区的制造业企业的成长虽然具有自身的特点，但其研究结论与整体工业企业数据的分析结果也基本一致。

本书的第五章中利用 1998~2007 年中国非制造业工业企业相关数据，基于吉布莱特定律的研究框架，分析了生产率、企业规模对中国非制造业工业企业成长及其规模分布的影响。结果表明：第一，企业规模与成长之间并不遵循吉布莱特定律，企业规模对企业成长具有显著的负向影响；而生产率对企业成长则具有显著的正向影响，且影响具有长期的持续性。第二，企业规模的扩张会带来平均企业规模的扩大与行业集中度的上升，使得企业规模（对数）分布更倾向于偏离正态分布；而生产率的提高在推动平均企业规模扩大的同时却会带来行业集中度的下降，使得企业规模更趋向正态分布。此外，还分析了企业年龄、产权特征、地区差异以及出口需求等因素对此产生的影响。通过对不同行业的分类研究发现，不同行业的企业成长及其行为不仅具有相似性也具有差异性。本书既有助于更好地理解中国非制造业工业企业成长及其行为特征，也有助于更好地把握中国非制造业工业企业产业组织演进的动态过程及其背后的市场结构特征，从而为推动中国工业企业成长、促进企业规模结构合理化以及产业结构优化等方面政策的制定提供了经验依据。

本书第六章中采用 2004~2007 年中国新一代信息技术产业微观企业数据，基于企业规模与成长关系的模型——吉布莱特定律的分析框架，对此进行实证研究。结果表明：创新可以对中国新一代信息技术产业企业成长带来积极的正向效应，而且新一代信息技术产业企业高创新性还可以带来高成长性。在稳健性检验方面，多种变量及多种方法估计的结果均支持这一结论。同时，结果还显示出：中国新一代信息技术产业企业成长具有显著的"规模依赖"和"年龄依赖"特征；企业的国有产权属性对新一代信息技术产业企业的成长具有负向影响，而出口需求与东部地区对新一代信息技术产业企业成长具有显著的正向效应。以期本书可以为深入理解中国新一代信息技术产业企业成长的规律以及为实施创新驱动发展战略推动中国新一代信息技术产业发展及其企业成长提供经验证据。

本书第七章中基于 2000~2007 年中国制造业企业数据进行分析，总体来看，中国制造业企业对外直接投资对企业成长的影响还并不明显，尤其是，对于处于中等成长率的企业的成长还呈现出显著的负向效应，对外直接投资对中国制造业企业成长的影响具有非对称效应。究其影响途径，虽然对外直接投资对中国制造业企业出口强度具有显著正向效应，但是对制造业企业生产率的影响不显著；而且，由于对外直接投资面临竞争性的增强，对外直接投资对制造业企业利润率或盈利能力具有显著负向效应。研究认为，实施"走出去"来推动中国制造业企业成长，应提高制造业企业竞争力以避免对制造业企业盈利能力产生的负向效应；同时，应提高制造业企业自主创新能力，积极吸收逆向技术溢出来推动制造业企业生产率与出口强度。本书研究为深入理解中国制造业企业成长行为特征以及对外直接投资对其产生的影响提供了经验依据。基于研究结论，提出了实施对外直接投资能够推动中国制造业企业成长的相关政策建议。

本书第八章中针对中国工业制造业上市公司企业的成长规律进行了探讨，基于2001~2010年中国制造业上市公司数据的分析表明，中国制造业上市公司企业规模分布存在"规模依赖"，并不完全遵循吉布莱特定律。第八章中本书又把样本进行了缩小，选择了一个特殊的样本——制造业上市公司企业进行分析，对于上市公司来说，企业规模较大，即通常达到最小效率规模以上的企业，已有的文献研究表明，吉布莱特定律对于达到最小效率规模以上的企业是适用的，所以在第八章中选择了大型的制造业上市公司进行了分析。从横截面数据的分析结果来看，在2001~2006年中国制造业上市公司企业成长并不遵循吉布莱特定律，而在2007~2010年有些年份吉布莱特定律并没有拒绝。从面板数据的分析表明，吉布莱特定律并不成立，因此，对于中国制造业上市公司来说，有与中国工业企业成长规律相似的特征，又具有自身的特点。

本书第九章中基于罗西·汉斯伯格和赖特（Rossi-Hansberg and Wright，2007）的理论分析并利用中国工业行业层面的数据实证研究了2003~2010年中国工业企业规模与成长之间的关系，从总体层面上探讨了中国工业企业成长规律。罗西·汉斯伯格和赖特构建的动态随机一般均衡（DSGE）模型以企业物质资本份额和人力资本份额的差异解释了为什么不同行业或不同部门的企业成长依赖于其规模的差异性。根据罗西·汉斯伯格和赖特的理论，可以解释中国工业企业两大部门——轻工业和重工业部门企业成长依赖于其规模的差异。鉴于此，在第九章中本书把中国工业行业划分为轻工业和重工业两大部门分别探讨了两大部门企业成长规律，分析了二者的差异，并着重探讨了物质资本份额和人力资本份额对中国工业企业成长的不同影响。实证分析结果表明，中国工业企业成长率与其规模之间呈显著的负相关关系，轻工业和重工业两部门在资本积累和劳动力配置等方面存在差异，但由于各要素之间的相互作用，两部门之间企业规模对其成长率的影响效应的差异并不明显，其中，中国轻工业企业规模对其成长率的影响效应略高于中国重工业部门企业规模对其成长率的影响效应。实证结论与工业企业现实的状况相吻合，从总体上来看，不管是中国工业企业总体规模还是平均企业规模，其规模越大企业成长率越低。

以上分析表明，不管是从整体行业层面上的分析，还是从工业企业数据的分析以及工业制造业企业和制造业上市公司数据的分析，其结论一致表明中国工业企业成长具有规模依赖性，并不完全遵循吉布莱特定律，随着企业成长的演进，企业规模越大企业成长率越小，但不同类型的企业的成长规律又具有各自不同的特征。对于中国工业企业成长规律的研究表明：企业成长随着规模增大而降低的规律，对于经济结构转型中的中国也普遍存在。这一规律性原因是值得深究的。本书从多方面多角度对此研究与诠释，以明确这一背后的动因。这一规律蕴含的政策含义在于政策制定者不仅仅要关注大型企业的成长，还要关注中小企业的成长，中小企业的成长也是经济增长的动力之源。

从中国工业企业规模演进轨迹上来看，在改革开放前计划经济体制下，大型国有工业企业在中国工业企业中居统治地位的阶段，已经演变为改革开放后在市场经济体制下多种性质企业自主成长的阶段，大型企业与中小型企业并存。一方面，国有大中型企业的成长依赖于国企改革和垄断行业改革进程，从参与国际市场竞争着眼，在关系国计民生和国家经济安全的行业和领域中通过行政性和市场性重组、调整，进一步向做大、做强、做久的方向发展;[①] 另一方面，也应该更加关注中国中小型企业的成长，为中小型企业的成长培育良好的市场环境，进一步加强中小型企业的生产能力和自主创新能力的提升，以此推动中国工业中小型企业的快速成长。基于研究结论，在本书各章中都提出了具体的政策建议。对于中国工业企业成长规律研究表明中国工业企业成长并不是随机性的。因此，对于影响中国工业企业成长的决定性因素就值得探讨。本书在揭示中国工业企业成长动态演进规律的同时主要研究了影响中国工业企业成长的各种因素对中国工业企业成长影响的不同效应，在此基础上提出能够推动中国工业企业成长的诸多政策建议。

---

① 殷醒民：《中国工业企业规模的变动趋势研究》，《管理世界》1997 年第 3 期，第 136 ~ 146 页。

第二节 影响中国工业企业成长的因素分析

企业的成长是一个复杂的系统工程，与诸多因素相关，是内部因素和外部因素共同作用的结果。本书以马克思的企业成长多因素论为基础，吸收并借鉴西方企业成长因素论对中国工业企业成长因素进行了多角度多方面的考察。本书对中国工业企业成长因素的考察，考察了影响企业成长的内部因素，同时也考察了影响企业成长的外部因素。具体来说，主要考察的内部因素包括企业的规模、年龄、研发投入、生产率或创新、对外直接投资、融资约束、盈利能力、产权特征以及资本结构等内部因素；主要考察的外部因素包括区位因素、行业特征、市场结构、经济增长、出口需求以及金融市场发展等因素，如表3-1所示。

表3-1 影响中国工业企业成长的因素及其效应

类别	因素	影响效应
内部因素	企业规模	-
	企业年龄	-/+
	研发投入	+
	生产率	+
	创新	+
	对外直接投资	-/+
	融资约束	-
	物质资本	-
	人力资本	+
	盈利能力	+
	偿债能力	?
	运营能力	?
	产权特征	-
	资本结构	-
外部因素	区位因素	+
	经济增长	+
	工业增加值	+

类别	因素	影响效应
	企业进入	?
	出口需求	+
外部因素	行业特征	?
	市场结构	?
	金融市场发展	+

注："＋"表示正向影响，"－"表示负向影响，"?"表示不确定。

本书利用不同的样本数据、采用不同的研究方法从不同的视角对此进行了理论上的分析与实证上的检验。理论上对各因素的分析表明，影响企业成长的各因素对企业成长具有两面性，既有对企业成长有利的一面，也会对企业成长产生不利影响，二者相互作用。如果正向影响大于负向影响，则表明对企业成长总的效应具有正向影响效应，反之，对企业成长总体来说就会产生不利影响。因此，对于影响中国工业企业成长因素的分析表明，要发挥影响企业成长因素的有利一面，同时要克服其不利的一面，使得各项因素对企业成长向有利的方向演进。本书的实证结果具有相对一致性的结论，总体来看，对企业成长产生有利影响的因素包括企业研发投入、生产率、创新、盈利能力的提高、人力资本及人力资本利用率的提升、经济增长以及出口需求等因素，不利因素包括企业规模、资本结构、物质资本以及融资约束等因素。

一、影响企业成长的内部因素

（一）企业规模

企业成长表现为企业规模的不断扩大。因此，企业规模是影响企业成长的重要因素。本书主要研究了企业规模对不同类型企业成长的影响效应。企业规模是大还是小有利于企业成长的问题，在理论上与实践上并没有一致性的结论。俗语上常说，"船小好调头，船大抗风险"，就是说大企业有大企业的好处，企业小有企业小的好处。建立大型企业，是企业提高竞争力、增强抗风险的重要手段，但是如果企业和政府的决策者，以为企业规模越大，抗风险的能力越强，企业越安全，肆无忌惮地扩张，企业也难免遭受灭顶之灾。例如，曾经的巨人集团，史玉柱造就了一个中国企业家的奇迹，但也因此演绎了一个企业迅速盛极而衰的经典案例。同样，房地产界的"黑马"顺驰，也在挥动着"全国战略"旗帜高歌猛进时，付出了惨重代价。[①] 再如，在动物科目分类中，恐龙和蜥蜴属同一科目，论大小，二者不能相比，然而在适者生存的生物进化过程中，前者早已不再存在，而后者则凭借机智灵活的小个体至今繁衍不息。适者生存的"恐龙效应"说明，生命力不是以规模大小来衡量的。[②]

对于大企业来说，大企业更能代表先进的生产力与生产方式，大企业更有能力也更有实力进行技术研究和开发，大企业更可能持续积累技术、管理、营销组织能力。具体而言：第一，大企业有利于技术创新。大企业与小企业相比，更热衷于技术开发，因为，研究开发有很强的外部性。如果一个公司市场占有率高，那么技术发明会给它带来巨大好处，它对于研究开发就有强大动力；反之，如果它的市场占有率低，花费巨大的投资进行新产品的开发，得到的好处就少。另外，推动技术创新不仅需要创新热情，而且需要经济实力，技术创新成本高，只有大企业才能支付。第二，有利于分工的细化和专业化发展，形成规模经济，有利于通过合理的分工协作提高企业的经济效率。第三，在融资、销售等方面处于有利地位。第四，在企业组织内部比较容易产生较为合理的规章制度。然而，正如任何事情都有利有弊一样，大企业在产生积极作用的同时，也会产生一些负面效应。一是大企业容易形成对市场的垄断。二是大企业容易滋生官僚主义、缺乏人性化，并降低生产者的劳动积极性，也容易由管理复杂性引起失控，如组织失控、信息失控、资源调配失控和经营预期结果失控等。在外在垄断的保护下，在内在庞大阶层化组织中，还可能产生惰性与无效率甚至怠于进行研发的情况。三是大企业必然意味着经济权利与财富的相对集中，对社会公平与政治民主会带来不利的影响。另外，企业规模扩大是有条件的，其中一个重要条件，就是企业的发展规模和发展速度不能超过管理能力，也就是说，人力资本要先于财务资本的增长；另一个条件是有一种追求可持续成长的企业宗旨或企业文化，还要有预防处理危机的机制和能力等条件。

小企业与大企业一样，既存在优势也存在劣势。小企业的优势主要表现在两个方面：一是小企业的所有权和经营权合一，因此追求利润的动力可以完全呈现在经营者的积极性上，即所谓动力大；二是小企业可以迅速

---

① 陈晓峰：《中国式失败》，中国经济出版社 2010 年版，第 37 页。
② 许晓明：《企业成长——打"百年老店"的战略选择》，复旦大学出版社 2007 年版，第 58 页。

作出决定，即所谓灵活和富有弹性。小企业具有责任明确，监管到位，内部管理程序简单、高效等特点，尤其是信息技术的高速发展加速了信息的流动，更有利于小企业提高竞争力。小企业的劣势有：一是难以充分利用先进的生产力与生产方式，缺乏进行长期研发的能力，会造成规模经济效益的丧失，并且比较难以持续积累知识和管理经验，不容易逃脱家族富不过三代的宿命；二是若小企业数目多而占的比例大，则容易分散及平均化经济社会权利与财富效果，这样虽然比较容易被一般人接受，但不利于财富大规模积聚和经济的大规模发展。[1]

可见，针对大企业和小企业的利弊分析，是大企业更有利于企业成长还是小企业更有利于企业成长或经济增长并无定论。刘易斯在其著作《经济增长理论》就有过这样的论述："大的组织可以从事研究、做大宗买卖、筹款容易、生产标准化产品、做广告、聘用最好的专家顾问等。小组织如果其周围辅以代理机构，同样能办到，这些私人的、合作的或法定的机构可以把需要按大规模来完成的一切工作接过来，从而使小厂家可集中适于按小规模来完成的那些活。如果要讲效率或经济增长，并非要个体厂家规模大才行。经济增长确实要求发展大规模生产，但是，就效率而言，市场、合作运动或政府可继续扶持较小的单位。"[2]

因此，本书对于企业成长因素的分析主要考察了企业规模对企业成长的影响，并贯穿了本书研究的始终。在本书中，企业规模作为影响企业成长的主要解释变量或控制变量，基于中国工业行业数据、工业企业数据、工业制造业企业数据以及制造业上市公司的数据分析均一致表明企业规模对企业成长呈显著的负向影响。因此，在企业成长的过程中应特别注意由于企业规模扩张对企业成长带来的不利影响。

工业经济时代，"规模经济"成为构建企业组织架构的基本法则，经过百年的发展，在全世界范围内出现了一批批巨型企业，例如，大的汽车公司、大银行、大钢厂、大石化公司、大商场等。中国对国有企业实施"抓大放小"战略，重点抓在国民经济中起主导作用的1000家大型骨干企业[3]，反映的就是对规模经济的重视。然而，在工业经济向知识经济转型中，信息化时代的到来，市场需求的多样化、个性化和灵活性使得很多生

---

[1]　张银杰：《现代企业制度新论——企业疑难问题探索》，上海财经大学出版社2004年版，第232～234页。

[2]　刘易斯：《经济增长理论》，中译本，商务印书馆2010年版，第89页。

[3]　国务院批转国家经贸委：《关于1996年国有企业改革工作实施意见》，《经济工作通讯》1996年第8期，第38～40页。

产产品质量趋同、价格趋同、成本趋同的企业越来越无利可图，而使得小企业如鱼得水。从中国工业企业数目来看，80%以上属中小型企业，中小企业获得了快速的发展。中国工业企业规模变动的总趋势反映了时代变迁的内在本质。

（二）企业年龄

纵观企业成长历程，几乎所有的企业都会经历从产生、成长、成熟到消亡几个阶段。在众多的企业当中不乏年龄较长的高寿型企业，例如，日本的住友（Sumitomo）公司起源于里蒙·索加（Riemon Soga）在1590年创立的铸铜店；瑞典的斯托拉（Stora）公司是由一个多年前瑞典中部的一个铜矿发展起来的，而目前则是一个主要的纸张、纸浆和化学制造商，它诞生之初是一家公有公司，已有700多年的历史。[①]又如，广州陈李济药厂创建于公元1600年（明朝万历二十七年），迄今已逾400年之久；江南造船厂，其前身是1865年清朝创办的江南机器制造总局，至今也有150多年的历史了。但也存在很多短命企业，就中国民营企业来说，沈阳飞龙、郑州亚细亚、三株、巨人等等，迅速崛起，迅速陨落，如同一颗颗流星，生命相当短促。

可见，企业年龄对企业成长具有重要影响，早在1982年约万诺维奇就已建立了一个"噪音选择"模型（又称"学习"理论）来解释企业年龄与企业成长率之间的关系，约万诺维奇（Jovanovic，1982）的"学习"理论预示了企业年龄与企业成长率负相关的关系。然而，现实中随着企业年龄的增长，企业的市场经验也会丰富，并且之所以企业能够长期存续，更多地体现为企业拥有较高的生产率和较强的竞争能力。因此，企业年龄也可能对企业成长产生正向影响。

企业的成长过程就像人的成长一样，同样会经历幼年、青年、中年、老年等不同阶段一样。在每一个不同的阶段上，都具有不同的成长特点和行为特征。企业的这种成长过程和阶段可以称为企业的生命周期。不同年龄的企业其成长性并不相同，要理解不同年龄企业的成长行为和特点以及企业年龄对企业成长的影响，还可以从企业的生命周期这个概念着手进行解释。

大约在20世纪70年代中期，企业生命周期的概念最早由耶鲁大学副教授金伯利（Kinbely）和米勒思（Miles）提出。他们在当时给耶鲁大学

---

① 德赫斯：《长寿公司》，中译本，经济日报出版社1998年版，第2页。

组织与管理学院的博士研究生班开设一门名为"组织生命周期"的讨论中，采用类似生物的方法，提出组织生命周期的概念。[1]

其后，1972 年美国哈佛大学的葛瑞纳（Grenier）教授在其《组织的成长的演变和变革》一文中，把生命周期划分为五个阶段。1983 年，美国的奎因（Quinn）和梅隆（Cameron）在其《组织的生命周期和效益标准》一文中，把组织的生命周期简化为四个阶段。葛瑞纳与奎因都认为，企业的成长是由一个非正式到正式、由低级到高级、由简单到复杂、由幼稚到成熟、由应变能力弱到应变能力强的发展过程。企业的整个发展过程由不同阶段组成，每一个发展阶段由两个时期组成，一个是稳定发展时期，另一个是变革时期。当企业处于稳定发展时期，组织为了适应内外部条件的需要，结果就会从内部产生一些新的矛盾，现行组织结构不再适应环境的要求，组织就会发生不稳定，进入变革时期。再采用适当的方法，变革现行组织结构，危机将得到解决，组织结构又适应外部环境，从而进入了下一个稳定发展阶段，企业就在稳定和变革的不断循环往复中不断成长。

葛瑞纳与奎因对生命周期的论述仅仅停留在组织结构的改变上，没有对企业的生命周期的基础要素进行论述，显然并不全面。爱迪斯（Adizes）则在他的著作《企业生命周期》一书中，详细地划分了企业生命周期的不同阶段，并且针对不同阶段的具体情况，提出了爱迪斯法。他把生命周期大致划分为十个阶段：孕育期、婴儿期、学步期、青春期、盛年期、稳定期、贵族期、官僚化早期、官僚化期、死亡期。爱迪斯认为，企业的灵活性与可控性是决定着企业兴亡的主要因素。根据灵活性与可控性的不同，企业就会表现出不同的形态。同时，灵活性与可控性又是矛盾统一的，既存在统一性的一面，也存在矛盾性的一面：当灵活性过大时，企业容易失去控制而走向死亡；而当可控性太强时，企业将缺乏活力，又容易达到衰老。只有当可控性与灵活性相适应时，企业才能达到盛年期。因此，不管企业阶段是如何划分的，都表明企业和所有的有机体一样，都有自己的生命和生命周期。[2]

本书中根据生命周期理论，按照企业年龄的大小把中国工业企业划分为不同年龄类型的企业考察了不同年龄企业的行为特征，并考察企业年龄

---

[1]　徐晓明：《企业成长——打造"百年老店"的战略选择》，复旦大学出版社 2007 年版，第 39~41 页。

[2]　汤明：《企业成长的四维理论》，经济科学出版社 2007 年版，第 88~91 页。

对企业成长影响的差异及其对不同年龄类型企业成长性影响的差异。

本书的研究表明，从总体来看，企业年龄对中国工业企业成长具有负向影响，但是不同类型企业的年龄对企业成长率的影响并不相同，在本书第五章中把中国非制造业工业企业分为不同规模、不同年龄、不同所有制、不同地区和不同出口需求的企业分别进行分析表明，企业年龄对大型企业、国有企业以及出口企业在样本均值处总的影响效应具有正向影响。在第八章中对于中国制造业上市公司的数据分析表明，企业年龄对企业成长率并不显著依赖于企业年龄。因此，企业年龄对企业成长的影响效应的分析不能只考虑企业年龄自身对企业成长的影响效应还要考虑企业类型的差异。

（三）研发投入

研发活动是企业自主创新能力培育和提升的基础活动，也是企业形成技术领先优势并转化为竞争优势的重要途径之一。

研发投入对企业成长产生双向影响效应。

（1）企业研发投入对企业成长会产生正向影响。首先，企业从事研发投入，可以作为一种企业进入壁垒阻碍潜在的企业进入，占据更大的市场份额。其次，相对于其竞争者来说，一个企业进行研发投入，开发更优质的产品、发明新的技术或采用了新的组织管理形式，可以提高企业的竞争性，从而能够获得更大的市场份额和更多的超额利润。同时，由于企业研发投入的创新行为，企业可以选择不同的生产技术来满足不同的市场需求，从事研发投入创新行为的企业将会比不从事研发投入创新行为的企业在市场竞争中具有更大的优势。最后，企业进行研发活动可以提高吸收其他企业的创新成果的能力，节约企业的研发成本。由此，从事研发投入创新行为的企业将会有更高的成长率。

（2）企业研发投入也可能对企业成长产生负向影响。首先，从事研发投入创新行为的企业在现实中并不一定能够获得更大的利润和更高的成长率。在一些传统部门，由于技术创新机会较少，从事研发投入创新行为的企业通常并不能对进入者构成进入壁垒。这意味着，由企业从事研发投入创新行为产生的超额利润将会由于模仿企业的进入而大大减少，这倾向于减少企业的利润和竞争优势。其次，相当部分企业由于市场观念薄弱、管理水平不高和企业运作机制落后以及企业的委托 - 代理等原因，使其有限的研发资源发挥不出应有的效益，使得大量企业研发投入成为企业的沉淀成本，将会阻碍企业的成长。最后，从企业战略管理的角度来说，企业的研发投入活动可以视为高风险高报酬的企业战略行为，假如企业研发投资成功，就会给企业带来更大的发展潜能，但是如果企业研发投资失败，将会对企业成长产生不利影响。企业研发投入的增加能否提高企业的成长率，取决于这两种力量对企业成长影响的大小。

可见，企业研发投入对企业成长也具有两面性，在本书第四章中经验研究结论表明中国工业制造业企业研发投入规模与研发投入强度均显著提高中国工业制造业企业成长率。

（四）生产率、技术进步或创新

马克思在经济学研究中较早地提到了技术进步对经济增长的作用，他在《资本论》中论述了生产量扩大可以不依赖于资本量增加的情况。马克思指出，"劳动生产力的提高，在这里一般是指劳动过程中这样一种变化，这种变化能缩短生产某种商品的社会必要劳动时间，从而使较小的劳动量获得生产较大量使用价值的能力"①。怎样才能使得劳动生产能力的提高推动经济增长，主要就是依靠科技进步。而明确将技术进步作为经济增长的决定性因素的经济学派是新古典增长理论，其代表人物罗伯特·索罗（Robert Merton Solow）发现仅仅用资本和劳动投入还不能解释经济增长的全部内容，大部分的产业增长并不是由这两种因素投入带来的，而是由一个外生的、用以解释技术进步的"剩余"决定的。他突破了经济增长理论中长期占统治地位的"资本积累是经济增长的决定性因素"的观点，第一次提出了"技术进步对经济增长具有最重要的贡献"的观点。新剑桥学派则强调资本投入、劳动投入以及技术进步是经济增长的三大因素。技术进步不仅会改变劳动生产率，而且会改变资本产出率，并形成一个独立变量。

同样，对于企业而言，技术作为企业的生产要素，不管是传统企业，还是现代企业，在认识上没有根本区别。劳动生产率是劳动的自然生产力、社会生产力和技术生产力等三种生产力共同作用的结果，技术进步体现劳动生产力的提高。② 技术在本质上反映人对自然界的能动关系，是实现自然界人工化的手段。技术进步是技术不断创新的结果，技术的创新将诱发技术革命，从而导致产业革命和分工大的重大发展。回顾世界经济史可见，所出现的几次技术革命和产业革命的经历无不如此。技术进步的结果，在造就了一批新企业的同时，也迫使一批旧企业遭淘汰。现代企业创

---

① 马克思：《资本论》第1卷，中译本，人民出版社1975年版，第260页。
② 张薰华：《〈资本论〉脉络》，复旦大学出版社1999年版，第13页。

造财富的动力所在就是技术进步，只有在技术进步方面有所作为，企业才有生存发展和创造财富的更大空间。

当社会进入知识经济时代，技术作为企业的生产要素对企业发展的作用更为突出，特别是知识形态的技术要素，即以技术知识为象征的主体化技术要素，更是企业未来发展不可缺少的生产要素。加大企业的技术要素投入，提高技术投入效率，是企业提高整体实力的必然选择。无论是从社会角度还是从企业角度，知识经济条件下的技术具有特殊的作用。

（1）技术进步是创造财富的主要源泉。特别是当社会进入知识经济时代后，以微电子技术、生物工程、新型材料等高技术为代表的技术进步，对企业甚至对整个社会经济发展的作用越来越大，已经成为经济增长中的重要因素。可以说，技术进步对经济增长的贡献越来越大，对企业创造财富的作用越来越大。

（2）技术进步是提高企业效率的主要手段。企业效率即以尽可能少的劳动占用和劳动耗费获得尽可能大的有效产出。企业效率中投入包括各种生产要素和管理要素的投入，如资本投入、劳动投入、技术投入、设备投入、管理投入与其他资源投入等，这些投入的实质是时间投入。企业效率的高低，虽然取决于人力和资金的投入，但起决定作用的因素还是技术投入，或者说是技术进步。

（3）技术进步是提高企业劳动生产率的重要因素。技术进步对于企业发展的作用是多方面的，但最根本的是对提高劳动生产率起着关键作用。因此，技术投入是提高企业劳动生产率的决定性因素。技术投入之所以是企业提高劳动生产率的决定性因素，不仅仅在于科学的新颖性和技术创新性，而在于它能够为解决企业发展面临的难题提供新的思维和手段，能够不断持续创造高效率。技术进步的目的是使人们在生产中使用高效率的劳动手段和先进的工艺方法，从而推动生产力的发展。

（4）技术进步是企业提高经济效益的有力措施。技术进步对企业提高经济效益的作用主要表现为：技术进步使生产设备的技术水平提高，从而使劳动生产率增长，原材料消耗下降，生产成本降低，提高投入产出率；技术进步能够改善和提高生产工艺水平，从而可以影响生产消耗、产品质量、产品成本，达到提高经济效益的目的；技术进步使劳动者素质提高，使高素质的劳动者与先进设备、先进工艺合理配合，充分发挥各生产要素的作用，因而可以使经济效益得到提高；技术进步可以提高资源的利用率，减少各种中间消耗，降低产品生产成本；技术进步可以改善和提高企业决策管理水平，特别是软科学技术进步对企业经济效益的影响更大，它具有少投资或不投资就能收到提高效益的效果。[①]

对于企业来说，技术进步的获取途径主要靠技术创新、技术模仿和技术扩散。能增进利益的要素组合方式的变动就是技术创新。技术创新包括产品创新、生产方法创新、设备创新、市场营销创新等等。企业中的技术创新，能够不断提高产品的性能和质量，降低制造过程中的物质消耗，使企业产品具有较强的竞争能力。企业只有实施自主创新、合作创新、委托创新、引进创新等策略，以优质价廉的畅销产品保障社会和市场需要，不断提高企业的经济效益，才能实现企业的成长。[②]

基于以上理论分析，在本书第五章和第六章中检验了企业规模与企业生产率或创新之间的关系以及企业生产率或创新、企业规模与成长之间的关系，发现企业规模有利于企业生产率的提高或创新而制约企业成长，相反，企业生产率或创新的提高可以推动企业的成长。因此，生产率的提高或创新是企业成长的根本动力。

（五）对外直接投资

从企业成长的角度来看，对外直接投资对企业成长的影响具有两种截然相反的观点。一种观点认为，对外直接投资是一种国际化经营战略，通过对外直接投资可以充分利用国内、国际两个市场与两种资源，能够促进资源合理化流动及全球化配置，改善资源错配（白俊红和刘宁英，2018），同时，还可以获取逆向技术溢出，增强企业的国际竞争能力。因而，对外直接投资能够对企业成长带来有利影响。另一种观点则认为，对外直接投资是资本流出或就业出口的同义语，对外直接投资会替代国内投资或挤出国内就业，过度的对外直接投资还可能导致国内产业空心化（Liu et al.，2015；刘海云和聂飞，2016）。所以，对外直接投资会对企业成长带来负向效应。因此，对外直接投资对企业成长的影响具有不确定，取决于对外直接投资对企业成长影响的净效应。

（六）融资约束

企业的创立与成长，离不开对资本和金融的依赖，融资问题可以说是制约企业迅速发展的一大瓶颈。尤其是对于众多中小企业来说，能否成功实现融资，更是关系到它的生死存亡。关于企业规模与成长关系的融资约束理论认为，由于金融市场的不完善，企业受到融资约束，从而会制约企

[①] 汤明：《企业成长的四维理论》，经济科学出版社 2007 年版，第 93~94 页。

[②] 汤明：《企业成长的四维理论》，经济科学出版社 2007 年版，第 126 页。

业成长。虽然自改革开放以来，中国市场经济得到了快速发展，但从市场体制的发展过程来看，中国产品市场发展较为成熟，而要素市场发展并不完善，特别是中国金融市场，受到信贷配给、市场准入等条件的限制，中小企业融资难借贷难的问题一直存在，鉴于中国金融市场的不完善，已有的研究表明融资约束制约了中国上市公司企业的投资决策、公司价值和企业绩效等企业行为。本书第八章对中国制造业上市公司的分析表明，融资约束对中国制造业上市公司企业成长产生了显著的负向影响，尤其显著影响了中国制造业上市公司中小企业的成长率。

（七）物质资本与人力资本

资源配置的方式不仅取决于个别企业对某一特定产品的供给或需求与这种产品市场总供给或总需求的关系，还取决于与企业操纵的生产性服务的种类和数量。[①] 因此，从资源有效利用的角度看，企业的成长可以说是不断挖掘未利用生产要素并加以有效利用的过程，企业一旦完全充分地利用了现有的生产要素，就会获得成长，同时也就进入了新的成长阶段，开始新的成长周期。而新的成长周期又会为企业带来新的未利用生产要素。企业就是在充分挖掘并利用生产要素的过程中实现自我成长的。[②] 物质资本和人力资本是企业生产的重要的资本要素，而资本的不同配置将会影响企业的成长方式。因此，不同企业对物质资本和人力资本的不同利用情况将对企业的成长率产生不同的影响。

资本作为一种生产要素的重要作用，早在亚当·斯密时期就有论述。斯密认为决定经济增长的因素有许多，资本要素是其中之一。他把考察经济增长的视角主要放在生产和供给方面，并判断出经济增长的根本源泉首先是劳动生产率的提高，其次是参加生产性劳动的人数增加或比例的提高。这种思想又进一步引出斯密对分工、资本、市场规模等各种因素的重视，从而认识到资本积累在经济增长中的重要作用。因为，在斯密时代，影响生产率的主要因素是分工和专业化的程度，而分工和专业化程度又取决于资本和市场的规模，因此资本积累对经济增长具有特别重要的作用。此外，斯密还认识到社会总资本的数量也是整个社会维持产业和雇佣劳动数量的主要限制因素。[③] 因此，资本是经济增长的基础，或反过来说，经济增长常常受到资本数量的限制或制约。而法国重农学派的鼻祖魁奈

---

① 彭罗斯：《企业成长理论》，中译本，上海人民出版社 2007 年版，第 229 页。
② 汤明：《企业成长的四维理论》，经济科学出版社 2007 年版，第 88~89 页。
③ 汤明：《企业成长的四维理论》，经济科学出版社 2007 年版，第 88~91 页。

（Quesnay）则坚决主张资本积累是经济增长的唯一决定因素。到 20 世纪三四十年代，英国经济学家哈罗德（Harrod）和美国经济学家多马（Domar），把资本决定论发展成一个成熟的经济增长理论。其以二者名字命名的哈罗德－多马模型，完整地分析了资本对经济增长的决定作用，只要一个国家的资本积累率即储蓄率保持在一个较高的水平上，其经济就会以较快的速度增长。

同理，资本对经济的重要主体之——企业也具有十分重要的作用。企业要运作，首先要有资本。因此，企业的成长离不开资本。资本既是生产手段，又是获利手段，二者统一于资本的生产过程中，它是生产过程中产生出来再用于生产过程的生产要素。就资本自身来说，资本是能带来剩余价值的价值。"资本只有一种生活本能，这就是不断地增值自身，获取剩余价值"。① 同时，资本本质上是一种运动。这种运动，从内容上讲，是资本获取剩余劳动来增值自己的运动；从形式上来讲，是资本价值经过不同形式以及这些形式不断循环的运动。资本就是在这种运动中，保存自己，同时使自己增值，如果一旦这种运动停止，就不能带来剩余价值，也就失去了资本的本性，因此资本就是在不断往复循环的运动中不断实现增值的。因此，资本的运动是没有限度的，企业就是在资本的不断运动中成长的，企业的成长表现为企业资本的不断扩张。

物质资本指实物形态的机器、工具设备、厂房和原材料等生产资料，是企业进行生产经营活动的生产要素之一。物质资本作为资本的一种形式，当然也是获取利润的手段。因此，物质资本就会影响到企业的成长路径及其成长方式。

企业的生产要素是企业成长的物质基础。当人类进入知识经济时代，企业间的竞争更加激烈，且这种竞争将由资源竞争转向人才竞争。可以说，谁拥有人才，谁就是竞争中的胜利者。

企业的成长过程，实质上是其生产要素的优化配置过程。而生产要素的优化配置过程其实质是人的主动性、积极性和创造性充分发挥的过程，这是因为，人是企业的主体。对于企业来说，人是不可缺少的重要因素，离开了人的因素企业将不会存在，人对企业来说是十分重要的，因为人力资本是一种特殊生产要素。第一，人力资本是有意识、有价值观，能够发挥主观能动性的资源，这是它与物质资本的本质区别。一个具有企业所需

---

① 马克思：《资本论》第 1 卷，中译本，人民出版社 1975 年版，第 260 页。

的职业能力、有主动工作精神和创新意识，能够与企业的组织环境和企业文化相互适应的人，是企业最重要的资本，是企业充满活力的根源所在。第二，人力资本具有特殊的使用价值，不但能够转移价值而且能够创造价值，特别是高新技术、知识技术密集型企业，人力资本的创新能力是企业利润的主要来源。第三，在知识经济时代，知识和技术是依附于人而存在和发挥作用的，体现在劳动者素质的提高上，对人力资本的恰当获取和科学管理直接关系到一个企业的生存和长远发展，对于企业来说具有战略性意义。第四，人的智力和才干的开发是无穷无尽的，知识的发展与创新也是没有边际的，人的学习能力和职业能力可以得以不断提高。因此，企业可以通过不断开发人力资本，以提升自身的整体素质和竞争能力，不断提升自身的成长性，促进企业自身的发展。

　　人力资本的上述特征，决定了人力资本在企业发展中具有特殊的重要作用。1979 年诺贝尔经济学奖获得者舒尔茨（Thodore W. Schults）是公认的人力资本理论的构建者。1960 年，他在美国经济协会的年会上所作的《人力资本投资》演说中，就阐述了许多无法用传统经济理论解释的经济增长问题，明确提出人力资本是当今时代促进国民经济增长的主要原因。根据舒尔茨的人力资本说，人力资本是体现在劳动者身上，通过投资形式并由劳动者的知识、技能和体力所构成的资本，可以看作是资本的一种类型，看作是一种生产出来的生产资料，看作是投资的产物。舒尔茨的人力资本理论有五个主要观点：一是人力资本存在于人的身上，表现为知识、技能、体力价值的总和。一个国家的人力资本可以通过劳动者的数量、质量以及劳动时间来度量。二是人力资本是投资形成的。投资渠道有五种，包括营养及医疗保健费用、学校教育费用、在职人员培训费用、择业过程中所发生的人事成本和迁徙成本。三是人力资本投资是经济增长的主要源泉。舒尔茨认为，人力资本的增长无疑已经明显地提高了其投入经济腾飞过程中的工作质量，这些质量上的改进也已成为经济增长的一个重要的源泉。有能力的人是现代经济丰裕的关键。四是人力资本投资是效益最佳的投资。人力资本投资的目的是获得收益。五是人力资本投资的消费部分的实质是耐用性的，甚至比物质的耐用性消费品更加经久耐用。舒尔茨人力资本的核心和精华就在于：传统的经济学普遍强调的物质资本的作用，认为机器、设备、厂房、资金等物质资本存量积累的快慢，是促进或限制经济增长的主要因素，而舒尔茨把这种认识颠倒过来了。该理论认为：首先，人力资本存量越大，越可能导致人均产出或劳动率的提高；其次，人力资本本身具有收益递增的重要特征；最后，人力资本会导致其他物质资本生产效率的改善。[①]

舒尔茨的理论分析了人力资本对整个经济增长的促进作用，以此类推，同样可以断定人力资本对市场经济的重要主体——企业的重要作用。尤其是在当今知识经济条件下，人力资本在企业发展中更是发挥着相当重要的作用。这是因为，在知识经济条件下，商品的生产主要消耗的是人力资本，尤其是人的智力，而且出现了人力资本与劳动者的再次结合，使劳动者对自身的智力和创造力的依赖程度逐渐增加。由此可以认为，人力资本在企业发展中处于基础地位，人力资本的数量和质量是决定企业发展的关键因素。对于企业来说，人力资本是企业生存之本、发展之本、兴旺之本。[②]

综上所述，本书对人力资本的阐述可知，企业成长过程实质上就是其生产要素不断优化组合的过程，这些过程都需要充分发挥人的主观能动性和创造性。一个具有企业所需的生产能力和技能、有主动工作精神和创新意识、能够与企业的组织环境和企业文化相互适应的人，是企业成长过程中必不可少的重要的生产要素。人力资本在技术密集型、知识密集型的企业中更是企业获利的主要来源所在。此外，人力资本还具有积累的特性，通过"干中学"、教育和培训，个人的生产能力和技能又将会不断地提高。所以，人力资本的潜在价值是不可低估的，企业只有不断开发这种潜在价值，才能提升企业成长能力，促进企业成长。

在第九章中罗西－汉斯伯格和赖特（Rossi-Hansberg and Wright，2007）构建的动态随机一般均衡模型可以解释企业物质资本份额和人力资本份额的差异导致不同行业或不同部门的企业成长依赖于其规模的差异的现实情况。其理论强调了人力资本在资源配置中的重要性，人力资本的生产在于提高技术水平，可以产生一种长期增长的机制，与其他生产要素相比人力资本与生产条件联系更为密切。在通常情况下，人力资本越少，其报酬率越高，人力资本积累得越快；反之，人力资本越丰裕，其报酬率越低，人力资本积累得越慢。因此，一般而言，人力资本存量积累会向均值恢复。由于企业规模与人力资本存量相互联系，所以人力资本存量的均值恢复就会使得企业规模向均值恢复，表现为企业规模越大，企业成长率越

---

① 江涛：《舒尔茨人力资本理论的核心思想及其启示》，《扬州大学学报（人文社科版）》2008 年第 6 期，第 84 ~ 87 页。

② 汤明：《企业成长的四维理论》，经济科学出版社 2007 年版，第 90 ~ 91 页。

低。在本书第九章中利用罗西 – 汉斯伯格和赖特（Rossi-Hansberg and Wright，2007）构建的动态随机一般均衡模型解释了中国轻重工业部门企业成长率的差异。

（八）盈利能力

盈利能力是指企业获取利润的能力，通常用资本利润率或销售净利率等指标表示，盈利能力越强，用于企业的投入资金就越多，就越能推动企业的成长。在本书第九章基于中国工业行业层面的数据分析企业盈利能力对企业成长影响的结果表明，中国工业企业盈利能力的提高确实可以提高中国工业企业的成长率。

（九）偿债能力

偿债能力是指企业对各种债务偿付的能力，可以用产权比率或资产负债率等指标表示。但是企业的偿债能力对企业的成长性影响并不明确。企业的偿债能力越高，说明企业的借贷能力越强，企业进行融资的能力也会越高，从而会对企业成长产生有利影响。但同时企业融资越多，也表现为企业偿债能力的下降，通过借贷进行融资在推动企业成长的情况下，企业偿债能力也可能与企业成长负相关。本书第九章中根据中国工业行业层面的数据进行分析企业偿债能力对企业成长的结果表明，企业偿债能力的提高并不能显著提高企业的成长率，这可能表明更多的企业融资会有利于中国工业企业的成长。

（十）运营能力

营运能力是指企业经营的效率高低，即资金周转的速度及其有效性，可以用资产周转率表示。通常来说，提高企业运营能力，加快资金周转速度可以推动企业成长。而在本书第九章基于中国工业行业层面的数据分析企业运营能力对企业成长的结果表明，企业运营能力的提高并不能显著提高企业的成长率，这与本书预期结果不相一致，其原因值得进一步探究。

（十一）产权特征

随着中国经济体制转型的逐步推进，企业成长的外部环境越来越好，制约私营企业成长的因素正在逐渐减少，所有制政策越来越向有利于企业特别是私营企业的成长方向倾斜。

1997 年，中共十五大就社会主义市场经济中的所有制问题进行总结："公有制为主体、多种所有制经济共同发展，是中国社会主义初级阶段的一项基本制度"。"个体私营企业已成为中国社会主义市场经济的重要组成部分"。这是党对私营经济的理论认识又一次重大突破，即把"社会主义公有制经济的补充"提升到"社会主义市场经济的重要组成部分"。

1999 年，全国人民代表大会第二次会议通过的宪法修正案，把宪法中第十一条关于个体经济、私营经济是社会主义公有制的补充，修正为："个体经济等非公有制经济，是社会主义市场经济的重要组成部分"。

2002 年，中共十六大关于个体、私营等非公有制经济的论述又达到一个新的理论高度。中共十六大报告指出："必须毫不动摇地鼓励、支持和引导非公有经济健康发展。个体、私营等多种形式的非公有制经济是社会主义市场经济的重要组成部分，对充分调动社会各方面的积极性、加快生产力的发展具有重要作用"。"坚持公有制为主体，促进非公有制经济发展，统一于社会主义现代化建设的进程中，不能把二者对立起来，各种所有制经济完全可以在市场竞争中发挥各自优势，相互促进，共同发展"。[1]

总之，国家对私营企业的政策经过了"看一看"到"公有制经济的补充"，到"社会主义市场经济的重要组成部分"，再到"社会主义事业的建设者"的演变过程。[2] 国有经济有进有退的调整政策为私营经济的发展提供了广阔的发展空间，有利的产权制度也推动了中国私营企业的快速发展。在从传统的计划经济向市场经济转型过程中，中国企业的产权特征比较明显，因此，分析企业行为时不应忽视企业的产权特征。现实中，由于国有企业的垄断性质以及受到国家的保护政策与优惠政策的扶植等产权优势，其优势比较明显，但是中国国有企业缺乏竞争力、效率低下的现象仍然存在。实证结果显示，在制造业工业部门，国有企业的产权优势并没有给国有企业带来高成长，而在非制造业工业部门却有相反的结果，企业的产权特征对企业成长的影响在不同部门之间具有差异性。

(十二) 资本结构

本书中资本结构用资本劳动比度量，其实质衡量了资本相对于劳动的密集程度，反映了企业资源的配置情况与利用效率，不同的资源配置与利用情况将对企业成长产生不同的影响，经验研究表明企业资本劳动比的提高将对以就业增长率进行衡量的企业的成长率产生不利影响。

二、影响企业成长的外部因素

(一) 区位因素

区位因素是影响企业成长的重要外部因素，不同区位的企业成长行为

---

① 汤明：《企业成长的四维理论》，经济科学出版社 2007 年版，第 151～152 页。
② 汤明：《企业成长的四维理论》，经济科学出版社 2007 年版，第 152 页。

及其特征具有差异。改革开放以来，中国实施非均衡发展战略，地区差异比较明显，东部地区经济快速发展，较好的市场经济环境吸引了大量的企业涌向东部地区。其中，从1998～2007年间持续经营的中国工业企业数据分析可以发现，中国东部地区工业企业突出表现为规模较小、年龄较短、成长率较高的特点，相反，中、西部地区工业企业的规模较大、年龄较长、成长率较低。然而，持续经营的中、西部地区工业企业的平均生产率增长率却显示出明显高于东部地区工业企业平均生产率的增长率。

（二）经济增长

国民经济发展状况将影响国内市场需求的大小。如果国家总体经济发展状况良好，则市场潜在需求旺盛，为企业扩大规模生产、开拓新的业务提供了动力，企业的成长机会也会比较多。而在经济比较低迷、消费需求疲软的情况下，企业的扩张就会受到限制，如果盲目扩张，就可能导致产品积压，资金周转不灵，甚至陷入经营困境，将会制约企业的成长。经济增长是衡量经济发展状况的重要指标，因此，经济增长影响着企业的成长。

基于现实的考察，1998～2010年中国快速的经济增长推动着中国工业企业的成长，生产力的发展为企业的成长奠定了良好的物质基础，也为中国工业企业的发展提供了必需的物质资料、机器设备等物质条件。同时，宏观经济的发展，市场需求也不断在量上和质上对企业提出新的要求，为企业的生存和成长提供了良好的发展环境。本书的经验研究结果也表明，中国经济增长率的提高能够显著拉动中国工业企业的成长率。

（三）工业增加值增长

工业增加值增长是衡量产业发展状况的指标，通常情况下，企业所在行业发展的越好将会越有利于企业的成长。经验研究表明企业所在行业的增长可以拉动企业的成长，这与本书的分析结果是一致的。本书的结果表明中国工业增加值的增长可以提高中国工业企业的成长率。

（四）市场竞争程度与企业进入

企业进入是衡量市场竞争程度的一个指标，不同的市场结构下企业的进入退出具有明显的差异。在竞争性市场上，企业进入比较频繁，市场竞争程度较为激烈，所在行业的企业数目较多，从而会导致平均企业规模的下降。本书的结果也显示，企业进入率与企业成长率呈负相关关系，这表明市场竞争程度越强，平均企业成长率越低。

（五）出口需求

出口需求对企业生产率产生了显著的正向影响。说明改革开放以来，中国外向型经济获得了快速发展，出口导向型企业更有助于吸收和引进国外先进技术，其生产率也得到了快速发展。本书的研究发现，在其他条件相同的情况下，出口企业的生产率高于不出口企业的生产率，而且分析表明企业生产率的提高会带来企业的快速成长。可见，出口需求对于企业成长确实具有明显的拉动作用。

（六）金融市场发展

虽然自改革开放以来，中国市场经济得到了长足的发展，但分析一下中国市场经济的特征，不难发现中国的市场经济中产品市场发展较早，相对较为成熟，然而在要素市场上，特别是在资本市场或金融市场上，企业融资渠道狭窄、进入制度较为严格、规范化程度不高、银行垄断和信贷配给的抑制等诸多资本市场或金融市场的不完善，中小企业融资难、借贷难一直是制约企业成长乃至中国经济发展的难题。完善金融市场化改革，促进金融市场发展将能够解决企业融资约束问题，可以成为推动工业企业成长的重要因素。本书实证结果显示，金融市场发展对企业成长具有显著的正向影响效应。

（七）其他因素

现实中，影响企业成长的因素相当广泛，除了以上探讨的影响中国工业企业成长的因素以外，其他因素也会影响中国工业企业的成长。例如，企业所在行业的特征以及市场结构特征等因素，在本书的模型设定中，或者作为控制变量或者作为解释变量也给予了充分考虑。当然，影响企业成长的因素众多，本书不可能面面俱到。在今后的研究中，对此将进一步考察，这也是今后可以研究的一个重要方面。

第三节　小　结

对于中国工业企业成长因素的分析，本书主要考察了企业规模对企业成长的影响，发现了企业成长动态随企业规模变动的规律性的特征事实，关于企业规模与成长关系的研究贯穿于本书研究的始终。本书研究发现，企业规模对企业成长构成制约因素；而且，从企业生命周期的角度来看，企业成长率也会随着企业年龄的增长而下降。关于企业成长动态演进规律背后的动因，本书从研发投入、生产率或创新、对外直接投资以及融资约束等多方面对此研究与阐释。研究发现，研发投入、生产率或创新能够显著拉动中国工业企业成长，对外直接投资对企业成长总体上并不显著而且具有非对称效应，而融资约束对中国工业企业成长呈现抑制效应。事实表明，推动中国工业企业成长来说，关键还在于生产率提高或创新。此外，本书还研究了影响中国工业企业成长的区位因素、行业特征与经济增长以及其他因素。本书不仅分析了影响中国工业企业成长的内部因素还分析了影响企业成长的外部因素，不仅探讨了影响中国工业企业成长的正向效应还分析了影响企业成长的负向效应。本书对于影响中国工业企业成长的多因素分析可以为制定促进中国工业企业成长的政策提供参考与借鉴。

第四章 研发投入、企业规模与成长关系：制造业的证据

研发投入与企业规模都是影响企业成长的重要因素。研发投入与企业规模对中国制造业企业成长产生了什么样的影响。基于吉布莱特定律，本章利用 2005～2007 年中国制造业 2 万多家企业数据，采用面板数据 IV-2SLS 方法克服研发内生性问题对此实证研究。结果表明：首先，中国制造业企业规模与成长之间并不遵循吉布莱特定律，企业成长具有"规模依赖"；其次，研发投入对中国制造业企业成长产生了显著的正向影响。此外，本章还特别探讨了所有制和地区差异对中国制造业企业研发行为及其对企业成长率的影响。本章的研究为加大中国制造业企业的研发投入推动中国制造业企业的成长提供了经验证据，也有助于深入理解中国制造业企业的行为特征。

第一节 问题提出

自 1931 年吉布莱特（Gibrat）提出关于企业规模与成长关系的吉布莱特定律以来，企业规模与成长关系的研究一直是产业组织研究者所研究的重要领域，涉及企业的进入退出、成长及其波动性、企业的规模结构以及产业结构等多方面的内容，因此，也引起了经济学者和相关政策制定者的密切关注。吉布莱特定律主要说明：影响企业成长的因素众多，难以对其进行预测，企业成长独立于其规模、并不随企业规模的变化而变化（这一定律又被称为吉布莱特的比例效应定律或 LPE）。针对吉布莱特定律是否成立的问题，研究者们利用不同国家或地区、不同产业或部门、不同类型企业的数据采用不同的方法对其进行了各种各样的实证研究。一些研究发现企业的规模与成长服从吉布莱特定律（Hart and Prais，1956；Simon and

Bonini, 1958; Hymer and Pashigian, 1962; Klette and Griliches, 2000; Audretsch et al., 2004; 赵桂芹和周晶晗, 2007)。然而, 另一些研究却发现小企业比大企业成长得更快 (Evans, 1987a, 1987b; Hall, 1987; Dunne et al., 1989; Dunne and Hughes, 1994; Hart and Oulton, 1996; Nurmi, 2004; 张维迎等, 2005; Hölzl, 2009; Falk, 2012)。还有一些研究发现, 虽然吉布莱特定律不成立, 但企业成长率与其规模之间呈正相关关系 (Samuels, 1965; 唐跃军和宋渊洋, 2008)。对于吉布莱特定律的检验, 由于采用不同的样本和使用不同的方法, 其结论并不相同。

　　为什么不同企业的成长率会呈现如此差异? 按照哈佛学派的"结构 - 行为 - 绩效"的分析范式, 企业的行为影响着企业的绩效。熊彼特的"创新"理论认为, 相对于其竞争对手来说, 如果一个企业从事采用新材料、开发新产品、构建新工艺、开拓新市场等创新行为, 就可能占领更大的市场份额, 获取更多的利润。因此, 研发是决定企业成长的一个重要因素。在宏观层面上, 增长理论认为由研发活动产生的技术创新是经济增长的驱动力, 而且得到了众多宏观经济数据的支持。然而, 在微观层面上, 虽然也对研发与企业成长关系进行了众多经验研究, 但其研究结论并不一致。一些研究发现企业的研发活动对企业的成长并不产生影响或产生的影响并不显著 (Klette and Forre, 1998; Liu et al., 1999; Klette and Kortum, 2001)。另一些研究还发现企业研发投入对企业成长产生了负面影响 (Brouwer et al., 1993)。然而, 大多数研究表明企业研发投入规模或研发投入强度的增加可以显著提高企业的成长率 (Hall, 1987; Greenhalgh et al., 2001; Nurmi, 2004; Yasuda, 2005; Yang and Huang, 2005; 张维迎等, 2005; Hölzl, 2009; Stam and Wennberg, 2009; Falk, 2012)。

　　近年来, 中国大中型工业企业研发投入增长迅速, 数据显示, 2005 年中国大中型工业企业研发投入费用为 1250.29 亿元, 至 2007 年已增加为 2112.456 亿元, 其中制造业企业研发投入费用占绝对比重, 如表 4 - 1 所示。一方面, 是企业自身投入的研发经费支出大幅提升; 另一方面, 政府对企业的研发资助的力度也在加强。

表 4 - 1　　　　2005 ~ 2007 年中国大中型工业企业研发投入情况

指标	2005 年	2006 年	2007 年
研究与试验发展经费支出（亿元）	1250.29	1630.191	2112.456
其中制造业企业研究与试验发展经费支出（亿元）	—	1551.388	2009.564

续表

指标	2005 年	2006 年	2007 年
政府资金（亿元）	45.4	60.0	85.709
企业资金（亿元）	1181.89	1547.5	1996.877
研究与试验发展经费支出占主营业务收入的比重（%）	0.76	0.77	0.809

资料来源：表中数据来自 2008 年《中国统计年鉴》，其中，制造业企业研究与试验发展经费支出由笔者计算得到。

　　用企业研究与试验发展经费支出来衡量研发投入规模来看，2005～2007 年中国大中型工业企业（其中制造业企业占绝对比重）研发投入规模增长近一倍；从研发投入强度（用研究与试验发展经费支出占主营业务收入的比重来衡量）来看，研发投入强度也逐年增加，从 2005 年的 0.76% 增加到 2007 年的 0.809%。那么，中国工业制造业企业研发投入规模与投入强度的增加能否推动中国工业制造业企业成长是一个值得思考和值得研究的问题。如果研发投入不能有助于企业的成长，那么企业自身的研发投入与政府对企业研发活动资助还有什么意义？本章基于企业规模与成长关系的随机理论模型吉布莱特定律的分析框架构建经济计量模型，利用 2005～2007 年中国 2 万多家制造业企业数据，把研发投入视为内生变量，采用面板数据 IV-2SLS 估计方法检验了吉布莱特定律，并实证分析了中国制造业企业研发投入规模与研发投入强度对中国制造业企业成长的影响。研究结果表明：第一，中国制造业企业规模与成长之间并不遵循吉布莱特定律，企业成长与其规模之间呈显著的负相关关系；第二，企业研发投入规模和研发投入强度对企业的成长率呈显著的正向影响。本章研究还发现，如果不考虑研发的内生性问题，用 OLS 回归的结果均低估企业研发投入对企业成长率的影响，而考虑研发的内生性，分别用 Probit 模型、Logit 模型和 Gompit 模型估计研发行为决策模型的拟合值作为研发投入工具变量采用 IV-2SLS 方法进行估计均显著提高企业研发投入对企业成长的影响效应，其中用张伯伦（Chamberlain）随机效应 Probit 模型的拟合值作为实际研发投入规模和研发投入强度的工具变量可以提高模型研发投入规模和研发投入强度对企业成长影响估计的准确度。本章的研究为加大中国制造业企业的研发投入提高中国制造业企业的成长性提供了经验证据。此外，还分析了中国制造业企业研发投入对不同所有制和不同地区企业成长影响的差异，从中得到一些很有意义的结论。

第二节 研发与企业成长：理论与事实

对于研发与企业成长关系的研究并不存在一个单一的理论分析模型，通常把研发与企业成长关系的分析纳入企业规模与成长关系研究的分析框架中来。早期霍本哈因（Hopenhayn，1992）把创新作为外生变量引入企业的成长过程。后来的一些研究，开始使用更加复杂的模型进行研究研发与企业成长之间的关系。克莱特和格里利斯（Klette and Griliches，2000）在巴罗和萨拉马丁（Barro and Sala-I-Martin，1995）的模型基础上，构建了包含产品质量创新的单个企业的内生成长模型，揭示了研发投入创新行为驱动企业成长的内在机制，并探讨了研发、企业规模与其成长之间的关系。克莱特和格里利斯（Klette and Griliches，2000）的理论分析也为研发、企业规模与其成长之间关系的经验研究提供了一个分析框架。汤普森（Thompson，2001）构建了一个包含产品垂直创新和水平创新的内生一般均衡模型，预测了研发投入随企业的预期销售额成比例变化，分析表明提高企业的研发水平可以提高企业的生存能力和企业的成长性。克莱特和科图姆（Klette and Kortum，2004）建立的包含技术创新的一般均衡模型刻画了单个异质性企业的动态（firm's dynamics，指企业的进入退出、成长及其波动性等）过程，也对企业研发投入为什么独立于企业的规模和成长进行了解释。塞格斯特罗姆（Segerstrom，2007）的模型很好地解释了高新技术产业（Intel）企业的创新行为，在高新技术产业（Intel）中，小企业和大企业都是创新的主体，因此企业研发投入强度与企业的规模无关，理论分析表明虽然对研发投入的资助不能产生长期的增长效应，但是可以长期提高研发活动的就业份额，也有利于社会福利水平的改善。可见，对于研发投入与企业成长之间的关系在理论上并没有一致性的结论。

就研发与企业成长关系的经验研究而言，虽然国内外学者对此做了大量研究（见表4-2），但二者之间的关系仍然不明确。

表4-2　　　　　研发投入规模或研发投入强度对企业成长
影响的经验研究文献及其结论

作者	年份	产业或部门	国家或地区	研发投入规模或研发投入强度变量	企业成长率的影响效应
Hall	1987	制造业	美国	ln（RD/EMP）	正向

作者	年份	产业或部门	国家或地区	研发投入规模或研发投入强度变量	企业成长率的影响效应
Brouwer 等	1993	制造业	荷兰	*RD/EMP*	负向
Liu 等	1999	电子类	中国台湾	*RD DUMMY*	不显著
Greenhalgh 等	2001	不分行业	英国	*RD/SALES*	正向
Monte 和 Papagni	2003	制造业	意大利	*RD/SALES*	正向
Nurmi	2004	制造业	芬兰	*RD/EMP*	正向
Yasuda	2005	制造业	日本	$\ln(RD/EMP)$ 和 $\ln(RD/SALES)$	正向
Yang 和 Huang	2005	电子类	中国台湾	*RD/SALES*	正向
张维迎 等	2005	高新技术	中国	$\ln(RD)$	正向
Coad 和 Rao	2008	创新型和非创新型	美国	*RD/SALES*	正向
Hall 等	2008	制造业	意大利	*RD DUMMY*	正向
Hölzl	2009	制造业	奥地利和德国等16国	*RD/EMP* 和 *RD/SALES*	正向
Stam 和 Wennberg	2009	高技术和低技术	荷兰	*RD DUMMY*	混合
Falk	2012	不分行业	奥地利	*RD/EMP* 和 *RD/SALES*	正向
Demirel 和 Mazzucato	2012	制药业	美国	*RD/SALES*	正向
Bogliacino 等	2012	制造业和服务业	欧洲15国	$\ln(RD)$	正向

注：*RD* 表示企业的研发投入、*RD DUMMY* 表示企业是否具有研发投入的虚拟变量、*EMP* 表示企业的就业人员总数、*SALES* 表示企业的销售收入。
资料来源：笔者整理。

　　一方面，许多理论分析表明研发投入及其创新行为可以提高企业的技术效率、降低企业生产的成本、扩大企业的市场份额、增加企业的利润，从而可以提高企业的成长性。企业的研发活动或创新行为是企业成长的重要因素（Geroski，1997）。而且众多的经验研究发现研发投入规模或研发投入强度与企业成长率之间呈显著的正相关关系。霍尔（Hall，1987）通过对1972～1983年美国制造业企业数据的研究发现企业研发投入强度对美国制造业企业的成长率有显著的正向影响，没有研发投资的企业的成长率比从事研发投资的企业大约低1～2个百分点。努尔米（Nurmi，2002）

利用 1981～1994 年芬兰制造业企业数据研究发现研发投入强度对芬兰制造业企业的成长率具有显著的正向影响。安田（Yasuda，2005）对 1992～1998 年日本制造业企业数据的研究也发现企业的研发投入强度对日本制造业企业的成长率呈现正向影响。杨和黄（Yang and Huang，2005）利用 1991～1998 年中国台湾地区电子产业企业的数据研究表明，企业研发投入强度对台湾地区电子产业企业成长率产生了显著的正向影响。张维迎等（2005）利用 1999～2003 年中国中关村科技园区的企业数据研究发现企业规模和企业年龄均对企业成长构成一定的约束，技术效率和研发投入规模对企业成长呈显著的正向影响效应。霍尔等（Hall et al.，2008）利用 1995～2003 年意大利制造业企业数据研究了企业研发投入对企业成长率的影响，结果显示企业研发投入对企业成长率呈显著的正向影响。福克（Falk，2012）利用 1995～2006 年奥地利企业的数据研究发现企业的研发投入强度与企业的成长率之间具有显著的正相关关系。

另一方面，经验研究却不能确定企业的研发活动或创新行为与企业成长之间存在显著的正向关系。甚至有些研究结果表明企业的研发与企业成长之间是无关的。例如，布劳尔等（Brouwer et al.，1993）利用 1983～1988 年 859 家荷兰制造业企业的数据研究发现企业的研发投入强度对企业的成长率产生了轻微的负向影响。刘等（Liu et al.，1999）对 1990～1994 年我国台湾地区电子类企业数据的研究发现，研发投资对于企业成长影响具有长期效益，然而在短期，研发投资对于企业成长并不重要。

研发活动是企业自主创新能力培育和提升的基础活动，也是企业形成技术领先优势并转化为竞争优势的重要途径之一。研发至少有两种功能：一是研发在企业内部可以产生创新的知识或技能（Rosenberg et al.，1990）；二是企业可以通过知识或技能的溢出活动进行吸收和利用其他组织的研发活动产生的知识或技术（Cohen and Levinthal，1989）。研发活动既可以直接影响企业的成长，也会对企业成长产生间接影响效应。研发投入规模与投入强度是衡量企业创新能力的重要指标，对企业成长产生双向影响效应。第一，企业研发投入对企业成长会产生正向影响。首先，企业从事研发投入，可以作为一种企业进入壁垒阻碍潜在的企业进入，占据更大的市场份额。其次，相对于其竞争者来说，一个企业进行研发投入，开发更优质的产品、发明新的技术或采用了新的组织管理形式，可以提高企业的竞争性，从而能够获得更大的市场份额和更多的超额利润。同时，由于企业研发投入的创新行为，企业可以选择不同的生产技术来满足不同的市场需求，从事研发投入创新行为的企业将会比不从事研发投入创新行为的企业在市场竞争中具有更大的优势。最后，企业进行研发活动可以提高吸收其他企业的创新成果的能力，节约企业的研发成本。由此，从事研发投入创新行为的企业将会有更高的成长率。第二，企业研发投入也可能对企业成长产生负向影响。首先，从事研发投入创新行为的企业在现实中并不一定能够获得更大的利润和更高的成长率。在一些传统部门，由于技术创新机会较少，从事研发投入创新行为的企业通常并不能对进入者构成进入壁垒。这意味着，由企业从事研发投入创新行为产生的超额利润将会由于模仿企业的进入而大大减少，这倾向于减少企业的利润和竞争优势。其次，相当部分企业由于市场观念薄弱、管理水平不高和企业运作机制落后以及企业的委托－代理等原因，使其有限的研发资源发挥不出应有的效益，使得大量企业研发投入成为企业的沉淀成本，将会阻碍企业的成长。最后，从企业战略管理的角度来说，企业的研发投入活动可以视为高风险高报酬的企业战略行为，假如企业研发投资成功，就会给企业带来更大的发展潜能，但是如果企业研发投资失败，将会对企业成长产生不利影响。企业研发投入的增加能否提高企业的成长率，取决于这两种力量对企业成长影响的大小。

因此，企业研发活动能否推进企业成长需要给予实证上的检验。克莱特和格里利斯（Klette and Griliches，2000）与汤普森（Thompson，2001）等在很多关于企业成长的理论分析中，已经把企业研发投入作为内生变量引入到企业成长模型，预测了企业研发活动推动企业成长的内在机制。而先前实证研究中更多的是把企业研发投入作为外生变量进行分析研发与企业成长之间的关系。把企业研发投入作为外生变量进行分析将会造成估计结果发生偏误，不能反映研发投入对企业成长的真实影响。第一，现实中企业研发投入与企业成长之间具有高度相关性，不仅企业研发投入影响企业的成长，同时企业的成长也会影响企业研发投入的规模和强度，因而企业研发投入影响企业成长具有内生性。第二，经验研究发现企业的研发、规模和成长具有很强的异质性和持续性，企业的研发常常与影响企业成长的人力资本要素或企业战略行为要素等难以观测或不可观测的企业个体效应密切相关。第三，如果仅把研发投入作为外生变量进行实证分析，经验研究表明，仅把研发投入作为外生变量来考察对企业成长的影响效应会引起偏误，杨和黄（Yang and Huang，2005）在实证研究时已经注意到这个问题，该研究采用了工具变量克服了研发投入的内生性问题，并对中国台湾地区电子类企业研发投入强度与企业成长关系进行了实证研究，研究发现把研发投入作为外生变量与作为内生变量的估计结果虽然均表明对企业成长产生正向影响，但影响效应大小存在偏差。

　　鉴于此，本章把研发作为内生变量，同时研究了研发活动两个重要指标研发投入规模和研发投入强度对中国制造业企业成长的影响。聂辉华等（2008）利用 2001 ~ 2005 年全部国有企业及规模以上非国有制造业企业数据研究了中国制造业企业规模与研发投入强度之间的关系，研究发现企业的创新与规模、市场竞争之间均呈倒 U 型关系，一定程度的规模和市场竞争有利于促进企业创新。本章对企业研发行为与企业成长关系的研究，从"结构－行为－绩效"的分析范式角度来说，与聂辉华等（2008）的研究具有相承关系，有助于全面理解中国制造业企业市场结构、企业行为和企业绩效三者之间的内在联系。此外，考虑到中国的特殊情况，从事研发的制造业或工业企业中有相当比例的企业属于国有企业或者集体所有制企业，因此不能忽略产权结构对企业研发活动的影响（聂辉华等，2008）。由于中国幅员辽阔，资源分布不均，各地区之间的经济发展水平差异很大。因此，学者们在分析中国企业行为时，不可能忽视地区之间的异质性（谢千里等，2008）。所以在本章中还按照企业所有制和地理位置分组考察了不同所有制和不同地区企业研发活动对企业成长影响的差异。

第三节　模型、方法、变量与数据说明

一、模型与方法

　　本章的实证研究模型是基于关于企业规模与成长关系的随机理论模型吉布莱特定律的分析框架下构建的。严格意义上的吉布莱特定律认为，不管初期企业的规模如何，在给定时期内企业的预期成长率都是相同的。否则，如果企业的成长率或企业成长率的方差与企业的规模相关，吉布莱特定律将不成立。放松吉布莱特定律的假定，吉布莱特定律仅对超过一定规模之上的企业成立，即达到最小效率规模（MES）以上的企业的规模与成长之间的关系遵循吉布莱特定律（Simon and Bonini，1958）。吉布莱特定律用数学公式可以表述为①：

---

　　①　本书中各章的实证研究模型采用了统一的分析框架，实证研究模型之间具有相似性，但并不完全相同，为分析的必要，在各章中均做了具体的介绍。

$$\frac{EMP_{it} - EMP_{it-1}}{EMP_{it-1}} = \varepsilon_{it} \qquad (4-1)$$

其中，EMP_{it} 是用企业就业人员总数来衡量的企业 i 在第 t 期的规模。（$i =$ 1，2，$\cdots$，N；$t =$ 1，2，$\cdots$，T）；ε_{it} 被视为是一个服从均值为 u 和方差为 σ^2 的独立同分布（i. i. d）的随机变量，即吉布莱特定律关于企业成长的比例效应。对公式（4-1）两边分别对 t 求和，可得：

$$\sum_{t=1}^{T} \frac{EMP_{it} - EMP_{it-1}}{EMP_{it-1}} = \sum_{t=1}^{T} \varepsilon_{it} \qquad (4-2)$$

假如 t 为一个极短的时间区间，ε_{it} 为一个极小变量，公式（4-2）可以近似表示为：

$$\sum_{t=1}^{T} \frac{EMP_{it} - EMP_{it-1}}{EMP_{it-1}} \cong \int_{SIZE_{i0}}^{SIZE_{iT}} \frac{dEMP}{EMP}$$

$$= \ln EMP_{iT} - \ln EMP_{i0}$$

$$= \sum_{t=1}^{T} \varepsilon_{it} \qquad (4-3)$$

对于 ε_{it} 为一个极小变量，则 $\ln(1 + \varepsilon_{it}) \approx \varepsilon_{it}$，由公式（4-3）可得：

$$EMP_{iT} = (1 + \varepsilon_{it}) EMP_{i(T-1)}$$

$$= EMP_{i0}(1 + \varepsilon_{i1})(1 + \varepsilon_{i2}) \cdots (1 + \varepsilon_{iT}) \qquad (4-4)$$

在 $\ln EMP_{i0}$ 与 ε_{it} 服从均值为 u 和方差为 σ^2 的独立同分布的假定下，由中心极限定理，则 $\ln EMP_{iT} \sim N(Tu, T\sigma^2)$。根据公式（4-4），企业规模 EMP_{iT} 将服从对数正态分布，企业成长独立于其初始规模。吉布莱特定律刻画了企业成长的随机过程，然而吉布莱特定律的假设过于严格，在现实中企业规模和成长之间很难满足吉布莱特定律成立的条件。

因此，围绕着吉布莱特定律是否成立，经济学者们进行了大量的经验研究。经验上对于吉布莱特定律的检验也为分析影响企业成长的因素提供了一个实证研究框架，根据埃文斯（Evans，1987）、蒙特和帕帕尼（Monte and Papagni，2003）、杨和黄（Yang and Huang，2005）的设定，企业成长不仅受企业规模的影响，还与企业年龄相关，三者之间的关系可以表示为：

$$EMP_{it} = G(EMP_{it-1}, AGE_{it-1}) EMP_{it-1} e_{it} \qquad (4-5)$$

其中，EMP_{it} 表示企业的规模，AGE_{it} 表示企业的年龄，$G(EMP_{it-1}, AGE_{it-1})$ 是企业成长率的函数，e_{it} 是服从对数正态分布的随机干扰项。对公式（4-5）两边取对数，可得：

$$\ln EMP_{it} - \ln EMP_{it-1} = \ln G(EMP_{it-1}, AGE_{it-1}) + \mu_{it} \qquad (4-6)$$

其中，μ_{it} 是服从正态分布的随机干扰项。对公式（4-6）的 $\ln G(EMP_{it-1},$

AGE_{it-1}）进行二阶展开，加入影响企业成长的异质性因素以及其他控制变量，得到基本计量模型：

$$\ln EMP_{it} - \ln EMP_{it-1} = \beta_0 + \beta_1 \ln EMP_{it-1} + \beta_2 \ln AGE_{it-1} + \beta_3 (\ln EMP_{it-1})^2$$
$$+ \beta_4 (\ln AGE_{it-1})^2 + \beta_5 (\ln EMP_{it-1}) \times (\ln AGE_{it-1})$$
$$+ \beta_6 \ln RD_{it} + \beta_7 D\_OWN + \beta_8 D\_EX$$
$$+ \beta_9 \ln KL_{it} + \beta_{10} \ln LP_{it} + \beta_{11} D\_REG$$
$$+ \sum_n \varphi_n IND_{in} + \mu_{it} \qquad (4-7)$$

$$\ln EMP_{it} - \ln EMP_{it-1} = \beta_0 + \beta_1 \ln EMP_{it-1} + \beta_2 \ln AGE_{it-1} + \beta_3 (\ln EMP_{it-1})^2$$
$$+ \beta_4 (\ln AGE_{it-1})^2 + \beta_5 (\ln EMP_{it-1}) \times (\ln AGE_{it-1})$$
$$+ \beta_6 RDS_{it} + \beta_7 D\_OWN + \beta_8 D\_EX$$
$$+ \beta_9 \ln KL_{it} + \beta_{10} \ln LP_{it} + \beta_{11} D\_REG$$
$$+ \sum_n \varphi_n IND_{in} + \mu_{it} \qquad (4-8)$$

其中，公式（4-7）、公式（4-8）中分别用研发投入规模 $\ln RD_{it}$ 和研发投入强度 RDS_{it} 来考察企业研发活动对企业成长率的影响；D_OWN 是企业所有制虚拟变量，表示企业是国有企业为1，否则为0，用来考察企业的所有制类型对企业成长率的影响差异；D_EX 是企业是否是出口企业的虚拟变量，当企业是出口企业时为1，否则为0；KL_{it} 是企业的资本劳动比，LP_{it} 是企业的劳动生产率。在其他控制变量中，IND_{in} 是一组两位数行业虚拟变量，根据中国工业行业划分标准，可以把中国工业行业划分为 39 个工业行业大类，选择全部工业制造业从 C13 到 C43（无 C38）共 30 个工业行业大类的企业数据，所以，令 $h = 1, \cdots, 29$。D_REG 是地区虚拟变量，按照国家统计局划分标准，把我国 31 个省份划分为东、中和西部地区[①]，D_REG 表示东部地区为1，中、西部地区为0。根据公式（4-7）和公式（4-8）可以检验吉布莱特定律，也可以分析企业研发投入规模和研发投入强度对企业成长的影响。

首先，对于吉布莱特定律的检验主要看企业规模的系数是否显著为0，如果企业规模的系数显著为0，则企业成长率不受企业规模的影响，吉布莱特定律成立，否则，吉布莱特定律不成立。

---

① 东部地区包括北京、天津、河北、辽宁、上海、江苏、浙江、福建、山东、广东和海南 11 个省份；中部地区包括山西、吉林、黑龙江、安徽、江西、河南、湖北和湖南 8 个省份；西部地区包括内蒙古、广西、重庆、四川、贵州、云南、西藏、陕西、甘肃、青海、宁夏和新疆 12 个省份。

　　其次，要克服研发的内生性问题，关键是找到合适的工具变量，杨和黄（Yang and Huang，2005）采用研发投入强度滞后一期作为研发投入强度的工具变量，而采用滞后期的研发投入强度作为工具变量很难克服研发的内生性问题。受伍德里奇（Woolddridge，2002）对处理效应使用的工具变量估计方法的启示，周亚虹等（2012）采用 Probit 方法进行估计企业研发行为决策模型，利用 Probit 模型的拟合值作为研发投入工具变量很好地解释了企业研发行为对企业产出绩效的影响效应。本章基于周亚虹等（2012）研究成果，也对企业研发行为决策面板数据 Probit 模型进行估计，定义 0-1 型变量：

$$D_{RD} = \begin{cases} 1, & \text{当 } RD > 0 \\ 0, & \text{当 } RD = 0 \end{cases}$$

$$D_{RD} = 1\{X_{it}\beta + \omega_i + \eta_{it} > 0\} \qquad (4-9)$$

其中，ω_i 为企业的个体异质性，η_{it} 为独立同分布（i.i.d）的随机变量，且服从 $N(0,1)$；X_{it} 为解释变量，包括影响企业研发投入的技术产出效率因素、需求拉动因素以及研发成本结构等因素相关的代理变量，同时加入所有制、行业、地区等其他控制变量。对于公式（4-9），本章采用面板数据 Probit 模型来估计，因为面板数据模型可以控制其中的个体效应 ω_i，比截面数据模型有很大的优势。因为 ω_i 没有作任何假定，为了得到模型的一致性估计结果，本章使用张伯伦（Chamberlain，1984）的随机效应模型对此估计（周亚虹等，2012），同时比较了传统的随机效应 Probit 模型估计（以下称"简单 Probit"）的结果。

　　为了使本章更为完整，本章中将对张伯伦（Chamberlain，1984）模型做简要介绍，本章中讨论的面板数据二项选择模型的基本结构如下：

$$Y_{it} = 1\{X_{it}\beta + \omega_i + \eta_{it} > 0\} \qquad (4-10)$$

　　因为传统随机效应要求个体效应与解释变量不相关，而现实情况通常会违背这一假设，即解释变量通常会与表示个体特征的 ω_i 存在一定的相关关系，从而使得估计的结果可能存在不一致的情况，张伯伦（Chamberlain，1984）对此进行了改进。张伯伦（Chamberlain，1984）模型的一个最基本的假定为 $\omega_i = \bar{X}_i\theta + e_i$（允许了个体效应与回归变量的相关性），另外，还要满足 $e_i|x_i \to N(0, \sigma_e^2)$（该正态性保留了 Probit 模型的特征）。[①]在这些假定下，可以得到如下似然函数：

---

　　① 周亚虹、贺小丹、沈瑶：《中国工业企业自主创新的影响因素和产出绩效研究》，《经济研究》2012 年第 5 期，第 107～119 页。

$$\prod_{i=1}^{n} \int \Bigl\{ \prod_{t=1}^{T} \varPhi^{y_{it}} (x_{it} \beta + \bar{x}_i \theta + e_i) \bigl[1 - \varPhi(x_{it} \beta + \bar{x}_i \theta + e_i) \bigr]^{1-y_{it}} \Bigr\}$$

$$\frac{1}{\sigma_e} \phi (e_i / \sigma_e) \mathrm{d} e_i \qquad (4-11)$$

　　然后运用 MLE 对模型参数进行估计，利用其拟合值作为企业研发投入的工具变量。另外，本章还设立了面板数据 Logit 模型和 Gompit 模型（均采用随机效应模型）进行估计研发行为决策模型，得到各自的拟合值作为企业研发投入的工具变量。之后，将得到的 Probit 模型、Logit 模型和 Gompit 模型的拟合值作为工具变量进行估计企业研发投入对企业成长的影响效应。

二、变量与数据

（一）变量选取

1. 企业规模（EMP_{it}）和企业成长率（$\ln EMPRATE_{it}$）

　　通常选用企业的营业总收入、资产总额和就业人员总数来衡量企业规模，本章更倾向于关注企业研发活动对企业就业变化的影响。

　　（1）一方面，企业从事研发活动，可以提高企业的劳动生产率，从而就会减少单位产出的就业人数；另一方面，劳动生产率的提高减少了有效劳动的成本也会使企业的产出增加，从而提高就业水平。因此，由企业研发活动产生的企业就业变化一直引起产业组织研究者以及经济学者们的广泛关注。

　　（2）采用就业人员总数来衡量企业规模不需要考虑物价指数等因素的影响，使分析的问题趋于简单。

　　（3）中国制造业企业多为劳动密集型企业，选择企业就业人员总数来衡量中国制造业企业规模也较为合理。所以，本章采用企业的就业人员总数（EMP_{it}）来衡量企业规模。企业成长率（$\ln EMPRATE_{it}$）用企业规模的变化率来衡量，即 $\ln EMPRATE_{it} = \ln EMP_{it} - \ln EMP_{it-1}$。

2. 企业年龄（AGE_{it}）

　　企业年龄根据企业成立时期和观测期计算得到，在模型中以自然对数的形式表示。企业年龄在企业成长动态中可以作为企业"干中学"效应的一个代理变量（Jovanovic，1982）。根据约万诺维奇（Jovanovic，1982）构建的"噪音"选择模型（又称"学习"理论），当一个企业开始进入一个产业时，相对于其估计的产业内平均生产能力，企业的建立者通常会选择以更低的生产能力来决定企业的初始规模。然后，通过观察他的成本，按照贝叶斯学习过程进行修改他对产业内平均生产能力的估计，一些企业的管理者就会发现它们比另一些企业更加有效率，从而就会以更高的生产能力进行生产以此提高企业的成长率。

约万诺维奇的"学习"理论强调了市场选择的重要性，认为由于市场选择机制，有效率的企业将会成长和幸存下来，无效率的企业将会衰落或退出，并且有效率的企业将以更快的速度成长。因此，新进入的企业通常具有较低的存活率，然而能够幸存下来的企业由于效率较高反而能够以更快的速度成长。约万诺维奇的"学习"理论解释了企业规模与成长之间的负相关关系，也预示了年轻的企业比年长的企业有更高的成长率。同时，关于企业规模与成长关系的众多理论分析（Dixit，1989；Hopenhayn，1992；Cabral，1995；Colley and Quadrini，2001；Glementi and Hopenhayn，2006；Rossi-Hansberg and Wright，2007）和实证研究表明企业成长具有"规模依赖"（size dependence）和"年龄依赖"（age dependence），企业的成长率不仅受到企业规模的影响，还受到企业年龄的影响。所以，在模型（4-7）和模型（4-8）中，本章分别用企业规模的对数（$\ln EMP_{it-1}$）和企业年龄的对数（$\ln AGE_{it-1}$）及其二次项（$(\ln EMP_{it-1})^2$ 与 $(\ln AGE_{it-1})^2$）和它们的交互项（$\ln EMP_{it-1} \times \ln AGE_{it-1}$）来考察企业规模和企业年龄对企业成长率的影响。

3. 企业的研发投入规模（$\ln RD_{it}$）和研发投入强度（RDS_{it}）

其中，研发投入规模 $\ln RD_{it}$ 用企业研发投入支出的对数表示；研发投入强度 RDS_{it} 用企业研发投入支出与企业主营业务收入（$SALES_{it}$）之比进行表示。

4. 资本劳动比（KL_{it}）和劳动生产率（LP_{it}）与其他控制变量

根据多姆斯等（Doms et al.，1995）以及杨和黄（Yang and Huang，2005）的建议，在企业成长回归模型中加入资本劳动比和劳动生产率可以解释企业的异质性，企业的资本劳动比用 KL_{it} 表示，用固定资产净值年平均余额与就业人员总数的比值来衡量。企业的劳动生产率用 LP_{it} 表示，等于企业的工业增加值与就业人员总数的比值，在模型中分别取其对数。其他控制变量包括所有制虚拟变量、地区虚拟变量和行业虚拟变量等。

5. 企业研发投入的工具变量

采用 Probit 模型、Logit 模型和 Gompit 模型进行估计企业研发行为决策模型，利用其拟合值作为研发投入工具变量，模型中涉及的解释变量及控制变量包括：

（1）研发投入的技术产出效率的代理变量，包括企业员工培训支出费用强度（ln$TRAIN$，用员工培训费与主营业务收入比值的对数衡量）、企业员工中大学本科以上学历所占比例（EDU）、高级管理人员所占比例（$ADMIN$）以及高级技术人员所占比例（$HIQUAL$）。

（2）需求拉动因素变量，文中通过加入行业虚拟变量、地区虚拟变量来控制不同地区、行业面临的本土消费者行为特征的区别，另外用企业是否为出口企业（用虚拟变量（D_EX））作为一项需求拉动因素。

（3）企业规模（文中使用企业员工人数来衡量）、企业年龄（AGE）以及企业研发成本结构（用年初人均资本存量 KL_{it} 来进行衡量）。

（4）资产流动性（$LIQUIDITY$ =（流动资产 – 流动负债）/总资产）。

（5）其他控制变量，包括已经提到的行业虚拟变量和地区虚拟变量，同样考虑到不同所有制企业的创新行为的差异，本章加入了企业是否为国有企业的虚拟变量（D_OWN）。[①] 其中，员工培训支出费用强度、员工人数、人均资本存量在使用时都取其对数形式。

（二）数据说明

本章所使用的数据主要来自上海财经大学高等研究院数据调研中心的"500 万元产值以上工业企业统计年度库"（原始数据来源于国家统计局），该数据库包括了 1998 ～ 2007 年所有 500 万元以上工业企业的众多指标，具有样本量大、指标齐全等优点。[②] 由于将研发投入纳入统计公布是从 2005 年开始，因此本章选取了 2005 ～ 2007 年的统计数据。为了避免受到企业进入与退出的影响，本章筛选了其中每年连续出现的企业，共 31521 家企业，同时选择两位数作为行业分类标准，即通常说的 39 个工业大类中从 C13 到 C43（无 C38）共 30 个工业大类，包括从农副食品加工业、食品制造业到废弃资源和废旧材料回收加工业等全部工业制造业企业数据作为本章的研究样本，共 28114 家企业。另外，本章在使用企业的各项指标进行变量构造时，均选用工业品出厂价格指数进行了调整，其中工业品出厂价格指数数据来自 2008 年《中国统计年鉴》。为了避免数据本身存在异常值的影响，本章按照通常的筛选标准，对样本数据进行了以下筛选：首先，删除研发支出小于 0 的企业，因为企业的研发投入正常应该或者为 0 或者为正，不应该出现研发投入为负的情况；同时，企业员工人数为 0，企业职工培训支出为负，销售收入为 0 或者前几年销售收入为 0 等与事实

①② 周亚虹、贺小丹、沈瑶：《中国工业企业自主创新的影响因素和产出绩效研究》，《经济研究》2012 年第 5 期，第 107 ～ 119 页。

明显不符的样本也被删除。通过以上筛选工作，最后本章得到了 22696 个样本。[①] 数据的描述性统计如表 4 - 3 所示。

表 4 - 3　　　　　　　　各主要变量数据的描述性统计

变量	观测值	均值	标准差	最小值	最大值
ln$EMPRATE$	45392	- 0.021	0.326	- 6.575	5.927
lnEMP	45392	5.461	1.141	0	11.907
(lnEMP)^2	45392	31.124	13.206	0	141.781
lnAGE	45343	2.734	0.606	0	6.009
(lnAGE)^2	45343	7.842	3.408	0	36.106
lnEMP × lnAGE	45343	15.011	4.959	0	52.265
lnRD	68088	- 2.508	4.446	- 4.665	14.417
RDS	68088	0.003	0.017	0	1.513
lnKL	68088	3.846	1.185	- 5.543	9.620
lnLP	68088	4.177	1.094	- 6.140	10.000
ln$TRAIN$	68088	- 11.072	4.056	- 22.982	- 1.550
EDU	68088	0.039	0.077	0	1.000
$ADMIN$	68088	0.009	0.027	0	0.776
$HIQUAL$	68088	0.002	0.013	0	0.461
$LIQUIDITY$	68088	0.082	0.317	- 7.171	0.997

　　注：企业就业人员总数的单位：人；年龄的单位：年；研发支出费用、员工培训费用、固定资产净值年平均余额和主营业务收入的单位：千元。

　　此外，在回归模型中需要对研发支出进行对数运算，但是存在某些企业未进行任何研发活动，即研发支出为 0。大部分已有的研究如克雷蓬等（Crépon et al.，1998）和聂辉华等（2008）使用的数据中并未包含没有进行研发活动的企业，而这样处理导致的样本选择偏差问题一般则通过 Tobit 模型得到解决。但事实上，研发支出为 0 也是企业的研发行为，并非数据的截断而得到，不包括这些企业对实证研究的结果会有很大的影响（周亚虹等，2012）。众所周知，Tobit 模型是处理因变量有截断的回归模型，有其局限性。本章数据库中包含了各年无论是否进行研发投入的所有

---

　　① 周亚虹、贺小丹、沈瑶：《中国工业企业自主创新的影响因素和产出绩效研究》，《经济研究》2012 年第 5 期，第 107 ~ 119 页。

工业制造业企业数据，而且相当部分并未有研发活动，如果同样采用 To-bit 模型进行估计，将样本研发支出为 0 的样本企业删除，将会造成信息的大量浪费。因此，为了避免运算错误，参考费希尔等（Fishe et al., 1979）和周亚虹等（2012），本章将所有研发支出为 0 的企业的研发投入从 0 改为 0.01（即改为非常小的值，其好处是这样小的研发投入根本不会对企业成长率产生任何影响，而且避免研发支出为 0 不能进行对数运算的缺陷）。[1] 同样地，由于模型估计中需要用到对员工培训支出费用强度进行对数运算，在数据处理中也对此指标做了同样的处理。

第四节　实证结果及其分析

一、研发投入工具变量的估计及结果分析

本章分别用简单 Probit 模型、Chamberlain 随机效应 Probit 模型、Logit 模型和 Gompit 模型估计研发行为决策模型，如表 4 - 4 所示。结果一致表明：第一，除高级技术人员所占比例以外的研发投入技术产出效率的代理变量，即员工培训支出费用强度、大学本科以上学历员工比例和高级管理人员所占比例的提高对企业研发均具有显著的促进作用，说明研发投入的技术产出效率可以促进企业的研发活动；第二，从需求拉动的效应来看，中国制造业企业出口也能够促进中国制造业企业的研发活动；第三，企业的规模、年龄以及企业的研发成本结构对中国制造业企业的研发活动均具有显著的正向影响，说明企业规模越大以及企业年龄越长的企业越倾向于从事研发活动，在一定程度上反映了实力雄厚的能够持续经营的大型企业对企业研发活动的热衷，同时，企业的研发活动也有利于企业规模的扩张与持续地成长。

另外，考虑所有制与地区差异性，在模型中分别加入了所有制虚拟变量和地区虚拟变量，其结果也一致显示：企业的所有制性质对企业的研发活动具有显著的影响，而地区差异对企业的研发活动并没有显著的影响。

首先，企业的国有性质对中国国有制造业企业研发活动产生了负面影响。这一结论与聂辉华等（2008）的研究结论并不相同，聂辉华等（2008）

①　周亚虹、贺小丹、沈瑶：《中国工业企业自主创新的影响因素和产出绩效研究》，《经济研究》2012 年第 5 期，第 107～119 页。

表 4 – 4　　　　　　　Probit、Logit 和 Gompit 模型估计结果

变量	简单 Probit 模型	Chamberlain 随机效应 Probit 模型	Logit 模型	Gompit 模型
ln*TRAIN*	0. 132 *** (0. 004)	0. 075 *** (0. 004)	0. 239 *** (0. 007)	0. 182 *** (0. 005)
EDU	4. 563 *** (0. 246)	4. 457 *** (0. 256)	8. 024 *** (0. 430)	5. 976 *** (0. 320)
ADMIN	6. 212 *** (0. 680)	6. 016 *** (0. 707)	10. 925 *** (1. 190)	8. 157 *** (0. 882)
HIQUAL	− 0. 204 (1. 429)	0. 549 (1. 481)	− 0. 179 (2. 505)	− 0. 473 (1. 904)
D_EX	0. 382 *** (0. 036)	0. 393 *** (0. 037)	0. 683 *** (0. 063)	0. 514 *** (0. 048)
LIQUIDITY	0. 231 *** (0. 053)	0. 235 *** (0. 054)	0. 430 *** (0. 095)	0. 326 *** (0. 074)
ln*EMP*	0. 715 *** (0. 019)	0. 341 *** (0. 056)	1. 266 *** (0. 033)	0. 970 *** (0. 026)
ln*KL*	0. 360 *** (0. 016)	0. 104 *** (0. 033)	0. 643 *** (0. 029)	0. 497 *** (0. 023)
AGE	0. 015 *** (0. 001)	0. 012 *** (0. 002)	0. 027 *** (0. 003)	0. 021 *** (0. 002)
D_OWN	− 0. 256 *** (0. 077)	− 0. 359 *** (0. 080)	− 0. 453 *** (0. 133)	− 0. 353 *** (0. 105)
D_REG	− 0. 021 (0. 048)	0. 016 (0. 050)	− 0. 038 (0. 083)	− 0. 025 (0. 066)
$\overline{\ln TRAIN}$		0. 168 *** (0. 008)		
$\overline{\ln EMP}$		0. 408 *** (0. 059)		
$\overline{\ln KL}$		0. 321 *** (0. 038)		
IND	yes	yes	yes	yes

续表

变量	简单 Probit 模型	Chamberlain 随机效应 Probit 模型	Logit 模型	Gompit 模型
常数项	− 7. 302 *** (1. 157)	− 6. 317 *** (1. 147)	− 12. 901 *** (2. 141)	− 10. 566 *** (1. 650)
样本数	68088	68088	68088	68088
Wald chi2	4405. 85	3717. 29	4128. 34	4002. 00

注：①$\overline{\ln TRAIN}$、$\overline{\ln EMP}$和$\overline{\ln KL}$分别表示个体企业 2005 ~ 2007 年员工培训支出强度、企业规模以及人均资本的平均值，即上文介绍的 Chamberlain 随机效应 Probit 模型中的 $\overline{X}$ 项，通过该项的回归系数的显著性，可以判断文中使用 Chamberlain 提出的 Probit 模型估计方法的合理性；②括号内是各自估计系数的标准误；③ *** 、 ** 和 * 分别表示 1%、5%和10%的显著性水平。

的研究结果表明中国国有制造业企业在研发活动上更有优势，其原因在于中国税收政策对中国国有制造业企业的激励作用以及国有企业研发活动具有刚性所致。而与周亚虹等（2012）的结果基本一致，周亚虹等（2012）认为由于中国国有企业具有垄断性质以及受到政府政策的保护等原因，中国国有企业不仅对研发活动比较缺乏积极性，而且国有企业的生产力也低于其他性质的企业。因此，企业的国有性质对企业的研发活动的影响效应仍然值得探讨。

其次，地区的差异是否会影响企业的研发行为，值得注意的是，本章的结果显示东部地区的企业相对于中、西部地区的企业并没有表现出明显的差异，周亚虹等（2012）的研究也发现中国工业企业的研发行为的地区差异相对来说并不突出。虽然中国东、中、西部地区经济发展水平具有很大差异，但是地区经济发展水平与企业创新相关性不大，这是一个值得思考的问题（聂辉华等，2008）。因此，对于所有制与地区差异对企业研发行为的影响以及不同所有制企业和不同地区企业的研发行为对企业成长率的影响仍然值得进一步研究。

对比简单 Probit 模型、Chamberlain 随机效应 Probit 模型估计的结果，主要差异在于参数值估计的大小，其影响效应基本一致，这种差异跟模型设定相关，即个体效应是否与解释变量相关。Chamberlain 随机效应 Probit 模型回归结果中给出了控制个体效应的平均员工培训支出强度（$\overline{\ln TRAIN}$）、平均企业规模（$\overline{\ln EMP}$）以及平均人均资本（$\overline{\ln KL}$）系数的估计值，均显著为正，说明 Chamberlain 的随机效应 Probit 模型可以在一定程度上解决个体效应可能存在与解释变量相关的问题。同时，Logit 模型和 Gompit 模型估计的结果除影响效应大小存在差异外，影响效应的方向并无实质上的差异。除此之外，本章还检验了简单 Probit 模型、Chamberlain 随机效应 Probit 模型、Logit 模型和 Gompit 模型估计的拟合值与实际研发投入规模（lnRD）和研发投入强度（RDS）之间的相关性，如表 4-5 所示。本章发现 Chamberlain 随机效应 Probit 模型的拟合值与实际研发投入规模（lnRD）和研发投入强度（RDS）之间的相关性均高于其他三种模型估计的拟合值与实际研发投入规模和研发投入强度之间的相关性，因而 Chamberlain 随机效应 Probit 模型的拟合值作为实际研发投入规模和研发投入强度的工具变量可以提高模型研发投入规模和研发投入强度对企业成长影响估计的准确度。

表 4-5   Probit、Logit 和 Gompit 估计拟合值与 lnRD 和 RDS 相关性分析

项目	简单 Probit 拟合值	Chamberlain 随机效应 Probit 拟合值	Logit 拟合值	Gompit 拟合值	lnRD	RDS
简单 Probit 拟合值	1					
Chamberlain 随机效应 Probit 拟合值	0.975	1				
Logit 拟合值	1.000	0.975	1			
Gompit 拟合值	0.996	0.969	0.997	1		
lnRD	0.561	0.575	0.560	0.557	1	
RDS	0.228	0.230	0.227	0.225	0.399	1

二、研发投入规模对企业成长的影响分析

基于模型（4-7）进行考察研发投入规模、企业规模与企业成长之间的关系，如表 4-6 所示。模型（A1）~模型（A3）是 OLS 回归结果，模型（A1）显示不考虑其他因素，企业成长率与其规模之间呈负相关关系，说明中国制造业企业规模与其成长之间并不遵循吉布莱特定律，企业成长具有"规模依赖"。模型（A2）显示不考虑其他因素，企业研发投入规模对企业的成长率具有显著的正向影响。

表 4-6　　　　研发投入规模对企业成长影响的模型回归结果

变量	OLS			IV-2SLS			
	（A1）	（A2）	（A3）	（A4）	（A5）	（A6）	（A7）
lnEMP	-0.038 *** (0.002)		-0.333 *** (0.013)	-0.128 *** (0.011)	-0.141 *** (0.011)	-0.128 *** (0.011)	-0.129 *** (0.011)
(lnEMP)^2			0.022 *** (0.001)	0.007 *** (0.001)	0.008 *** (0.001)	0.007 *** (0.001)	0.007 *** (0.001)
lnAGE			0.032 (0.020)	0.132 *** (0.018)	0.109 *** (0.017)	0.131 *** (0.018)	0.131 *** (0.018)
(lnAGE)^2			-0.011 *** (0.003)	-0.019 *** (0.003)	-0.017 *** (0.002)	-0.019 *** (0.003)	-0.019 *** (0.003)
lnEMP × lnAGE			0.002 (0.003)	-0.010 *** (0.002)	-0.007 *** (0.002)	-0.010 *** (0.002)	-0.010 *** (0.002)
lnRD		0.003 *** (0.000)	0.009 *** (0.000)	0.041 *** (0.001)	0.033 *** (0.001)	0.040 *** (0.001)	0.040 *** (0.001)
lnKL			-0.051 *** (0.002)	-0.047 *** (0.002)	-0.044 *** (0.002)	-0.047 *** (0.002)	-0.047 *** (0.002)
lnLP			-0.035 *** (0.002)	-0.029 *** (0.002)	-0.025 *** (0.002)	-0.029 *** (0.002)	-0.029 *** (0.002)
D_EX			0.057 *** (0.004)	0.014 *** (0.004)	0.020 *** (0.004)	0.014 *** (0.004)	0.014 *** (0.004)
D_OWN			-0.028 *** (0.008)	-0.026 *** (0.007)	-0.025 *** (0.007)	-0.026 *** (0.007)	-0.026 *** (0.007)
D_REG			-0.002 (0.005)	0.002 (0.004)	0.003 (0.004)	0.002 (0.004)	0.002 (0.004)
IND	no	no	yes	yes	yes	yes	yes
常数量	0.187 *** (0.009)	-0.013 *** (0.002)	1.333 *** (0.099)	0.790 *** (0.084)	0.762 *** (0.081)	0.789 *** (0.084)	0.789 *** (0.083)
样本数	45392	45392	45343	45343	45343	45343	45343
R^2	0.0086	0.0021	0.0389	0.0215	0.0248	0.0216	0.0216
IV				简单 Probit 模型	Chamberlain 随机效应 Probit 模型	Logit 模型	Gompit 模型
Hausman (Chi2)				1440.86	401.36	1211.68	1186.71

注：括号内是各自估计系数的标准误，***、** 和 * 分别表示1%、5%和10%的显著性水平。

考虑企业的异质性（包括企业的资本劳动比与劳动生产率）、企业的年龄、是否出口、是否为国有、是否在东部以及企业所处行业等因素对企业的影响，如模型（A3）的估计结果。第一，在其他条件相同的情况下，企业规模越大企业成长率越低，企业年龄与企业成长率之间不相关，企业规模的二次项与企业成长率呈正相关，企业年龄的二次项与企业成长率呈负相关，它们的交互项与企业的成长率不相关。在控制了其他变量后，企业规模和年龄对企业成长率总的影响效应分别可以用 $E_{SIZE} = (\partial \ln G(SIZE_{it-1}, AGE_{it-1})/\partial \ln SIZE_{it-1})$ 和 $E_{AGE} = (\partial \ln G(SIZE_{it-1}, AGE_{it-1})/\partial \ln AGE_{it-1})$ 来衡量，根据模型（A3），在样本均值处，$E_{SIZE} = -0.0873$、$E_{AGE} = -0.0172$，平均来看企业年龄与企业成长率之间也呈负相关关系，说明企业年龄越长企业成长率越小，与约万诺维奇（Jovanovic，1982）的"学习"理论模型预测相一致。第二，企业研发投入规模的增加对中国制造业企业的成长率仍具有显著的正向影响，说明加大中国制造业的研发投入规模可以提高中国制造业企业的成长性。出口对企业的成长产生显著的正向影响，说明出口需求的增加可以提高中国制造业企业的成长率，改革开放以来，中国外向型经济获得了快速发展，出口对企业的成长率产生了明显的拉动作用。第三，企业的国有性质对企业的成长产生显著的负向影响。结合以上分析可见，企业的国有性质不仅负向影响了企业的研发行为，还对企业的成长产生了不利影响。虽然中国国有企业通过国有企业股份制改革、建立现代企业制度以及以"抓大放小"为主的产权制度改革等制度设计和政策推动下，获得了快速发展的活力，但是中国国有企业的垄断性质、缺乏竞争力、效率低下的现象仍然存在，对于企业的成长也会产生不利影响。第四，企业是否在东部地区对企业的成长并没有显著影响。虽然中国东部地区经济发展水平较高、经济发展环境较好、推动经济发展的硬件和软件较为齐备，但是分析一下东部地区的市场的饱和程度，东部地区企业较多、竞争性较强、市场饱和度较高，所以这两者对企业的成长来说作用不尽相同。而中、西部地区虽然有很多不利于企业成长的因素，但是市场饱和度较低，企业市场发展的空间也会将更为广阔，也会对企业的成长产生有利影响。所以中国制造业企业成长的地区差异并不明显。第五，资本劳动比与劳动生产率的提高对以就业增长来衡量的企业成长率均呈负向影响。

此外，考虑到企业研发投入是一个内生变量而不是一个外生变量的实际情况，在模型（A4）~模型（A7）中分别使用简单 Probit 模型、Chamberlain 随机效应 Probit 模型、Logit 模型和 Gompit 模型估计的拟合值作为

$\ln RD_{it}$ 的工具变量进行 IV-2SLS 估计。与 OLS 估计的结果相比，IV-2SLS 估计的结果除研发投入规模估计的系数对企业成长影响的效应大小存在差异外，其余结果均显示各变量对企业成长的影响效应基本一致。不考虑研发投入的内生性，用 OLS 估计的结果与考虑研发投入的内生性用 IV-2SLS 估计的结果相比，均显示低估研发投入规模对企业成长率的影响效应。模型（A2）～模型（A3）与模型（A4）～模型（A7）的估计结果相比，显示不考虑研发投入的内生性，研发投入规模对企业成长率的影响系数均小于 0.01，而考虑研发投入的内生性，用工具变量估计的研发投入规模对企业成长率的影响系数在 0.030～0.041 之间。同时可以发现 Chamberlain 随机效应 Probit 模型拟合值作为工具变量估计的研发投入规模对企业成长率的影响效应的值均小于用简单 Probit 模型、Logit 模型和 Gompit 模型估计的拟合值作为 $\ln RD_{it}$ 的工具变量的估计系数，说明用 Chamberlain 随机效应 Probit 模型拟合值作为研发投入的工具变量进行的估计较为准确。同时，对研发投入规模变量的内生性进行 Hausman 检验，其结果均显示 IV-2SLS 估计和 OLS 估计具有显著的差异，说明研发投入规模变量具有内生性。

三、研发投入强度对企业成长的影响分析

利用模型（4-8）进行考察研发投入强度、企业规模与企业成长之间的关系，估计结果如表 4-7 中模型（B1）～模型（B7）所示。除企业研发投入强度外的其余结果与根据模型（4-7）估计的结果基本一致，不做详细分析，在此主要考察研发投入强度对企业成长率的影响。根据 OLS 估计的结果模型（B1）～模型（B3）中企业研发投入强度对企业成长率影响系数均小于 1，而用简单 Probit 模型、Chamberlain 随机效应 Probit 模型、Logit 模型和 Gompit 模型估计的拟合值作为 RDS_{it} 的工具变量进行估计的结果远大于 1。用 OLS 估计结果显示研发投入强度每增加 0.1%，最多可以提高企业成长率约 0.07%；而用 IV-2SLS 估计方法进行估计的结果显示研发投入强度每增加 0.1%，至少可以提高企业成长率约 1.76%，说明不考虑研发投入的内生性用 OLS 估计的结果均低估研发投入强度对企业成长率的影响。

表 4-7　　　　研发投入强度对企业成长影响的模型回归结果

变量	OLS			IV-2SLS			
	（B1）	（B2）	（B3）	（B4）	（B5）	（B6）	（B7）
$\ln EMP$		-0.039 *** (0.002)	-0.349 *** (0.013)	-0.171 *** (0.013)	-0.174 *** (0.012)	-0.171 *** (0.013)	-0.171 *** (0.013)

续表

变量	OLS			IV-2SLS			
	（B1）	（B2）	（B3）	（B4）	（B5）	（B6）	（B7）
$(\ln EMP)^2$			0.024 *** （0.001）	0.013 *** （0.001）	0.013 *** （0.001）	0.013 *** （0.001）	0.013 *** （0.001）
$\ln AGE$			0.009 （0.020）	0.085 *** （0.022）	0.075 *** （0.020）	0.085 *** （0.022）	0.085 *** （0.022）
$(\ln AGE)^2$			− 0.009 *** （0.003）	− 0.011 *** （0.003）	− 0.011 *** （0.003）	− 0.011 *** （0.003）	− 0.011 *** （0.003）
$\ln EMP \times \ln AGE$			0.005 * （0.003）	− 0.007 ** （0.003）	− 0.005 * （0.003）	− 0.007 ** （0.003）	− 0.007 ** （0.003）
RDS	0.288 *** （0.097）	0.456 *** （0.102）	0.651 *** （0.119）	21.094 *** （0.783）	17.639 *** （0.700）	20.962 *** （0.785）	20.873 *** （0.794）
$\ln KL$			− 0.048 *** （0.002）	− 0.046 *** （0.002）	− 0.043 *** （0.002）	− 0.046 *** （0.002）	− 0.046 *** （0.002）
$\ln LP$			− 0.032 *** （0.002）	− 0.015 *** （0.002）	− 0.014 *** （0.002）	− 0.015 *** （0.002）	− 0.015 *** （0.002）
D_EX			0.064 *** （0.004）	0.029 *** （0.005）	0.032 *** （0.004）	0.030 *** （0.005）	0.030 *** （0.005）
D_OWN			− 0.027 *** （0.008）	− 0.034 *** （0.009）	− 0.032 *** （0.008）	− 0.034 *** （0.009）	− 0.034 *** （0.009）
D_REG			− 0.001 （0.005）	0.006 （0.005）	0.006 （0.005）	0.006 （0.005）	0.006 （0.005）
IND	no	no	yes	yes	yes	yes	yes
常数项	− 0.022 *** （0.002）	0.188 *** （0.009）	1.308 *** （0.100）	0.630 *** （0.104）	0.634 *** （0.096）	0.631 *** （0.103）	0.631 *** （0.103）
样本数	45392	45392	45343	45343	45343	45343	45343
R^2	0.0002	0.0090	0.0321	0.0035	0.0043	0.0035	0.0035
IV				简单 Probit 模型	Chamberlain 随机效应 Probit 模型	Logit 模型	Gompit 模型
Hausman （Chi2）				28462.79	17648.88	25200.30	27754.44

注：括号内是各自估计系数的标准误，*** 、** 和 * 分别表示1%、5%和10%的显著性水平。

此外，用 Chamberlain 随机效应 Probit 模型拟合值作为工具变量估计的研发投入强度对企业成长率的影响系数均小于用简单 Probit 模型、Logit 模型和 Gompit 模型估计的拟合值作为 RDS_{it} 的工具变量的估计系数，这也说明用 Chamberlain 随机效应 Probit 模型拟合值作为研发投入的工具变量进行的估计较为准确，这一结果具有很强的稳健性。同时对研发投入强度变量的内生性进行 Hausman 检验，其结果也均显示 IV-2SLS 估计和 OLS 估计具有显著的差异，这说明研发投入强度也具有内生性。综合以上分析，中国制造业企业的研发投入规模与投入强度均对企业的成长产生显著的正向影响，不考虑研发投入的内生性用 OLS 估计结果均低估研发投入对企业成长的影响，而考虑研发投入的内生性用 IV-2SLS 估计的结果显著提高研发投入对企业成长的影响。以研发投入规模与研发投入强度对企业成长影响考察的结果来看，近年来中国制造业企业的研发投入确实能够提高中国制造业企业的成长性。而且，已有的研究也表明中国制造业企业的研发投入能够推动中国企业的生产率以及产出水平（吴延兵，2006；周亚虹等，2012）。因此，研发投入是推动中国制造业企业成长的重要因素之一。

同时结果还显示，企业规模的扩大对中国制造业企业成长产生抑制作用；企业年龄的增长对企业的成长产生正向影响，但是随着企业年龄的增长这种影响逐渐下降；企业的出口需求增加对企业的成长率具有明显的拉动作用；企业的国有性质对企业成长产生了不利影响；地区差异对企业成长率的影响并不显著。鉴于中国制造业企业所有制性质与地区差异的特殊性，接下来将分组研究不同所有制以及不同地区中国制造业企业研发投入强度、研发投入规模与企业成长之间的关系的差异。

第五节　进一步的实证研究

为探求不同所有制和不同地区中国制造业企业研发投入强度、研发投入规模与成长之间关系的差异，本章分别把中国制造业企业按所有制和所在地区分组进行了考察，并分别采用 OLS 和 IV-2SLS 方法对此进行估计，结果基本一致，而且显示用 Chamberlain 随机效应 Probit 模型拟合值作为研发投入的工具变量估计的结果较为准确，说明本书的结果是稳健的。限于篇幅，书中仅给出 Chamberlain 随机效应 Probit 模型拟合值作为研发投入的工具变量进行估计的结果进行分析。

首先，根据中国工业企业注册类型把中国制造业企业划分为国有企业、集体企业、股份合作企业和私营企业等十大类型，本章选取所有制性质比较明显的国有企业、集体企业、私营企业和外资企业四组进行分析。表 4–8 中模型（C1）～模型（C4）和模型（C5）～模型（C8）分别报告

表 4 – 8　按所有制分组的回归结果

变量	(C1) 国有	(C2) 集体	(C3) 私营	(C4) 外资	(C5) 国有	(C6) 集体	(C7) 私营	(C8) 外资
$\ln EMP$	-0.108*** (0.034)	-0.239*** (0.046)	-0.265*** (0.027)	-0.107*** (0.041)	-0.149*** (0.038)	-0.251*** (0.048)	-0.300*** (0.034)	-0.149*** (0.048)
$(\ln EMP)^2$	0.005** (0.003)	0.016*** (0.003)	0.016*** (0.002)	0.005** (0.002)	0.015*** (0.003)	0.020*** (0.003)	0.021*** (0.003)	0.008*** (0.003)
$\ln AGE$	0.151* (0.081)	0.197** (0.085)	0.014 (0.034)	0.273** (0.108)	0.131 (0.092)	0.207** (0.088)	0.004 (0.042)	0.120 (0.124)
$(\ln AGE)^2$	-0.008 (0.011)	-0.037*** (0.011)	-0.017*** (0.004)	-0.053*** (0.016)	-0.023** (0.010)	-0.032*** (0.011)	-0.012** (0.005)	-0.041** (0.018)
$\ln EMP \times \ln AGE$	-0.017* (0.009)	0.000 (0.011)	0.011** (0.005)	-0.007 (0.013)	-0.007 (0.010)	-0.006 (0.012)	0.010 (0.007)	0.010 (0.016)
$\ln RD$	0.052*** (0.005)	0.039*** (0.008)	0.032*** (0.003)	0.041*** (0.003)				
RDS					21.882*** (2.283)	23.456*** (4.791)	16.853*** (1.761)	19.677*** (1.733)
$\ln KL$	-0.063*** (0.007)	-0.041*** (0.005)	-0.043*** (0.003)	-0.048*** (0.004)	-0.064*** (0.008)	-0.040*** (0.005)	-0.044*** (0.004)	-0.045*** (0.005)

续表

变量	（C1）国有	（C2）集体	（C3）私营	（C4）外资	（C5）国有	（C6）集体	（C7）私营	（C8）外资
lnLP	-0.058*** (0.007)	-0.015*** (0.005)	-0.021*** (0.003)	-0.031*** (0.005)	-0.041*** (0.008)	-0.013** (0.006)	-0.015*** (0.004)	-0.010* (0.006)
D_EX	-0.009 (0.020)	-0.009 (0.017)	0.009 (0.008)	0.005 (0.011)	0.009 (0.022)	0.002 (0.017)	0.023** (0.009)	0.018 (0.012)
D_REG	-0.010 (0.015)	-0.001 (0.013)	-0.004 (0.008)	0.054*** (0.017)	0.003 (0.016)	0.003 (0.013)	-0.008 (0.010)	0.074*** (0.020)
IND	yes	yes	yes	yes	yes	yes	yes	yes
常数项	0.857*** (0.209)	0.856*** (0.313)	1.133*** (0.144)	0.241 (0.346)	0.506** (0.232)	0.649** (0.319)	1.015*** (0.178)	0.188 (0.403)
样本数	3280	3389	11587	7275	3280	3389	11587	7275
R^2	0.0444	0.0311	0.0256	0.0195	0.0166	0.0165	0.0034	0.0048
Hausman (Chi2)	2162.13	647.00	202.07	412.41	245.47	49.98	1299.47	990.76

注：①括号内是各自估计系数的标准差，***、** 和 * 分别表示 1%、5% 和 10% 的显著性水平。②Hausman 检验的结果均显示 IV-2SLS 估计和 OLS 估计工具有显著的差异。

了国有、集体、私营和外资企业四组研发投入规模与研发投入强度对企业成长影响的回归结果。第一，企业规模、企业年龄、资本劳动比以及劳动生产率等变量对企业成长率的影响与不分组的结果基本一致，这里不作详细分析。第二，研发投入规模与研发投入强度对中国制造业企业成长率均呈显著的正向影响。其中，国有企业的研发投入规模对企业成长率的影响高于集体企业、私营企业与外资企业，私营制造业企业研发投入规模对企业成长率的影响最低；国有制造业企业的研发投入强度对企业成长率的影响高于私营制造业企业和外资制造业企业，而低于集体制造业企业。第三，从企业是否出口对企业成长率的影响上来看，是否出口对私营制造业企业的成长率具有显著的正向影响，而对其他制造业企业的成长率并没有显示出显著影响。第四，地区差异性仅对外资企业的成长率产生显著的正向影响，而对其他所有制类型企业的成长率并没有产生显著的影响。

分析表明，不同所有制制造业企业的研发行为及研发行为对企业成长率的影响具有明显差异。企业的国有性质对中国制造业企业的研发行为以及企业的成长率均产生了不利影响，然而国有制造业企业的研发投入规模与研发投入强度并没有显示低于其他所有制类型的制造业企业。因此，从实证结果上进行分析，由于企业的国有性质对中国制造业企业的研发行为产生了不利影响从而影响了中国制造业企业的成长率。然而由于国有企业的垄断性质以及政府政策的扶持，国有企业规模较大、年龄较长、持续经营的能力较强，研发投入的风险较小，国有企业的研发投入规模与研发投入强度对中国制造业企业的成长却产生了较高的正向影响，因此加大国有企业的研发投入规模和研发投入强度、改善国有企业的经营环境可以带来更高的成长率。而相对来说，私营制造业企业的研发投入规模与研发投入强度对制造业企业的成长率影响均较小，可见，即使私营制造业企业具有研发投入的意愿和积极性，但是由于私营制造业企业规模较小、企业的年龄较短、存活率较低、面临的风险较高，企业研发投入对于企业成长率的影响较低，因此怎样改善私营制造业企业研发投入对企业成长率的影响是企业经营管理者与相关政策制定者需要认真考虑的问题。同时对于出口与地区差异性对不同所有制制造业企业成长影响的分析可见，中国私营制造业企业具有明显的出口导向性，而外资企业具有很强的地区选择性，这与中国实施市场化改革、非均衡发展和出口导向发展战略等举措相互关联。

其次，本章按照国家统计局划分标准把我国 31 个省份划分为东、中和西部地区进行分析，结果如表 4 - 9 中模型（D1）~模型（D3）和模型

（D4）~模型（D6）所示。第一，企业规模与企业年龄对企业成长率的影响与不分组的结果也基本一致，其中东部地区企业规模对企业成长率影响较大而企业年龄对企业成长率的影响较小。第二，研发投入规模与研发投入强度对中国制造业企业成长率均呈显著的正向影响，其中，西部地区研发投入规模对中国制造业企业成长率的影响最高，东部地区次之，中部地区最小；而中部地区研发投入强度对中国制造业企业成长率的影响最高，东部地区次之，西部地区最小。因此，从不分组的结果来看，地区差异对中国制造业企业的研发投入行为及其成长率的影响并不显著。第三，资本劳动比与劳动生产率对中国制造业企业成长率的影响与不分组的结果也基本一致。第四，从地区差异上来看，企业是否出口对中、西部地区并没有产生显著的影响，而东部地区是经济相对发达地区，外向型企业多集中在东部地区，因此在东部地区企业是否出口对中国制造业企业的成长率呈现出了显著的正向影响。第五，企业是否为国有对中国制造业企业成长率影响的差异在地区之间也呈现显著的不同，其中，中、西部地区企业是否为国有对中国制造业企业的成长率并没有产生显著的影响，而在东部地区企业的国有性质对中国制造业企业的成长率却呈现出显著的负向影响，可见，企业的所有制性质在不同地区对中国制造业企业成长的影响并不相同，这与地区的经济发展水平以及市场发育程度等条件密切相关。

表 4－9　　　　　　　　　按地区分组的回归结果

| 变量 | (D1) | (D2) | (D3) | (D4) | (D5) | (D6) |
	东部	中部	西部	东部	中部	西部
$\ln EMP$	-0.162 *** (0.012)	-0.136 *** (0.028)	0.009 (0.040)	-0.196 *** (0.015)	-0.170 *** (0.039)	-0.090 ** (0.042)
$(\ln EMP)^2$	0.009 *** (0.001)	0.007 *** (0.002)	-0.004 (0.004)	0.013 *** (0.001)	0.013 *** (0.003)	0.009 ** (0.004)
$\ln AGE$	0.088 *** (0.021)	0.131 *** (0.037)	0.138 *** (0.048)	0.036 (0.025)	0.138 *** (0.053)	0.097 * (0.054)
$(\ln AGE)^2$	-0.017 *** (0.003)	-0.015 *** (0.006)	-0.011 (0.007)	-0.009 ** (0.004)	-0.010 (0.008)	-0.003 (0.007)
$\ln EMP \times \ln AGE$	-0.004 (0.003)	-0.009 * (0.005)	-0.017 ** (0.007)	-0.000 (0.003)	-0.014 * (0.008)	-0.016 ** (0.008)

续表

变量	(D1)	(D2)	(D3)	(D4)	(D5)	(D6)
	东部	中部	西部	东部	中部	西部
lnRD	0.033 *** (0.001)	0.032 *** (0.003)	0.044 *** (0.005)			
RDS				18.297 *** (0.831)	25.199 *** (3.243)	14.148 *** (1.702)
lnKL	− 0.044 *** (0.002)	− 0.043 *** (0.005)	− 0.042 *** (0.005)	− 0.043 *** (0.002)	− 0.050 *** (0.007)	− 0.043 *** (0.006)
lnLP	− 0.024 *** (0.002)	− 0.020 *** (0.004)	− 0.043 *** (0.006)	− 0.013 *** (0.002)	− 0.016 *** (0.006)	− 0.021 *** (0.006)
D_EX	0.023 *** (0.004)	0.004 (0.012)	− 0.020 (0.018)	0.038 *** (0.005)	− 0.008 (0.017)	0.001 (0.019)
D_OWN	− 0.033 *** (0.009)	− 0.016 (0.014)	− 0.012 (0.016)	− 0.040 *** (0.011)	− 0.029 (0.021)	− 0.013 (0.018)
IND	yes	yes	yes	yes	yes	yes
常数项	0.853 *** (0.087)	0.693 *** (0.120)	0.399 ** (0.157)	0.750 *** (0.103)	0.545 *** (0.169)	0.383 ** (0.177)
样本数	35883	5546	3914	35883	5546	3914
R^2	0.0248	0.0341	0.0177	0.0044	0.0023	0.0065
Hausman (Chi2)	1904.50	112.18	98.04	46945.51	107.67	240.31

注：①括号内是各自估计系数的标准差，***、** 和 * 分别表示1%、5%和10%的显著性水平。②Hausman 检验的结果均显示 IV-2SLS 估计和 OLS 估计具有显著的差异。

第六节　小结与政策建议

本章基于企业规模与成长关系的随机理论模型——吉布莱特定律的分析框架构建经济计量模型，利用 2005 ~ 2007 年中国 2 万多家制造业企业数据，把研发投入视为内生变量，采用简单 Probit 模型、Chamberlain 随机效应 Probit 模型、Logit 模型和 Gompit 模型估计研发行为决策模型的拟合值作为研发投入的工具变量利用面板数据 IV-2SLS 方法检验了吉布莱特定律，并实证分析了中国制造业研发投入规模及研发投入强度对中国制造业企业成长的影响。第一，对于吉布莱特定律的检验表明，中国制造业企业规模与成长之间并不遵循吉布莱特定律，企业成长具有"规模依赖"，即企业规模越大企业成长得越慢。因此，对于政策制定者而言，其政策取向不能仅仅只是关注大型企业的成长，还要密切关注中小企业的成长，中小企业成长率相对较高，因此推动中小企业的成长也是推动整体经济增长的重要动力之源。第二，本章的研究表明即使不考虑研发投入的内生性问题，企业研发投入规模和研发投入强度对企业的成长率也会呈显著正向影响，若考虑研发投入的内生性，研发投入对企业成长的影响效应更大，本章的研究为加大中国制造业企业的研发投入规模和研发投入强度，推动中国制造业企业的成长性提供了经验证据。此外，针对中国的特殊性，本章还着重探讨了"所有制"和"地区"差异对研发投入强度、研发投入规模与成长关系的不同影响，并得到了一些很有意义的结论。

　　本章的研究有助于深入理解中国制造业企业的行为特征，这不管是对政府进行企业研发活动进行资助还是对企业自身从事研发活动都具有很重要的政策含义与参考价值。基于本章研究结论，为提高中国制造业企业研发活动推动中国制造业企业成长，提出以下政策建议。第一，对于企业经营管理者来说，应积极采取相应的研发投入措施。例如，购置从事研发活动的先进仪器、设备等硬件设施；提高研发人员的工资、津贴、福利费等；从事更多的专利技术和非专利技术的开发和应用；等等。通过这些方法加大企业的研发投入的力度，提高研发投入的利用率，避免研发活动带来的沉淀成本，以此提高企业竞争力和企业的成长性。第二，对于政策制定者来说，应采取一些激励措施或优惠政策、完善研发自主创新的制度环境来激励企业从事更多的研发活动。例如，对于企业研发投入可以进行税收抵免；研发投入设备可以加速折旧等优惠政策；给予研发投入进行补贴等激励政策；健全研发产出，如专利权、产权的保护政策；完善推动企业研发活动的制度建设；等等。第三，一方面，应加强政府与企业促进研发投入的交流与合作，对于企业从事研发活动时面临的困难。例如，经费困难等问题，政府可以给予一定的支持。另一方面，政府可以加强对企业从事研发活动的监督和管理，在产业政策和经济发展战略上提高信息的传播速度和透明性，为企业从事研发活动提供指引，推动企业和政府之间的合作和交流，共同塑造一个良好的研发环境。第四，由于不同所有制以及不同地区的企业的研发行为对企业成长的影响并不相同，作为企业经营管理者和政策制定者在进行研发投入或研发投入的政策，应充分考虑到企业的产权特征和地区差异，对于不同的企业应差别对待。

总之，发挥企业与政府双重作用，培育与塑造以市场为主体能够推动研发投入的制度环境，充分发挥市场机制的激励作用，加大中国制造业研发投入的规模和强度，积极利用研发投入的有利因素，避免研发投入的不利影响，提高中国制造业企业创新能力。这不仅关系到中国制造业企业的成长，还关系到中国能否从一个制造业大国向制造业强国的转变。同样，这也是中国经济增长方式转变的现实基础。

第五章　生产率、企业规模与成长动态：非制造业的考察

采用 1998～2007 年中国非制造业工业企业相关数据，基于吉布莱特定律的研究框架，本章分析了生产率、企业规模对中国非制造业工业企业成长及其规模分布的影响。结果表明：第一，企业规模与成长之间并不遵循吉布莱特定律，企业规模对企业成长具有显著的负向影响；而生产率对企业成长则具有显著的正向影响，且影响具有长期的持续性。第二，企业规模的扩张会带来平均企业规模的扩大与行业集中度的上升，使得企业规模（对数）分布更倾向于偏离正态分布；而生产率的提高在推动平均企业规模扩大的同时却会带来行业集中度的下降，使得企业规模更趋向正态分布。此外，本章还分析了企业年龄、产权特征、地区差异以及出口需求等因素对此产生的影响。通过对不同行业的分类研究发现，不同行业的企业成长及其行为不仅具有相似性还具有差异性。本章的研究有助于更好地理解中国非制造业工业企业成长及其行为特征，也有助于更好地把握中国非制造业工业企业产业组织演进的动态过程及其背后的市场结构特征。从而，为推动中国工业企业成长、促进企业规模结构合理化以及产业结构优化等方面政策的制定提供了经验依据。

第一节　问题提出

为什么企业规模不同，其成长率会呈现出显著的差异？对于企业规模与成长规律的研究，至少可以追溯到 1931 年由吉布莱特提出的吉布莱特（Gibrat）定律。吉布莱特定律探讨了企业规模与成长之间的关系，主要说明：第一，不同规模的企业，其成长率并不因为各自的规模不同而有所差异（这一观点又被称为吉布莱特的比例效应定律或 LPE）；第二，企业的

成长是个随机过程，企业规模分布近似呈对数正态分布。早期的哈特和普莱斯（Hart and Prais，1956）、西蒙和博尼尼（Simon and Bonini，1958）、伊吉里和西蒙（Ijiri and Simon，1964）等对英国与美国企业规模与成长之间关系的研究表明企业的成长独立于其初始规模，企业规模分布趋于稳定状态，满足吉布莱特定律或修正的吉布莱特定律①。然而，后来众多基于更广泛的数据研究表明，企业规模与成长并不遵循吉布莱特定律，企业规模对其成长具有显著的负向影响，从而导致企业规模分布偏离均衡分布。基于市场有效性假设，西方学者对此进行了多种理论上的阐释。约万诺维奇（Jovanovic，1982）提出的"噪音"选择模型（又称"学习"理论），揭示了在市场信息不对称、不完全以及资本市场不完全的经济条件下，企业的规模与成长偏离吉布莱特定律（LPE）的内在机制。迪克西（Dixit，1989）、霍本哈因（Hopenhayn，1992）、卡布拉尔（Cabral，1995）等从沉淀成本的视角对企业规模与成长之间的负相关关系也进行了解释。科利和卡德罗尼（Colley and Quadrini，2001）以及格列门蒂和霍本哈因（Glementi and Hopenhayn，2006）等构建的"融资约束"理论认为由于金融市场的不完善、企业受到融资约束使得企业成长依赖于企业规模，影响企业规模分布。

改革开放以来，随着中国市场经济体制的逐步确立，中国经济获得了举世瞩目的成就。在从传统的计划经济向新型社会主义市场经济转型过程中，中国工业也得到了快速发展，已从传统的计划经济体制下以大型国有工业企业居统治地位的工业体系逐步发展为包括私营、外资、股份等多种工业经济形式并存的多元化的新型工业化体系。尤其是自 1997 年东南亚金融危机过后，至 2007 年这一时期，中国经济处于黄金增长时期，年均增长率为 9.95%。从中国工业企业规模演进或企业成长动态的视角来看，这一时期中国改革进入深化阶段，在国有企业改革以及放宽非公有制经济市场准入等制度设计和政策支持下，一大批非公有制经济迅速崛起，国有企业也在建立现代企业制度、股份制改革以及抓大放小的产权制度改革的过程中获得了快速发展的活力。1998～2007 年中国工业企业快速成长，企业规模不断扩大，随着市场经济体制的确立，中国工业企业规模与成长关

① 西蒙和博尼尼（Simon and Bonini，1958）、伊吉里和西蒙（Ijiri and Simon，1964）等在吉布莱特定律的前提假设下，修改了吉布莱特定律的某些前提假设，提出企业规模分布服从特定的分布函数（或模型），即修正的吉布莱特定律，西蒙和博尼尼（Simon and Bonini，1958）提出企业规模分布服从尤尔（Yule）分布模型，伊吉里和西蒙（Ijiri and Simon，1964）提出了与尤尔分布近似的又一均衡模型。

系是否遵循西方企业规模与成长规律？

　　对于中国工业企业规模与成长关系的探测，可以更好地理解中国工业产业组织演进的动态过程及其背后的市场结构特征。在中国工业企业中，制造业与非制造业（主要包括采矿业采选业，电力、热力、燃气及水的生产和供应业等）工业企业行为及其特征二者之间并不完全相同，现有的研究表明，中国工业制造业企业规模与成长并不遵循吉布莱特定律（李洪亚，2014b）。作为比较，那么中国非制造业工业企业规模与成长之间遵循吉布莱特定律吗？为考察中国非制造业工业企业成长及其行为特征，本章以1998~2007年中国非制造业工业企业数据对此进行了实证研究，并从生产率这一视角来探测中国非制造业工业企业的成长与规模分布的状况及其差异。

第二节　文献综述

　　企业规模与成长问题的研究是产业组织研究者研究的重要领域，涉及企业进入、退出、成长及其波动性等多方面的内容，与此相关的问题也引起了政策制定者的密切关注。自1931年吉布莱特定律提出以来，围绕吉布莱特定律对企业规模与成长问题的研究已成为产业组织及其对市场结构研究的重要一支（Sutton，1997）。然而，对于吉布莱特定律的研究并无定论，正如萨顿（Sutton，1997）所说，通常所指的吉布莱特定律与其说是一个既定的法则，不如说只是一种假设（Audretsch et al.，2004）。早期的经验研究多支持吉布莱特定律（Hart and Prais，1956；Simon and Bonini，1958；Hyme and Pashigian，1962），而后来基于更广泛数据的经验研究发现吉布莱特定律并不成立，而且众多经验研究发现企业规模对企业成长具有显著的负向影响（Evans，1987a，1987b；Hall，1987；Dunne et al.，1989；Dunne and Hughes，1994；Audretsch et al.，1999；Almus and Ner-linger，2000），从而导致企业规模分布偏离均衡分布（Hart and Prais，1956；Simon and Bonini，1958，Cabral and Mata，2003；Rossi-Hansberg and Wight，2007；Angelini and Generale，2008）。针对现实经济中企业成长率与企业规模之间的负相关关系，基于市场有效性假设，西方学者对此进行了多种理论上的阐释（Jovanovic，1982；Dixit，1989；Hopenhayn，1992；Cabral，1995；Colley and Quadrini，2001；Cabral and Mata，2003；

Glementi and Hopenhayn，2006）。然而，还有一些经验研究认为，虽然吉布莱特定律不成立，但发现企业成长与其规模之间呈正相关关系（Samuels，1965）。吉布莱特定律不仅刻画了企业成长的自然法则，还为研究影响企业成长的因素以及探测企业规模分布特性提供了一个理论研究框架和实证分析基础。围绕着吉布莱特定律是否成立的问题，西方学者基于不同国家或地区、不同产业或部门企业的数据对企业规模与成长的规律性及其差异性（Klette and Griliches，2000；Audretsch et al.，2004；Nurmi，2004；Hölzl，2009；Luttmer，2011；Falk，2012；Daunfeldt and Elert，2013）进行了大量的研究。

　　近年来，对于中国企业规模与成长规律性及其差异性的研究也进入了国内研究者的视野。张维迎等（2005）利用 1995～2003 年中关村科技园区的企业数据，运用分位数回归模型研究了影响中国高新技术企业成长的各类相关因素。研究发现，企业规模、年龄、技术效率、研发投入和负债率等因素对处于不同增长分位的企业具有非对称性影响。赵桂芹和周晶晗（2007）基于 2000～2004 年中国非寿险公司的数据，研究了中国非寿险业是否遵循吉布莱特定律。结果发现，中国非寿险业接受吉布莱特定律。进而在吉布莱特定律的框架下分析了投入成本、利润率、公司产出组合、所有制形式等因素对公司成长的影响。唐跃军和宋渊洋（2008）基于2003～2006 年中国制造业上市公司的面板数据研究发现：首先，中国制造业企业规模与成长的关系不符合吉布莱特定律；其次，总体上规模对于企业成长有正面影响，规模越大的企业成长率越高；最后，年龄对于企业成长有负面影响，年龄越大的企业其成长率越低。另外，基于各细分行业的研究样本进一步发现，规模和年龄对于企业成长的影响在制造业各细分行业有所不同。

　　杨其静等（2010）从齐夫（Zipf）定律①视角探究了 1999～2005 年中国工业企业规模分布特征，实证研究了市场、政府与中国工业企业规模分布之间的关系，研究发现随着中国市场化程度的加深，中国企业规模分布将会更加趋向齐夫分布。李洪亚等（2013，2014a）利用 2001～2010 年中国制造业上市公司数据，从融资约束角度检验了吉布莱特定律，并实证研究了融资约束对中国制造业上市公司企业成长及其规模分布的影响。实证分析表明：中国制造业上市公司规模与成长并不遵循吉布莱特定律，融资

---

　　① 齐夫定律由 1949 年齐夫（Zipf）提出，齐夫定律可以简单地表述为：企业规模至少在上尾服从帕累托分布（Paleto distribution），或幂律法则，特殊地，其幂指数为 1。

约束影响企业规模及其分布，制约企业的成长。高凌云等（2014）利用2008年中国经济普查数据库中的全样本工业企业，以及分布参数的极大似然估计和非参数检验，从总体和行业层面，具体估计、检验和比较了中国工业企业规模和生产率的异质性特征。

基于西方企业规模与成长理论来研究中国企业规模与成长问题对中国企业规模与成长规律的解释可以更深入地理解中国企业的成长行为及其特征，也为制定推动中国企业成长的政策提供经验数据上的支持。传统规模经济理论认为，生产率是企业规模扩张的内在动力，企业能否获得规模经济效益取决于自身生产率的高低，生产率的提高会带来企业规模的扩张。经验研究也表明，企业生产率的差异是导致企业成长路径差异的重要原因（Aw，2002；Coad and Broekel，2012）。因此，对于中国企业规模与成长规律及其影响因素的研究同样不能忽视生产率这一因素。李洪亚（2014b）利用2005～2007年中国2万多家工业制造业企业数据，在吉布莱特定律的研究框架下实证研究了中国制造业企业研发投入、企业规模与成长之间的关系。结果表明，中国制造业企业规模与成长之间同样并不遵循吉布莱特定律，且企业研发投入对企业成长具有显著的正向影响，从而从企业研发投入视角解释了企业成长的差异性。研发投入是增进企业生产率的重要途径，这一研究成果对于理解生产率差异引起的企业成长的差异提供了经验证据。

然而，仍有一些方面可以丰富现有的研究。第一，限于研发投入数据的可得性，其研究结果没有考虑企业成长的动态性，以及生产率对企业成长影响的持续性。第二，虽然企业研发投入可以作为企业生产率的代理变量，但研发投入本身并不等同于生产率，在某些情况下，例如，在研发投入存在沉淀成本的情况下，研发投入还可能会导致生产率的下降。第三，以中小企业为主的中国工业制造业企业与以具有垄断性质的资源能源类为主的中国非制造业工业企业之间企业成长及其行为特征是有差异的，对于中国工业制造业企业成长及其行为特征的分析，并不一定适用于对中国非制造业工业企业成长及其行为特征的理解。鉴于此，本章通过直接测算企业生产率，并利用1998～2007年较长时期非制造业工业企业数据对此进行实证研究。此外，本章还探讨了企业规模、生产率对中国非制造业工业企业规模分布的影响。

第三节 模型、方法、变量与数据

一、模型与方法

本章的实证研究模型是基于关于企业规模与成长关系的随机理论模型吉布莱特定律进行构建的。严格意义上的吉布莱特定律认为，不管初期企业的规模如何，在给定时期内企业的预期成长率都是相同的。否则，如果企业的成长率或企业成长率的方差与企业的规模相关，吉布莱特定律将不成立。吉布莱特定律刻画了企业成长的随机过程，然而吉布莱特定律的假设过于严格，在现实中企业规模和成长之间很难满足吉布莱特定律成立的条件。

因此，围绕着吉布莱特定律成立与否的问题，经济学者们进行了众多的经验研究，经验上对于吉布莱特定律的检验也为分析影响企业成长的因素提供了一个实证研究框架。根据埃文斯（Evans，1987a，1987b）、蒙特和帕帕尼（Monte and Papagni，2003）、杨和黄（Yang and Huang，2005）的设定，企业成长不仅受企业规模的影响，还与企业年龄相关，三者之间的关系可以表示为：

$$EMP_{it} = G(EMP_{it-1}, AGE_{it-1})EMP_{it-1}e_{it} \tag{5-1}$$

其中，EMP_{it} 表示企业的规模，AGE_{it} 表示企业的年龄，$G(EMP_{it-1}, AGE_{it-1})$ 是企业规模和年龄的函数，e_{it} 是服从对数正态分布的随机干扰项。对公式（5-1）两边取对数，可得：

$$\ln EMPRATE_{it} = \ln EMP_{it} - \ln EMP_{it-1} = \ln G(EMP_{it-1}, EMP_{it-1}) + \mu_{it}$$
$$\tag{5-2}$$

其中，μ_{it} 是服从正态分布的随机干扰项。对公式（5-2）的 $\ln G(EMP_{it-1}, AGE_{it-1})$ 进行二阶展开，加入影响企业成长的异质性因素以及其他控制变量，得到本章的基本计量模型：

$$\begin{aligned} \ln EMPRATE_{it} = {} & \beta_1 \ln EMP_{it-1} + \beta_2 \ln AGE_{it-1} + \beta_3 (\ln EMP_{it-1})^2 \\ & + \beta_4 (\ln AGE_{it-1})^2 + \beta_5 (\ln EMP_{it-1}) \times (\ln AGE_{it-1}) \\ & + \alpha_0 \ln TFP_{it} + \phi \ln KL_{it} + \varphi D\_EX + \gamma D\_OWN \\ & + \eta D\_REG + \sum_h \xi_h IND_{ih} + \beta_0 + \mu_{it} \end{aligned} \tag{5-3}$$

其中，i 表示企业个体，t 表示时期（以年为单位）；企业的成长率用企业规模的变化率来表示，即 $\ln EMPRATE_{it} = \ln EMP_{it} - \ln EMP_{it-1}$；$EMP_{it-1}$ 和 AGE_{it-1} 分别表示企业的规模与年龄；TFP_{it} 表示企业的生产率，用全要素生产率来衡量；KL_{it} 是资本劳动比，以刻画企业成长的异质性；在其他控制变量中，D_EX 是企业是否是出口企业的虚拟变量，当企业是出口企业时为 1，否则为 0；D_OWN 是企业所有制虚拟变量，表示企业是国有企业为 1，否则为 0，用来考察企业的所有制类型对企业成长率的影响差异；D_REG 是地区虚拟变量，按照国家统计局划分标准①，可以把我国 31 个省份划分为东、中和西部地区，D_REG 表示东部地区为 1，中西部地区为 0。IND_{ih} 是一组两位数行业虚拟变量，根据中国工业行业划分标准②，可以把中国工业行业划分为 39 个工业大类，除去 30 个工业制造业大类，非制造业工业大类包括煤炭开采和洗选业、石油和天然气开采业、黑色金属矿采选业、有色金属矿采选业、非金属矿采选业、其他采矿业、电力和热力的生产和供应业、燃气的生产和供应业、水的生产和供应业等九个工业行业大类，所以，令 $h = 1, \cdots, 8$。

同时，考虑到企业成长的动态性，以及生产率对企业成长影响的持续性，对基本模型（5-3）进行了扩展，扩展模型设定为：

$$\begin{aligned} \ln EMPRATE_{it} = {} & \beta \ln EMPRATE_{it-1} + \beta_1 \ln EMP_{it-1} + \beta_2 \ln AGE_{it-1} \\ & + \beta_3 (\ln EMP_{it-1})^2 + \beta_4 (\ln AGE_{it-1})^2 \\ & + \beta_5 (\ln EMP_{it-1}) \times (\ln AGE_{it-1}) + \sum_{p=0}^{T} \alpha_P \ln TFP_{it-p} \\ & + \phi \ln KL_{it} + \varphi D\_EX + \gamma D\_OWN + \eta D\_REG \\ & + \sum_{h} \xi_h IND_{ih} + \beta_0 + \mu_{it} \end{aligned} \tag{5-4}$$

其中，$\ln EMPRATE_{it-1}$ 是被解释变量的一阶滞后项；p 是解释变量生产率 TFP_{it} 的滞后阶数。利用模型（5-3）和模型（5-4）可以检验吉布莱特定律并实证分析生产率对企业成长的影响效应。

（1）对于吉布莱特定律的检验，主要检验企业规模的系数是否显著为 0，如果企业规模的系数显著为 0，则企业成长率不受企业规模的影响，吉布莱特定律成立，否则，吉布莱特定律不成立。

---

① 东部地区包括北京、天津、河北、辽宁、上海、江苏、浙江、福建、山东、广东和海南 11 个省份；中部地区包括山西、吉林、黑龙江、安徽、江西、河南、湖北和湖南 8 个省份；西部地区包括内蒙古、广西、重庆、四川、贵州、云南、西藏、陕西、甘肃、青海、宁夏和新疆 12 个省份。

② 其划分标准根据《国民经济行业分类与代码》（2002 年版）进行划分。

（2）对于模型的估计，首先，作为比较，采用通常的 OLS 对模型（5-3）进行估计；其次，由于模型（5-4）的解释变量中包含了被解释变量的滞后项，以及技术进步等变量可能存在内生性，致使通常的 OLS 估计是有偏的。为使估计结果更为准确，采用由阿雷亚诺和博弗（Arellano and Bover，1995）、布伦德尔和邦德（Blundell and Bond，1998）开创的动态面板数据系统 GMM 估计（并采用两步系统 GMM 估计），该方法可以有效地克服估计中回归元的内生性问题。在使用该方法中，关键是有效工具变量的选取，以及残差项不存在自相关。对此，采用 AR(1) 和 AR(2) 检验对残差的序列相关性进行了检验，对工具变量的有效性进行了 SARGAN 检验。

二、变量与数据

（一）变量选取

1. 企业规模（EMP_{it}）和企业成长率（$\ln EMPRATE_{it}$）

通常选用企业的营业总收入、资产总额和就业人员总数来衡量企业规模，本章更倾向于关注生产率对企业就业变化的影响。

（1）一方面，企业生产率的提高，会减少单位产出的就业人数；另一方面，生产率的提高减少了有效劳动的成本也会使企业的产出增加，从而提高就业水平。因此，由于生产率的提高引起的企业就业变化一直引起产业组织研究者们的广泛关注。

（2）采用就业人员总数来衡量企业规模不需要考虑物价指数以及贴现率等因素的影响，会使分析的问题趋于简单。所以，本章采用企业的就业人员总数（EMP_{it}）来衡量企业规模。企业成长率（$\ln EMPRATE_{it}$）用企业规模的变化率来衡量，即 $\ln EMPRATE_{it} = \ln EMP_{it} - \ln EMP_{it-1}$。

2. 生产率（TFP）

对于企业 TFP 的测度，现有的研究表明利用 OP 法和 LP 法等半参数方法能够较好地解决传统计量方法中的内生性和样本选择问题。OP 法由奥利和帕克斯（Olley and Pakes，1996）提出，采用半参数估计方法利用投资作为不可观测生产率扰动因素的代理变量来估计生产函数使传统生产函数估计方法得到很大改进。而莱文森和佩特林（Levinsohn and Petrin，2003）的研究发现投资并一定是个很好的代理变量，例如，投资具有大量的调整成本、对于生产率冲击的反应不够灵敏等缺点，可能会导致估计结果不一致。并且，出于数据使用的考虑，OP 法的一个假定是要求代理变量（投资）与总产出始终保持严格的单调关系，这就意味着那些投资额为零的样本将会被删除。毕竟现实数据中中间投入为 0 的观测值比投资为 0 的要少得多；同时利用中间投入作为不可观测生产率扰动因素的代理变量可以在估计方法上与经济理论之间建立一种简单的联系。由此，LP 法采用中间投入作为这些不可观测生产率冲击的代理变量进行估计生产函数，而且莱文森和佩特林（Levinsohn and Petrin，2003）对 *TFP* 的实证研究中也显示了 LP 法的优越性。本章在选取数据信息时，为了避免受到企业进入与退出的影响，选取了数据库中每年连续出现的企业作为样本，并发现各年中国非制造业工业企业的中间投入数据也较为齐备，鉴于 LP 法的优越性，本章选择 LP 法进行估计中国非制造业工业企业的 *TFP*。计量模型设立为：

$$\ln Y_{it} = \beta_0 + \beta_l \ln L_{it} + \beta_k \ln K_{it} + \varphi D\_EX + \gamma D\_OWN$$
$$+ \eta D\_REG + \sum_h \xi_h IND_{ih} + \omega_{it} + \nu_{it} \qquad (5-5)$$

其中，Y_{it} 表示产出，L_{it} 是劳动投入，K_{it} 是资本投入①，D_EX、D_OWN、D_REG 和 IND_{ih} 分别表示出口企业、所有制、地区和行业的虚拟变量。误差项包括能够影响投入决策的不可观测的随机扰动项 ω_{it} 和与投入不相关的随机扰动项 ν_{it}，ω_{it} 和 ν_{it} 之间关键的差异在于 ω_{it} 是一个状态变量，能够影响到生产者的投入决策，这将会导致在生产函数估计中产生内生性问题，如果忽视 ω_{it} 与投入之间的联立性将会使估计不一致。因此，在使用 LP 估计时，采用中间投入 M_{it}（取对数）作为不可观测生产率的代理变量进行估计。进而根据估计的结果测算中国非制造业工业企业 *TFP*。

3. 企业年龄（AGE_{it}）

企业年龄根据企业成立时期和观测期计算得到，在模型中以对数的形式表示。企业年龄在企业成长动态中可以作为企业"干中学"效应的一个代理变量（Jovanovic，1982）。根据约万诺维奇（Jovanovic，1982）的

① 对于我国非制造业工业企业生产函数的估计，第一，根据现有文献的做法，选用工业增加值来衡量企业的产出，其中 1998～2007 年工业企业数据库中对于 2001 年和 2004 年工业增加值并没有直接给出，对于缺失年份的工业增加值，根据会计准则进行估算得到，其计算公式为：工业增加值＝工业总产值（现价）－工业中间投入＋增值税（刘小玄和李双杰，2008）。第二，用固定资产净值年平均余额来衡量资本投入。第三，用企业就业人员总数来衡量劳动投入。第四，中间投入数据直接取自《中国工业企业数据库》，数据库中包含了各年无论是否有中间投入的所有工业企业数据，但是有很小部分企业没有中间投入，如果将中间投入为 0 的企业样本删除将会造成数据信息的浪费。因此，为了避免运算错误，参考费希尔等（Fishe et al.，1979）与周亚虹等（2012），将所有中间投入为 0 的企业的中间投入从 0 改为 0.01（即改为非常小的值，其好处是这样小的中间投入根本不会对企业产出产生任何影响，而且避免 0 不能进行对数运算的缺陷）。

"学习"理论，当一个企业开始进入一个行业时，相对于其估计的行业内平均生产能力，企业的建立者通常会选择以更低的生产能力来决定企业的初始规模。然后，通过观察他的成本，按照贝叶斯学习过程进行修改他对行业内平均生产能力的估计，一些企业的管理者就会发现它们比另一些企业更加有效率，从而就会以更高的生产能力进行生产以此提高企业的成长率。

约万诺维奇的"学习"理论强调了市场选择的重要性，认为由于市场选择机制，有效率的企业将会成长和幸存下来，无效率的企业将会衰落或退出，并且有效率的企业将以更快的速度成长。因此，新进入的企业通常具有较低的存活率，然而能够幸存下来的企业由于效率较高反而能够以更快的速度成长。约万诺维奇的"学习"理论解释了企业规模与成长之间的负相关关系，也预示了年轻的企业比年长的企业有更高的成长率。同时，关于企业规模与成长关系的众多理论分析和实证研究表明企业成长具有"规模依赖"（size dependence）和"年龄依赖"（age dependence），企业的成长率不仅受到企业规模的影响，还受到企业年龄的影响。所以，在模型（5-3）和模型（5-4）中分别用企业规模的对数（$\ln EMP_{it-1}$）和企业年龄的对数（$\ln AGE_{it-1}$）及其二次项（（$\ln EMP_{it-1}$）^{2} 与 （$\ln AGE_{it-1}$）^{2}）和它们的交互项（$\ln EMP_{it-1} \times \ln AGE_{it-1}$）来考察企业规模和企业年龄对企业成长率的影响。

4. 资本劳动比（KL_{it}）与其他控制变量

根据多姆斯等（Doms et al., 1995）以及杨和黄（Yang and Huang, 2005）的建议，在企业成长回归模型中加入资本劳动比可以解释企业异质性，企业的资本劳动比用 KL_{it} 表示，用固定资产净值年平均余额与就业人员总数的比值来衡量。其他控制变量包括企业是否是出口企业的虚拟变量 D_EX、所有制虚拟变量 D_OWN、地区虚拟变量 D_REG 和行业虚拟变量 IND_{ih} 等。

（二）数据说明

本章使用的数据来源于上海财经大学高等研究院数据调研中心的"500万元产值以上工业企业统计年度库"（原始数据来源于国家统计局）。该数据库包括了 1998～2007 年所有 500 万元以上工业企业的众多指标，具有样本量大、指标齐全等优点，包括企业营业总收入、资产总额、就业人员总数、所有制、地区以及行业代码等基本数据信息。在选取数据信息时，为了避免受到企业进入退出的影响，选取了数据库中每年连续出现的企业作为样本。为了避免数据本身存在异常值的影响，首先按照通常的筛选标准，删除了样本数据中企业营业总收入、资产总额、就业人员总数、固定资产净值年平均余额、工业增加值以及企业年龄为0或为负等明显与事实不相符的样本；其次删除39个工业大类中的30个制造业大类的企业数据，样本数据中仅包含9个非制造业工业大类企业数据。通过以上筛选工作，最后得到了2394个企业样本。需要说明的是，在使用企业的各项指标进行变量构造时，均选用工业品出厂价格指数[1]进行了调整。各主要变量的数据描述性统计如表5-1所示。

表5-1　　　　　　　　　各主要变量数据的描述性统计

变量	观测值	均值	标准差	最小值	最大值
$\ln EMPRATE(t)$	20875	0.007	0.294	-7.580	5.719
$\ln EMP(t-1)$	20875	5.793	1.242	1.099	12.577
$(\ln EMP(t-1))^2$	20875	35.100	15.980	1.207	158.192
$\ln AGE(t-1)$	20875	3.094	0.713	0.000	4.860
$(\ln AGE(t-1))^2$	20875	10.078	4.053	0.000	23.618
$\ln EMP(t-1) \times \ln AGE(t-1)$	20875	18.163	6.558	0.000	55.782
$\ln TFP(t)$	23189	6.554	1.299	0.957	12.606
$\ln KL(t)$	23189	4.530	1.382	-2.472	14.399

本章关注的是主要变量企业规模与生产率对企业成长及其规模分布的影响。对于企业规模或生产率分布的正确认识可以为经济政策的制定提供参考，因为，企业规模或生产率的分布可以在很大程度上反映出该经济单元的生态特征或健康状态（杨其静等，2010；高凌云等，2014）。为考察中国非制造业工业企业规模与生产率的分布特性，本章分别采用核密度估计来刻画在1998～2007年中国非制造业工业企业规模与生产率的分布状况及演进特征、用单一样本的Kolmogorov-Smirnov（KS）检验方法来检验各年份样本是否服从正态分布[2]，用两个样本的KS检验方法来检验各年份样本两两是否服从同分布。

---

① 其中工业品出厂价格指数数据来自2008年《中国统计年鉴》。

② 为了便于比较，本书KS正态分布检验均采用标准正态分布进行检验，其中KS检验值衡量了样本数据的实际累积分布函数与标准正态分布的累积分布函数之间距离的大小，KS检验值越大说明样本数据越偏离标准正态分布，一般情况下KS检验的p值小于5%即拒绝样本数据符合标准正态分布的原假设。

核密度估计结果如图 5 - 1 和图 5 - 2 所示。图形显示在 1998 ~ 2007 年中国非制造业工业企业规模的均值呈上升趋势变化而标准差①呈下降趋

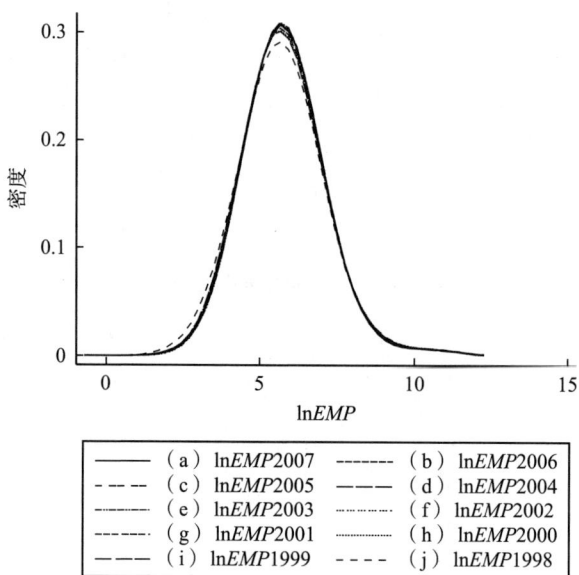

图 5 - 1   中国非制造业工业企业规模分布

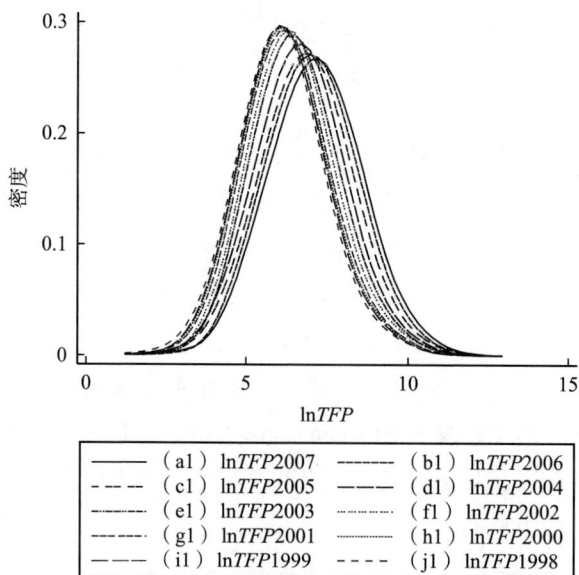

图 5 - 2   中国非制造业工业企业 TFP 分布

---

①   企业规模的方差（标准差）可以表示行业的集中度，方差越大，说明行业集中度越小，反之，说明行业集中度越大。

势变化，而企业生产率的均值和标准差均呈上升变化趋势，反映了1998～2007年中国非制造业工业企业的规模与生产率分布走向的差异。KS正态分布检验与KS同分布检验（根据KS检验的p值进行判断）结果显示（见表5－2），1998～2007年中国非制造业工业企业的规模与生产率的对数均不服从正态分布，且各年企业生产率两两均不服从同分布，而各年企业规模两两均服从同分布，生产率分布与企业规模分布具有显著的差异性。

表5－2 KS正态分布与同分布检验结果

KS检验正态分布		KS检验同分布		KS检验正态分布		KS检验同分布	
样本	p值	样本	p值	样本	p值	样本	p值
(a) ln*EMP*2007	0.0000	(a)＝(b)	0.9979	(a1) ln*TFP*2007	0.0000	(a1)＝(b1)	0.000
(b) ln*EMP*2006	0.0000	(b)＝(c)	0.9999	(b1) ln*TFP*2006	0.0000	(b1)＝(c1)	0.000
(c) ln*EMP*2005	0.0000	(c)＝(d)	1.0000	(c1) ln*TFP*2005	0.0000	(c1)＝(d1)	0.000
(d) ln*EMP*2004	0.0000	(d)＝(e)	0.9999	(d1) ln*TFP*2004	0.0000	(d1)＝(e1)	0.000
(e) ln*EMP*2003	0.0000	(e)＝(f)	0.9910	(e1) ln*TFP*2003	0.0000	(e1)＝(f1)	0.000
(f) ln*EMP*2002	0.0000	(f)＝(g)	0.9373	(f1) ln*TFP*2002	0.0000	(f1)＝(g1)	0.000
(g) ln*EMP*2001	0.0000	(g)＝(h)	0.9997	(g1) ln*TFP*2001	0.0000	(g1)＝(h1)	0.000
(h) ln*EMP*2000	0.0000	(h)＝(i)	0.9994	(h1) ln*TFP*2000	0.0000	(h1)＝(i1)	0.000
(i) ln*EMP*1999	0.0000	(i)＝(j)	0.1922	(i1) ln*TFP*1999	0.0000	(i1)＝(j1)	0.000
(j) ln*EMP*1998	0.0000	—	—	(j1) ln*TFP*1998	0.0000	—	—

注：ln*EMP*2007和ln*TFP*2007分别表示2007年企业的规模和生产率，其他年份具有相似的表达。

可见，1998～2007年中国非制造业工业企业规模与生产率的变化具有一定的规律性。其对企业成长及其规模分布会产生什么样的影响，是否也具有一定的规律性？这需要进一步进行实证研究。

第四节 估计结果及其分析

一、基本模型估计结果

首先采用OLS对基本模型（5－3）进行估计，结果如表5－3中模型

（A1）~模型（A3）。并对在基本模型（5-3）中加入被解释变量一阶滞后项的模型采用了动态面板数据模型两步系统 GMM 进行了估计，估计结果如表 5-3 中模型（A4）~模型（A6）所示。估计结果显示，Sargan 检验不能拒绝工具变量有效性的原假设；残差序列相关性检验表明，差分后的残差只存在一阶序列相关而无二阶序列相关，由此断定原模型的误差项无序列相关性。由此可见，系统 GMM 估计结果是有效的。系统 GMM 估计与 OLS 估计的系数具有差异，同时对 GMM 估计的模型和 OLS 估计的模型进行 Hausman 检验，Hausman 检验结果均拒绝 GMM 估计和 OLS 估计的变量系数没有显著差异的原假设，说明 OLS 估计确实存在内生性问题，GMM 估计更为准确。且模型（A4）~模型（A6）的估计结果基本一致，说明结果具有稳健性。

表 5-3　　　　　　　　　　基本模型的估计结果

变量	OLS			GMM		
	（A1）	（A2）	（A3）	（A4）	（A5）	（A6）
$\ln EMPRATE(t-1)$				0.028 *** (0.011)	0.031 *** (0.011)	0.030 *** (0.010)
$\ln EMP(t-1)$	-0.082 *** (0.002)	-0.082 *** (0.002)	-0.239 *** (0.010)	-1.185 *** (0.023)	-1.188 *** (0.023)	-1.176 *** (0.076)
$(\ln EMP(t-1))^2$			0.012 *** (0.001)			0.0001 (0.006)
$\ln AGE(t-1)$		0.002 (0.003)	-0.125 *** (0.019)		0.206 *** (0.028)	-0.120 (0.146)
$(\ln AGE(t-1))^2$			0.024 *** (0.003)			0.085 *** (0.019)
$\ln EMP(t-1) \times$ $\ln AGE(t-1)$			-0.0004 (0.002)			-0.004 (0.020)
$\ln TFP(t)$	0.059 *** (0.002)	0.059 *** (0.002)	0.058 *** (0.002)	-0.001 (0.006)	-0.007 (0.006)	-0.010 (0.006)
$\ln KL(t)$	-0.049 *** (0.002)	-0.049 *** (0.002)	-0.054 *** (0.002)	-0.195 *** (0.016)	-0.200 *** (0.016)	-0.203 *** (0.017)
D_EX	0.084 *** (0.013)	0.084 *** (0.013)	0.047 *** (0.013)	-0.004 (0.014)	-0.003 (0.014)	-0.004 (0.014)

续表

变量	OLS			GMM		
	（A1）	（A2）	（A3）	（A4）	（A5）	（A6）
D_OWN	0.040 ***	0.039 ***	0.037 ***	0.021 *	0.025 **	0.026 **
	(0.005)	(0.005)	(0.005)	(0.012)	(0.012)	(0.012)
D_REG	0.015 ***	0.015 ***	0.015 ***	−0.871	−0.807	−0.806
	(0.005)	(0.005)	(0.005)	(0.747)	(0.727)	(0.717)
IND	yes	yes	yes	yes	yes	yes
常数项	0.267 ***	0.263 ***	0.911 ***	9.055 ***	8.278 ***	8.359 ***
	(0.015)	(0.016)	(0.047)	(0.506)	(0.487)	(0.598)
观测值	20875	20875	20875	18454	18454	18454
Wald chi2	1693.75	1694.12	2086.41	6228.31	6819.65	6819.65
AR(1)				0.0015	0.0008	0.0004
AR(2)				0.8529	0.9740	0.8862
Sargan				0.1736	0.2434	0.2433
Hausman	0.0000	0.0000	0.0000			

注：括号内是各自估计系数的标准误，***、** 和 * 分别表示1%、5%和10%的显著性水平。

以模型（A6）进行分析，结果显示：

（1）企业规模的一次项对企业成长具有显著负向影响，显示中国非制造业工业企业规模与成长之间并不遵循吉布莱特定律，企业规模的二次项对企业成长的影响不显著；企业年龄的一次项对企业成长的影响不显著，其二次项对企业成长具有显著正向影响；企业规模与企业年龄的交互项对企业成长影响不显著。在控制其他变量后，企业规模和年龄对企业成长率总的影响效应分别用 $E_{EMP} = \partial \ln G(EMP_{it-1}, AGE_{it-1})/\partial \ln EMP_{it-1}$ 和 $E_{AGE} = \partial \ln G(EMP_{it-1}, AGE_{it-1})/\partial \ln AGE_{it-1}$ 来衡量。在样本均值处，$E_{EMP} = -1.176$、$E_{AGE} = 0.5259$，平均来看企业规模与企业成长之间呈负相关关系，而企业年龄对企业成长具有正向影响，这与约万诺维奇（Jovanovic，1982）的"学习"理论模型的预测不完全一致，约万诺维奇（Jovanovic，1982）的"学习"理论预测，企业年龄越长企业的成长率越低，而对于中国非制造业工业企业的回归结果显示中国非制造业工业企业年龄越长企业成长率越高。一种合理的解释在于中国非制造业工业主要是资源能源类行业，一般来说属于基础性行业，行业中企业一般来说规模较大、年龄较长，具有明显的垄断性质和国有性质，特有的中国非制造业工业企业性质决定着中国非制造业工业企业成长及其行为特征。

（2）生产率对企业成长的影响并没有显示出显著的正向影响，这与OLS 估计的结果具有明显的差异。OLS 估计的结果显示生产率对企业成长具有显著的正向影响，而 GMM 估计结果均不显著。然而，加入生产率滞后项的扩展模型的估计结果（见表 5 - 4）显示生产率虽然对当期企业成长的影响不显著，但在以后各期，生产率对企业成长却呈现出长期的持续的正向影响。这一结果说明了生产率对中国非制造业工业企业成长的影响具有滞后性和长期性，也反映了生产率对中国非制造业工业企业成长的影响具有内生性。这一结果的政策含义在于推动中国非制造业工业企业成长的政策取向应该放在企业生产率的提高上而非企业的规模上，因为企业规模的扩张会制约中国非制造业工业企业的成长而生产率的提高对中国非制造业工业企业的成长具有长期的持续的正向影响。

表 5 - 4　　　　　　　　　　扩展模型的估计结果

变量	（B1）	（B2）	（B3）	（B4）	（B5）	（B6）
$\ln EMPRATE(t-1)$	0.030 *** （0.010）	0.032 *** （0.011）	0.028 *** （0.011）	0.042 *** （0.014）	0.042 *** （0.014）	0.044 ** （0.017）
$\ln EMP(t-1)$	-1.176 *** （0.076）	-1.167 *** （0.076）	-1.159 *** （0.075）	-1.179 *** （0.077）	-1.120 *** （0.083）	-1.187 *** （0.098）
$(\ln EMP(t-1))^2$	0.0001 （0.006）	-0.001 （0.006）	-0.001 （0.006）	-0.005 （0.006）	-0.013 * （0.007）	-0.011 （0.007）
$\ln AGE(t-1)$	-0.120 （0.146）	-0.045 （0.145）	-0.010 （0.147）	-0.114 （0.173）	-0.298 （0.205）	-0.158 （0.267）
$(\ln AGE(t-1))^2$	0.085 *** （0.019）	0.058 *** （0.019）	0.041 ** （0.020）	0.031 （0.026）	0.023 （0.032）	-0.036 （0.044）
$\ln EMP(t-1) \times$ $\ln AGE(t-1)$	-0.004 （0.020）	-0.006 （0.020）	-0.005 （0.020）	0.009 （0.022）	0.025 （0.022）	0.033 （0.027）
$\ln TFP(t)$	-0.010 （0.006）	-0.001 （0.006）	0.002 （0.006）	0.005 （0.006）	0.006 （0.007）	0.012 （0.008）
$\ln TFP(t-1)$		0.031 *** （0.004）	0.037 *** （0.004）	0.042 *** （0.004）	0.043 *** （0.005）	0.043 *** （0.005）
$\ln TFP(t-2)$			0.019 *** （0.004）	0.028 *** （0.004）	0.034 *** （0.004）	0.038 *** （0.005）

续表

变量	（B1）	（B2）	（B3）	（B4）	（B5）	（B6）
$\ln TFP(t-3)$				0.016 *** (0.004)	0.024 *** (0.005)	0.028 *** (0.005)
$\ln TFP(t-4)$					0.018 *** (0.004)	0.026 *** (0.005)
$\ln TFP(t-5)$						0.019 *** (0.005)
$\ln KL(t)$	−0.203 *** (0.017)	−0.203 *** (0.017)	−0.203 *** (0.017)	−0.200 *** (0.017)	−0.224 *** (0.020)	−0.239 *** (0.023)
D_EX	−0.004 (0.014)	−0.002 (0.014)	−0.002 (0.014)	−0.007 (0.015)	−0.005 (0.016)	−0.003 (0.016)
D_OWN	0.026 ** (0.012)	0.027 ** (0.012)	0.028 ** (0.012)	0.030 ** (0.012)	0.030 ** (0.012)	0.026 * (0.014)
D_REG	−0.806 (0.717)	−0.795 (0.705)	−0.731 (0.700)	−1.082 * (0.615)	0.602 (3.320)	−0.155 (11.303)
IND	yes	yes	yes	yes	yes	yes
常数项	8.359 *** (0.598)	8.195 *** (0.600)	8.115 *** (0.606)	7.740 *** (0.609)	6.945 *** (0.931)	4.053 (4.439)
观测值	18454	18454	18370	15997	13650	11337
Wald chi2	6819.65	6841.05	6944.33	21770.62	6562.94	80685.42
AR（1）	0.0004	0.0001	0.0002	0.0834	0.0006	0.4682
AR（2）	0.8862	0.6516	0.3268	0.8804	0.9377	0.3354
Sargan	0.2433	0.2252	0.2203	0.4558	0.4082	0.6181

注：括号内是各自估计系数的标准误，*** 、** 和 * 分别表示1%、5%和10%的显著性水平。

（3）其他结果显示：第一，中国非制造业工业企业成长具有持续性，前期的成长均可以推动当期企业成长率。第二，资本劳动比的提高对以就业增长来衡量的中国非制造业工业企业成长率均呈负向影响，反映中国非制造业工业企业成长过程中生产要素配置的差异对企业成长的影响效应。第三，出口对中国非制造业工业企业成长影响不显著，说明以资源能源类为主的中国工业企业并不是以出口为导向的；地区差异对中国非制造业工业企业成长影响不显著，说明中国东中西部地区企业对于资源能源的开发与利用各有优势。第四，通常认为中国国有企业的所有制性质导致企业效率低下会制约企业的成长，而对于以资源能源类为主的中国非制造业工业企业来说，企业的国有性质平均来看对于中国非制造业工业企业成长（以企业就业增长来衡量）却呈现出显著的正向影响。

二、扩展模型的估计结果

为考察生产率对中国非制造业工业企业成长影响的持续性效应，本章对扩展模型（5-4）进行估计，同样选择动态面板数据模型两步系统GMM进行估计。对于生产率 $\ln TFP$ 的滞后阶数 p 的选取，本章是基于经验的而非理论的，根据模型的估计结果，p 最小取 0、最大取 5，结果如表5-4中模型（B1）~模型（B6）所示。AR（1）和 AR（2）检验与 Sargan检验结果均表明，各模型估计的结果是有效的。估计结果一致显示，当期生产率对企业成长的影响不显著，滞后一期的生产率对企业成长率的影响效应达到最大，以后各期逐渐下降。这一结果说明生产率对中国非制造业工业企业的成长具有长期的持续的正向效应。其余结果与基本模型（5-3）估计的结果基本一致，这里不再讨论。

三、不同行业的估计结果

中国非制造业工业主要包括煤炭开采和洗选业（B6）[①]、石油和天然气开采业（B7）、黑色金属矿采选业（B8）、有色金属矿采选业（B9）、非金属矿采选业（B10）、其他采矿业（B11）、电力和热力的生产和供应业（D44）、燃气的生产和供应业（D45）、水的生产和供应业（D46）等9个工业大类，主要是能源资源类行业，都属于国民基础性行业。鉴于行业之间的差异性，本章对此分类回归。除去样本较少的其他采矿业（B11），并把样本较少的石油和天然气开采业（B7）与煤炭开采和洗选业（B6）合并以外，其他行业均单独划分，共分为7大类。

同样，对于不同行业分别构建了包含被解释变量一阶滞后项的动态面板数据模型，并采用系统 GMM 进行估计。估计结果如表5-5中模型（C1）~模型（C7）所示，结果显示：

（1）企业规模的一次项除黑色金属矿采选业外对企业成长均具有显著的负向影响，而且从样本均值上看，如表5-6所示，不同行业的企业规

---

① 括号内为行业代码，其划分标准根据《国民经济行业分类与代码》（2002年版）进行划分。

模对企业成长也均呈负向影响，说明不同行业的中国非制造业工业企业规模与成长均不服从吉布莱特定律。同样采用核密度估计、KS 检验来探测不同行业的中国非制造业工业企业的规模分布状况，以 2007 年为例，如图 5 – 3 和表 5 – 7 所示。KS 同分布检验结果显示，2007 年中国非制造业各行业除黑色金属矿采选业和有色金属矿采选业、有色金属矿采选业和非金属矿采选业、黑色金属矿采选业和燃气的生产和供应业外，其余各行业两两均不服从同分布；KS 正态分布检验结果显示，各行业企业规模（取对数）均不服从正态分布。其他年份的检验结果基本相似，限于篇幅均没有在文中列出。

表 5 – 5　　　　　　　　　　　　不同行业的估计结果

变量	(C1)	(C2)	(C3)	(C4)	(C5)	(C6)	(C7)
	B6 ~ B7	B8	B9	B10	D44	D45	D46
$\ln EMPRATE$ $(t-1)$	0.069 *** (0.016)	– 0.082 *** (0.018)	0.194 *** (0.031)	0.042 (0.036)	0.021 (0.018)	– 0.143 *** (0.011)	0.109 *** (0.014)
$\ln EMP(t-1)$	– 1.495 *** (0.138)	– 0.322 (0.241)	– 2.042 *** (0.223)	– 1.522 *** (0.211)	– 0.908 *** (0.132)	– 0.941 *** (0.097)	– 0.816 *** (0.130)
$(\ln EMP$ $(t-1))^2$	– 0.005 (0.009)	0.012 (0.011)	0.042 *** (0.011)	0.026 ** (0.012)	– 0.004 (0.011)	0.080 *** (0.017)	– 0.068 *** (0.008)
$\ln AGE(t-1)$	0.035 (0.564)	0.885 (1.162)	0.773 (1.029)	0.882 (0.942)	– 0.264 (0.341)	– 3.172 *** (0.640)	0.203 (0.346)
$(\ln AGE$ $(t-1))^2$	– 0.229 * (0.118)	0.089 (0.213)	– 0.243 (0.164)	– 0.357 ** (0.178)	0.098 (0.062)	0.916 *** (0.130)	– 0.061 (0.061)
$\ln EMP(t-1) \times$ $\ln AGE(t-1)$	0.095 ** (0.046)	– 0.209 *** (0.065)	0.108 (0.066)	0.053 (0.049)	– 0.048 (0.036)	– 0.240 *** (0.043)	0.067 * (0.036)
$\ln TFP(t)$	0.049 *** (0.017)	0.053 ** (0.022)	– 0.113 *** (0.023)	0.005 (0.024)	– 0.005 (0.008)	0.008 (0.009)	– 0.016 ** (0.006)
$\ln TFP(t-1)$	0.063 *** (0.012)	0.005 (0.016)	0.100 *** (0.016)	0.050 ** (0.025)	0.033 *** (0.006)	0.021 ** (0.008)	0.009 (0.007)
$\ln TFP(t-2)$	0.063 *** (0.012)	0.043 ** (0.019)	0.100 *** (0.013)	0.068 *** (0.026)	0.025 *** (0.006)	– 0.010 (0.008)	0.022 *** (0.007)
$\ln TFP(t-3)$	0.050 *** (0.013)	0.037 ** (0.017)	0.099 *** (0.020)	0.049 ** (0.025)	0.024 *** (0.007)	– 0.017 (0.011)	0.012 * (0.007)
$\ln TFP(t-4)$	0.032 *** (0.012)	– 0.006 (0.024)	0.040 ** (0.018)	0.051 ** (0.022)	0.029 *** (0.007)	– 0.037 *** (0.011)	0.018 *** (0.007)

续表

变量	(C1) B6~B7	(C2) B8	(C3) B9	(C4) B10	(C5) D44	(C6) D45	(C7) D46
$\ln TFP(t-5)$	0.007 (0.010)	0.086 ** (0.033)	0.007 (0.016)	0.033 ** (0.016)	0.020 *** (0.007)	0.028 ** (0.011)	0.017 *** (0.006)
$\ln KL(t)$	-0.188 *** (0.028)	-0.328 *** (0.034)	-0.242 *** (0.021)	-0.286 *** (0.032)	-0.293 *** (0.040)	-0.326 *** (0.023)	-0.093 *** (0.018)
D_EX	-0.002 (0.031)	0.166 * (0.096)	-0.075 * (0.039)	-0.058 (0.039)	-0.004 (0.016)	-0.285 *** (0.073)	0.029 (0.027)
D_OWN	0.034 (0.037)	0.415 *** (0.138)	-0.004 (0.101)	0.076 (0.065)	-0.032 (0.021)	0.113 *** (0.025)	0.070 *** (0.021)
D_REG	3.496 * (1.852)	0.226 (0.595)	7.153 ** (2.920)	-0.022 (0.772)	0.452 (0.686)	-0.567 (0.346)	1.942 ** (0.883)
IND	no	no	no	no	no	no	no
常数项	8.660 *** (1.087)	1.096 (1.846)	6.509 *** (1.794)	7.043 *** (1.833)	6.654 *** (0.711)	9.796 *** (0.943)	4.115 *** (0.824)
观测值	2069	305	240	570	4895	196	3058
Wald chi2	2495.24	13601.03	26179.24	2688.69	3691.26	674456.46	15943.54
AR(1)	0.1767	0.0826	0.2611	0.8805	0.0084	0.0647	0.3915
AR(2)	0.7120	0.6085	0.7231	0.5885	0.9644	0.1875	0.1212
Sargan	0.3562	0.1683	0.7445	0.4948	0.2872	0.6381	0.1036

注：括号内是各自估计系数的标准误，***、** 和 * 分别表示1%、5%和10%的显著性水平。

表5-6　　　　　　不同行业企业在样本均值处企业规模与
年龄对企业成长的影响效应

变量	全样本	行业样本						
		B6~B7	B8	B9	B10	D44	D45	D46
$\ln EMP(t-1)$ (mean)	5.7928	6.678	5.617	5.535	5.565	5.826	5.606	5.232
$\ln AGE(t-1)$ (mean)	3.0936	3.131	2.683	2.954	2.956	3.023	2.878	3.282
E_{EMP}	-1.1760	-1.198	-0.561	-1.577	-1.233	-0.908	-0.735	-1.308
E_{AGE}	0.5259	-0.799	-1.174	0.000	-2.111	0.000	0.755	0.351

注：①$\ln EMP(t-1)$ (mean) 和 $\ln AGE(t-1)$ (mean) 分别表示 $\ln EMP(t-1)$ 和 $\ln AGE(t-1)$ 的均值；②在控制了其他变量后，企业规模和年龄对企业成长率总的影响效应分别可以用 $E_{EMP} = \partial \ln G(EMP_{it-1}, AGE_{it-1})/\partial \ln EMP_{it-1}$ 和 $E_{AGE} = \partial \ln G(EMP_{it-1}, AGE_{it-1})/\partial \ln AGE_{it-1}$ 来衡量。

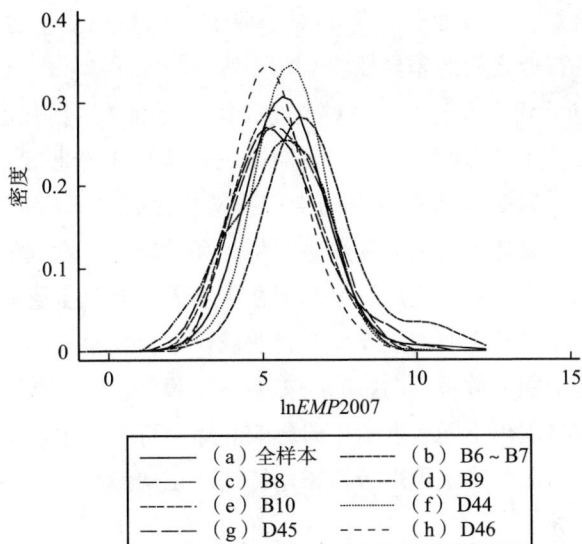

图 5 - 3 不同行业的中国非制造业工业企业规模分布

注：lnEMP2007 表示 2007 年企业的规模。

表 5 - 7 2007 年不同行业的中国非制造业企业规模的
KS 正态分布与同分布检验结果

KS 检验正态分布		KS 检验同分布	
行业样本	p 值	行业样本	p 值
（a）全样本	0.0000	（a）=（b）	8.0926e-022
（b）B6~B7	0.0000	（b）=（c）	8.5186e-008
（c）B8	7.0597e-061	（c）=（d）	0.5768
（d）B9	3.0738e-049	（d）=（e）	5.7722e-007
（e）B10	2.2862e-115	（e）=（f）	0.0300
（f）D44	0.0000	（f）=（g）	0.0110
（g）D45	1.4526e-037	（g）=（h）	0.6183
（h）D46	0.0000	—	—

（2）企业年龄的一次项除燃气的生产与供应业对企业成长呈显著的负向影响外，其余各行业均不显著；企业年龄的二次项结果显示，煤炭开采和洗选业与石油和天然气开采业、非金属矿采选业对企业成长呈显著的负向影响，燃气的生产和供应业对企业成长呈显著的正向影响，其余行业均不显著；企业年龄与企业规模的交互项对企业成长的影响是有差异的；并

且在样本均值处，各行业企业年龄对企业成长的影响效应也并不完全相同，反映了各行业之间的差异性。

（3）不同行业企业的生产率对企业成长的影响虽然具有差异，但均呈现出长期持续的正向影响。其中，当期煤炭开采和洗选业与石油和天然气开采业、黑色金属矿采选业企业的生产率对企业成长率呈显著的正向影响，而非金属矿采选业、电力和热力的生产和供应业、燃气的生产和供应业当期企业的生产率对企业成长率影响并不显著，有色金属矿采选业与水的生产和供应业当期企业的生产率对企业成长率反而呈负向影响。而以后各期各行业除个别系数呈负向影响或影响不显著外，大多数对企业成长率的影响系数都呈现出不同程度的正向影响。综上可见，生产率对中国非制造业工业企业的成长确实可以带来长期持续的正向影响，而各行业之间又具有一定的差异。

其他变量的结果显示：第一，在企业成长的持续性方面不同行业企业之间呈现出不同程度的差异。第二，资本劳动比的提高对以就业增长来衡量的企业成长率均呈负向影响。第三，出口对于不同行业的中国非制造业工业企业成长的影响具有差异，其中，黑色金属矿采选业企业的出口可以推动企业的成长，煤炭开采和洗选业与石油和天然气开采业、非金属矿采选业、电力和热力的生产和供应业、水的生产和供应业企业的出口对企业的成长并没有显著影响，而有色金属矿采选业与燃气的生产和供应业企业的出口却会带来企业成长率的下降。第四，不同行业企业所有制对企业成长的影响也并不完全相同，其中企业的国有性质能够对企业成长带来正向影响的行业有黑色金属矿采选业、燃气的生产和供应业、水的生产和供应业，其他行业企业的国有性质对企业成长的影响并不显著。第五，地区对企业成长的影响在不同行业之间也并不完全相同，其中煤炭开采和洗选业、石油和天然气开采业、有色金属矿采选业、水的生产和供应业企业在东部地区对企业成长具有显著的正向影响，其他行业企业在东部并没有显示出显著的成长优势。

第五节　进一步的实证研究：对企业规模分布影响的估计

以上结果表明中国非制造业工业企业规模与成长并不遵循吉布莱特定律。企业规模对企业成长呈显著的负向影响，而生产率对企业成长具有明显的促进作用。企业成长过程反映了企业规模变化的动态演进过程，实证结果也表明中国非制造业工业企业规模分布也并不完全遵循对数正态分布。那么，企业规模与生产率对中国非制造业工业企业规模分布会产生什么样的影响？本章将尝试对企业规模、生产率对企业规模分布的影响进行实证研究。为此，构造如下模型：

$$Mean_{it}(S.D._{it}, Ksstat_{it}) = \beta Mean_{it-1}(S.D._{it-1}, Ksstat_{it-1}) + \beta_1 \ln EMP_{it-1}$$
$$+ \beta_2 \ln AGE_{it-1} + \beta_3 (\ln EMP_{it-1})^2 + \beta_4 (\ln AGE_{it-1})^2$$
$$+ \beta_5 (\ln EMP_{it-1}) \times (\ln AGE_{it-1}) + \sum_{p=0}^{T} \alpha_p \ln TFP_{it-p}$$
$$+ \phi \ln KL_{it} + \sum_{h} \xi_h IND_{ih} + \beta_0 + \mu_{it} \qquad (5-6)$$

其中，i 表示行业大类[①]，t 表示时期（以年为单位）。被解释变量为刻画各行业企业规模分布特征的变量，包括企业规模（取对数）的均值 $Mean_{it}$、标准差 $S.D._{it}$、企业规模是否服从正态分布的 KS 检验值 $Ksstat_{it}$[②]。主要解释变量为企业的规模 $\ln EMP_{it-1}$、年龄 $\ln AGE_{it-1}$ 和生产率 $\ln TFP_{it}$。同样模型中加入了企业规模与企业年龄的二次项及其交互项，并考虑生产率对企业规模分布影响的持续效应，加入生产率的滞后期，其中 p 为滞后阶数，根据经验结果，模型中生产率的滞后阶数最大取 2 阶。主要控制变量为 $\ln KL_{it}$，以及其他控制变量（包括行业虚拟变量 IND_{ih}），μ_{it} 是随机扰动项。主要解释变量与控制变量的数据均为各行业各年的均值。

同样，采用包含被解释变量一阶滞后项的动态面板数据模型，并采用系统 GMM 估计，根据系统 GMM 估计权重矩阵的不同选取，系统 GMM 估计又可分为一步系统 GMM 估计和两步系统 GMM 估计，相比一步法，两步法不容易受到异方差的干扰，一般情况下两步法要优于一步法，但是在有限样本条件下，两步法的标准误可能产生向下偏倚，从而影响统计推断（Bond et al.，2002）。因此，对模型（5-6）本章采用一步估计方法进行估计，估计结果如表 5-8 所示。表 5-8 中列出了包含生产率二阶滞后项的估计结果如模型（D4）~模型（D6）所示。同时与不考虑生产率滞后项对企业规模分布影响的估计结果模型（D1）~模型（D3）进行比较，显示出生产率对企业规模分布影响的滞后性。

---

① 与以上划分相同，分成七大类进行分析。
② 本章 KS 正态分布检验均采用标准正态分布进行检验，其中，KS 检验值衡量了样本数据的实际累积分布函数与标准正态分布的累积分布函数之间距离的大小，KS 检验值越大说明样本数据越偏离标准正态分布，因此，KS 检验值可以衡量企业规模偏离正态分布的程度。

表 5 - 8　　　　　　　　　　　对企业规模分布影响的估计结果

变量	(D1)	(D2)	(D3)	(D4)	(D5)	(D6)
	Mean	S. D.	Ksstat	Mean	S. D.	Ksstat
S. D. ($t-1$)		0.452** (0.195)			0.365** (0.182)	
Ksstat($t-1$)			0.082 (0.097)			0.100 (0.083)
lnEMP($t-1$)	0.354 (0.931)	-0.398 (0.997)	0.097* (0.056)	-3.786*** (1.259)	-1.071 (1.633)	0.127* (0.075)
(lnEMP($t-1$))²	-0.002 (0.078)	0.034 (0.078)	-0.006* (0.004)	0.357*** (0.116)	0.116 (0.132)	-0.007 (0.005)
lnAGE($t-1$)	-1.799*** (0.316)	0.291 (0.388)	-0.018 (0.018)	-2.249*** (0.359)	0.419 (0.492)	0.014 (0.038)
(lnAGE($t-1$))²	0.257*** (0.046)	-0.063 (0.062)	0.012* (0.007)	0.285*** (0.063)	-0.014 (0.056)	0.010 (0.007)
lnEMP($t-1$) × lnAGE($t-1$)	0.050 (0.041)	-0.002 (0.038)	-0.008 (0.005)	0.104 (0.073)	-0.091* (0.054)	-0.012 (0.010)
lnTFP(t)	0.025* (0.014)	0.027 (0.026)	-0.002** (0.001)	0.057** (0.029)	0.041 (0.030)	-0.010 (0.007)
lnTFP($t-1$)				-0.019 (0.057)	-0.047 (0.041)	0.015 (0.009)
lnTFP($t-2$)				-0.049 (0.067)	0.072** (0.035)	-0.007* (0.003)
lnKL(t)	-0.133*** (0.027)	0.047 (0.052)	-0.003 (0.002)	-0.098*** (0.025)	0.043 (0.062)	-0.004*** (0.001)
IND	yes	yes	yes	yes	yes	yes
常数项	6.255** (3.126)	1.364 (3.443)	0.664*** (0.101)	18.471*** (3.867)	3.075 (5.316)	0.508** (0.199)
观测值	63	63	63	56	56	56
Wald chi2	206.47	8.38e+10	6.24e+06	179.71	1564.63	345.00
AR(1)	0.090	0.114	0.193	0.130	0.101	0.157
AR(2)	0.126	0.957	0.241	0.189	0.294	0.217
Hensan	1.000	1.000	1.000	1.000	1.000	1.000

注：①括号内是各自估计系数的标准误，***、**和*分别表示1%、5%和10%的显著性水平。②采用一步系统GMM估计，可能存在异方差的干扰导致Sargen检验不是有效的，因此，这里采用Hansen检验进行检验工具变量的有效性。

以包含生产率二阶滞后项的结果进行分析，结果显示：首先，企业规模的一次项对行业企业规模的均值具有显著的负向影响，二次项对行业企业规模的均值具有显著正向影响，与年龄的交互项对行业企业规模均值的影响不显著，在样本均值处对企业规模均值的影响效应为 0.3501；企业规模的一次项以及二次项对企业规模的标准差影响不显著，与年龄的交互项对企业规模的标准差具有显著的负向影响，在样本均值处对企业规模的标准差的影响效应为 -0.2815；KS 统计值的结果显示，企业规模对 KS 统计值具有显著的正向影响，反映了企业规模的扩张会使得企业规模分布更偏离正态分布。其次，企业年龄的一次项对企业规模的均值具有显著的负向影响，二次项对企业规模的均值具有显著正向影响，与企业规模的交互项对企业规模的均值的影响不显著，在样本均值处对企业规模均值的影响效应为 -0.4856；企业年龄的一次项以及二次项对企业规模的标准差影响不显著，与企业规模的交互项对企业规模的标准差具有显著的负向影响，在样本均值处对企业规模的标准差的影响效应为 -0.5271；KS 统计值的结果显示企业年龄对 KS 统计值的影响不显著。最后，生产率的估计结果显示生产率的提高可以扩大平均企业规模、增大企业规模的标准差从而削减行业的集中度（用企业规模的标准差来衡量），使得企业规模分布更趋向正态分布。

第六节 小结与政策建议

采用 1998～2007 年中国非制造业工业企业相关数据，本章对企业规模与生产率对中国非制造业工业企业成长及企业规模分布的影响进行了实证研究。结果表明：首先，中国非制造业工业企业规模与成长之间并不遵循吉布莱特定律，企业规模对企业成长呈现出显著的负向影响；而生产率的提高对企业的成长呈现出显著的正向影响，且影响具有滞后性、长期性和持续性。其次，企业规模的扩张会带来平均企业规模的扩大与行业集中度的上升，使得企业规模（对数）分布更倾向于偏离正态分布；而生产率的提高在使得平均企业规模扩大的同时却会使得行业集中度下降，使得企业规模更趋向正态分布。此外，在吉布莱特定律的研究框架下，本章还分析了企业的年龄、产权特征、地区差异以及出口需求等因素对中国非制造业工业企业成长的不同效应。从整体上来看，企业年龄与企业的国有性质对中国非制造业工业企业成长具有显著的正向影响，而地区差异与出口需求对中国非制造业工业企业成长的影响并不显著。通过对不同行业中国非制造业工业企业的分类研究，本章发现了针对中国非制造业工业企业成长及其行为所特有的特征。

基于本章的研究结果，可以提出以下推动中国非制造业工业企业的成长及其企业规模结构合理化以及产业结构优化的政策建议。

第一，进一步完善中国市场经济体制，加强制度建设，培育一个高度发达、信息完备的市场经济体系，削减企业成长对其规模的依赖，为中国非制造业工业企业成长提供一个良好市场环境，对于以基础性和垄断性质为特征的中国非制造业来说，也应该提高非制造业行业的竞争性，这将有利于中国非制造业工业企业的快速成长。同时对于中国非制造业工业企业成长不能仅仅只关注企业的大型化，还要关注中国非制造业工业企业中小企业的成长，因为实证研究表明中国非制造业工业企业规模越大其成长率越低，推动中国非制造业工业中小企业的成长也是推动中国非制造业工业增长的重要动力之源。

第二，生产力发展是硬道理，应突出强调企业技术的进步、效率的增进以及企业创新能力的提升等生产率提高的内在因素对于具有国民经济基础性地位的中国非制造业工业企业成长及其规模结构合理化中的重要作用。这不仅关系到中国工业企业成长路径的选择，还是中国工业结构转型升级以及经济增长方式转变的客观要求。经过 30 多年高速增长的中国经济来说，后发优势逐渐减少，经济增长将更加依赖于知识、技术和创新以及更有深度的物质资本和人力资本的提升。提高中国非制造业工业企业生产率，对于中国基础能力的提升具有至关重要的作用，关系到国民经济整体生产力的提高。推动中国非制造业工业企业生产率的快速增长，不仅是提高中国非制造业工业企业成长、促进企业规模结构合理化的重要途径，也是实现中国从工业化大国向工业化强国转变的必然选择。

第三，应准确把握中国非制造业工业企业成长及其行为特征，充分考虑到中国非制造业工业的国民基础性地位、国有产权、地区差异以及出口需求等特征对其产生的影响，制定相关政策来推动中国非制造业工业企业成长，并促进企业规模结构合理化。

特别值得注意的是，虽然在企业规模与生产率或技术创新等方面对企业成长的影响在制造业与非制造业之间具有相似性，但非制造业工业企业成长行为与制造业工业企业成长行为之间并不完全相同。其中，非制造业工业企业国有产权属性可能对企业成长带来正向影响，而且非制造业工业企业并没有显著的出口导向的特征，在地区差异上制造业与非制造业工业企业的成长性也并不完全相同。因此，在整体工业企业层面上，相关政策的制定须考虑到非制造业与制造业不同行业之间的差异性。

第六章　创新与新一代信息技术 产业企业成长

　　新一代信息技术产业具有高创新投入和高创新产出的典型特征，被普遍认为是引领未来经济、科技和社会发展的重要产业力量。实施创新驱动发展是推动中国新一代信息技术产业发展的源泉和动力。创新能否推动中国新一代信息技术产业企业成长，高创新性是否带来中国新一代信息技术产业企业的高成长性？这一问题的研究对于当前中国实施创新驱动发展新一代信息技术产业来说具有重要现实意义。采用2004~2007年中国新一代信息技术产业微观企业数据，基于企业规模与成长关系的模型——吉布莱特定律的分析框架，本章对此实证研究。结果表明：创新对中国新一代信息技术产业企业成长具有积极正向效应，而且新一代信息技术产业企业高创新性还可以带来高成长性。在稳健性检验方面，多种变量及多种方法估计的结果均支持这一结论。同时，结果还显示：中国新一代信息技术产业企业成长具有显著的"规模依赖"和"年龄依赖"特征；企业国有产权属性对新一代信息技术产业企业成长具有负向影响，而出口需求与东部地区对新一代信息技术产业企业成长具有显著正向效应。以期此研究可以为深入理解中国新一代信息技术产业企业成长的规律以及为实施创新驱动发展战略推动中国新一代信息技术产业发展及其企业成长提供经验证据。

第一节　问题提出

　　关于创新与企业成长的研究，由来已久。企业之所以创新，最根本的目的仍然在于推动企业成长。企业实施创新活动，可以开发更优质的产品或发明新的技术或采用新的组织管理形式，可以降低企业投入成本、提高企业竞争力、获得更大的市场份额和更多的超额利润，从而可以对企业成长带来有利影响。然而，创新也具有不确定性、沉淀性和风险性。因此，创新过程本身及其对企业成长产生的结果可能是极为异质的且是很难预测的（Bianchini et al.，2016）。从影响效应上来看，创新对于企业成长的影响就会产生正负双向效应，创新能否推动企业成长在于创新对于企业成长影响净效应的大小。因此深入研究创新对企业成长的影响是十分必要的（Cefis and Orsenigo，2001；Coad and Rao，2010）。

信息始终是人类文明进化的重要载体，从文字、图片、语音到今天的高清视频，每个人每一时刻在每个地方都在生产和消费信息，并且对信息内容的品质追求永无止境，信息技术的出现将人类社会由工业时代带入了数字时代。以互联网为代表的新一代信息技术正在改变着人们的生产与生活方式。与传统产业相比，新一代信息技术产业具有更强的技术溢出效应，其发展已经超越了新一代信息技术产业本身，正在成为各领域科技创新和产业发展的引擎。新一代信息技术产业已被普遍认为是引领未来经济、科技和社会发展的重要产业力量，在未来经济社会发展中将起着不可替代的作用。2010 年《国务院关于加快培育和发展战略性新兴产业的决定》以及 2011 年《国民经济和社会发展第十二个五年规划纲要》中已明确了加快发展新一代信息技术产业的战略部署，确立了下一代通信网络、物联网、三网融合、新型平板显示、高性能集成电路和以云计算为代表的高端软件业等六大产业为新一代信息技术产业。《国民经济和社会发展第十三个五年规划纲要》也已明确提出，瞄准技术前沿，把握产业变革方向，支持新一代信息技术、数字创意等领域的产业发展壮大，大力推进先进半导体、机器人、智能系统等新兴前沿领域创新和产业化，形成一批新的经济增长点。"十三五"时期，作为战略性新兴产业的重要组成部分，新一代信息技术产业将会成为重点推进的对象。

对此，不管是从国家宏观层面上还是从微观企业层面上对于中国新一代信息技术产业都投入了大量的人力和物力，以创新驱动发展来推动中国新一代信息技术产业发展。新一代信息技术产业研发人员不断增长，研发经费投入持续加大。而对于新一代信息技术产业来说，虽然具有高创新投入与高创新产出的典型特征，但同时由于技术更新较快，产品生命周期交叠频繁，其创新本身也具有高风险的特质。实施创新驱动能否确实推动中国新一代信息技术产业企业成长，新一代信息技术产业的高创新性是否带来高成长性？当前，这一问题的研究对于在中国经济进入新常态下进一步实施创新驱动来发展中国新一代信息技术产业，不管是在理论层面还是在实践层面上来说，都具有重要意义。然而，针对中国新一代信息技术产业发展及其创新驱动的影响缺少相应的实证证据。从政策的制定与实施来看，如果没有相应的经验证据予以支持，其政策的制定与实施将会存在很大不确定性。

鉴于此，本章搜集整理中国新一代信息技术产业企业相关数据对此实证研究，以弥补创新影响中国新一代信息技术产业发展问题实证研究的不足，为相关政策的制定与实施提供参考与借鉴。

第二节　文　献　综　述

究其创新与企业成长关系理论研究来看，创新与企业成长关系研究并不存在一个单一的理论分析框架进行考究。通常来说，对于二者的理论探讨，大多是纳入关于企业规模与成长之间关系的研究中来。早期的研究多把创新作为外生变量进行分析创新对企业成长的影响，例如，霍本哈因（Hopenhayn，1992）的研究。后来的一些研究，开始使用内生增长模型或一般均衡模型来考察创新对企业成长影响的内在机制（Segerstrom，2007；Laincz，2009；Luttmer，2011；Acemoglua and Cao，2015；Akcigit and Kerr，2016），但从理论分析结论来看其研究结论并不完全一致。

而从经验研究文献来看，创新对企业成长的实证研究主要包含如下三个方面。

（1）多数研究发现，创新对企业成长具有显著正向影响效应。杨和黄（Yang and Huang，2005）采用 1991～1998 年我国台湾地区电子产业企业数据的研究表明企业研发投入与台湾地区电子产业企业的成长之间具有显著的正相关关系。安田（Yasuda，2005）利用 1992～1998 年日本制造业企业数据研究也发现企业的研发投入对日本制造业企业的成长率具有显著正向影响。张维迎等（2005）利用 1999～2003 年中国中关村科技园区的企业数据研究发现技术效率和研发投入对企业成长均具有显著的正向影响效应。科德和拉奥（Coad and Rao，2008）利用专利和研发投入作为创新的指示变量研究了美国企业创新对其成长的影响，发现创新对于企业成长具有显著正向影响，尤其是对于快速增长的企业来说影响效应更大。霍尔等（Hall et al.，2008）利用 1995～2003 年意大利制造业企业数据研究企业研发投入对企业成长的影响，结果显示企业研发投入对企业成长呈显著正向影响。霍尔兹尔（Hölzl，2009）采用 1998～2002 年 16 个欧盟国家的制造业企业样本，研究创新对企业就业增长的影响，实证发现以研发投入和新产品产值衡量企业的创新对快速成长的中小企业的成长是更为重要的。德米雷尔和马祖卡托（Demirel and Mazzucato，2012）对 1950～2008 年美国制药业企业成长的因素进行了研究，结果发现，在控制了企业规模与专利等因素后研发对于企业成长具有高度的正向影响。卡帕索等（Capasso et al.，2015）利用 1996～2011 年荷兰企业的数据，研究发现研发投入对于企业成长具有显著正向影响。李洪亚（2016）利用 1998～2007 年中国非制造业企业数据研究也发现中国非制造业企业生产率对企业成长也具有显著的正向影响。

（2）企业的研发活动或创新行为与企业成长之间不存在显著的正向关系，甚至会出现负向影响。代表性的研究，例如：布劳尔等（Brouwer et al.，1993）基于 1983～1988 年 859 家荷兰制造业企业的数据研究发现企业的研发投入对企业的成长率产生了轻微的负向影响；刘等（Liu et al.，1999）利用 1990～1994 年我国台湾地区电子类企业数据的研究发现，研发投入对于企业成长的影响具有长期效益，然而在短期研发投入对于企业成长并不重要；波尔曼和罗尔费马（Boermans and Roelfsema，2016）采用参与促进出口项目的 150 家荷兰小企业的数据对小企业的国际化、创新和成长关系进行研究，发现国际化直接或间接地通过创新促进企业成长，但创新对小企业成长的直接影响并不明显。

（3）还有的研究发现创新对不同类型或不同部门的企业成长的影响存在差异性。例如，斯塔姆和文贝里（Stam and Wennberg，2009）研究了新进入企业六年后研发活动对于企业成长的影响，发现研发投入对于高新技术企业成长具有显著的正向影响，而对于低技术企业成长并没有产生显著的影响。塞加拉和特鲁埃尔（Segarra and Teruel，2014）利用 2004～2008 年西班牙企业数据研究发现，创新是影响企业成长的关键因素，尤其是对于制造业企业成长的影响比较显著，相对来说，对于服务业企业成长的影响并不明显。

综上所述，创新与企业成长关系的研究并没有一致的结论。从现有研究文献来看，虽然国内外学者对不同行业或不同部门创新与企业成长之间的关系展开了多方面研究，但是针对中国新一代信息技术产业企业成长及其创新驱动影响的研究文献还较为缺乏。新一代信息技术产业作为国家重点培育与发展的七大战略性新兴产业之一，其特点包括：技术含量高、产业交叠更替快；渗透能力强、带动作用大；成长潜力大、综合效益好；等等。新一代信息技术产业与传统产业具有显著的差异性，其发展具有自身的特点。特别地，在当前中国经济进入新常态，实施创新驱动发展战略推动经济持续增长的现实背景下，针对中国新一代信息技术产业企业成长及其创新驱动对此产生的影响实证研究也就具有特殊意义。

对此，以下将借鉴相关研究文献，基于关于企业成长与规模关系的研究模型——吉布莱特定律的分析框架，针对中国新一代信息技术产业企业成长的演进规律及其创新驱动对此产生的影响进行实证研究。

第三节 计量模型、变量与数据

本节是实证研究创新对新一代信息技术产业企业成长影响的基础，包括计量模型的设定及其估计方法、变量选取以及数据说明三个方面的内容。

一、模型与方法

参照通常实证研究影响企业成长因素的基本框架，基于吉布莱特定律构建实证研究模型。吉布莱特定律由 1931 年法国学者吉布莱特首次提出，刻画了企业规模和产业结构之间运行的关系，其主要说明：不同规模的企业，其成长率并不因为各自的规模不同而有所差异（这一观点又被称为吉布莱特的比例效应定律或 LPE）；企业成长率是个随机过程，企业规模分布近似呈对数正态分布。吉布莱特定律刻画了企业成长的随机过程，然而吉布莱特定律的假设过于严格，在现实中企业规模和成长之间很难满足其成立的条件。因此，围绕着吉布莱特定律，经济学者们进行了大量的经验研究（Daunfeldt and Elert, 2013；Prabal and Nagaraj, 2014；Meisenzahl, 2016）。经验上对于吉布莱特定律的检验也为分析影响企业成长的因素提供了一个实证研究框架。根据蒙特和帕帕尼（Monte and Papagni, 2003）以及杨和黄（Yang and Huang, 2005）等的设定，企业成长不仅受企业规模的影响，还与企业年龄相关，三者之间的关系可以表示为：

$$EMP_{it} = G(EMP_{it-1}, AGE_{it-1})EMP_{it-1}\varepsilon_{it} \qquad (6-1)$$

其中，EMP_{it} 表示用企业就业人数来衡量的企业规模，i 表示企业，t 表示时期年份，AGE_{it} 表示企业年龄，$G(EMP_{it-1}, AGE_{it-1})$ 是关于企业成长率的函数，ε_{it} 是服从对数正态分布的随机干扰项。对公式（6-1）两边取对数，可得：

$$\ln EMPRATE_{it} = \ln EMP_{it} - \ln EMP_{it-1} = \ln g(EMP_{it-1}, AGE_{it-1}) + \mu_{it}$$

$$(6-2)$$

其中，$\ln EMPRATE_{it}$ 是用企业规模变动进行衡量的企业成长率，μ_{it} 是服从正态分布的随机干扰项。对公式（6-2）中的 $\ln G(EMP_{it-1}, AGE_{it-1})$ 进行二阶泰勒展开，加入影响企业成长的异质性因素以及其他控制变量，得到本章的基本计量模型：

$$
\begin{aligned}
\ln EMPRATE_{it} = {} & \alpha_0 + \alpha_1 G_i + \beta_1 \ln EMP_{it-1} + \beta_2 (\ln EMP_{it-1})^2 + \beta_3 \ln AGE_{it-1} \\
& + \beta_4 (\ln AGE_{it-1})^2 + \beta_5 (\ln EMP_{it-1}) \times (\ln AGE_{it-1}) + \beta_6 \ln KL_{it} \\
& + \beta_7 D\_EX + \beta_8 D\_OWN \\
& + \beta_9 D\_REG + \sum_h \varphi_h IND_{ih} + \mu_{it}
\end{aligned}
$$

$$(6-3)$$

其中，被解释变量为企业成长率 $\ln EMPRATE_{it}$，主要解释变量是创新虚拟变量 $G_i = \{0, 1\}$[①]。相关控制变量包括：企业规模的对数 $\ln EMP_{it-1}$ 和企业年龄的对数 $\ln AGE_{it-1}$ 及其二次项 $(\ln EMP_{it-1})^2$ 与 $(\ln AGE_{it-1})^2$ 和它们的交互项 $(\ln EMP_{it-1}) \times (\ln AGE_{it-1})$；$KL_{it}$ 表示企业的资本劳动比；D_EX、D_OWN、D_REG 以及 IND_{ih} 分别表示企业的出口需求虚拟变量、所有制虚拟变量、地区虚拟变量与行业虚拟变量。μ_{it} 为随机扰动项。利用模型（6-3）可以检验吉布莱特定律并实证分析创新对新一代信息技术产业企业成长的影响效应。

关于模型的估计与检验包含如下两个方面。首先，对于创新对企业成长的影响效应估计，作为对比，采用通常的 OLS 回归方法对此估计。同时，考虑到企业实施创新可能存在"自选择性"，即，企业是否实施创新可能是企业自我选择的结果，如果简单比较创新型企业（处理组）与非创新型企业（控制组）可能导致"选择偏差"问题。由此，还采用倾向得分匹配法[②]计算创新对企业成长的平均处理效应（average treatment effect on the treated，ATT）。其次，对于吉布莱特定律的检验主要根据企业规模的估计系数 $\hat{\beta}_1$ 是否显著为 0 进行判断，假如企业规模的系数显著为 0，则企业成长率不受企业规模的影响，吉布莱特定律成立，否则，吉布莱特定

---

① 本章设定 6 个创新虚拟变量，相应地，不同的创新虚拟变量具有不同的经济含义。

② 关于倾向得分匹配法，选用 Logit 回归估计倾向得分，其中所选择的协变量如同模型（6-3）中的相关控制变量。

律不成立。

二、变量选取

1. 创新虚拟变量（G_i）

为探求创新对新一代信息技术产业企业成长的影响，构造如下六组"自然实验"，划分了六组不同的实验组和控制组，构造 6 个创新虚拟变量。实验一，设定虚拟变量 G_i^1，考察企业是否拥有创新投入对企业成长的影响。G_i^1，表示有创新投入的企业属于实验组时为 1，无创新投入的企业属于控制组时为 0，其中创新投入用企业研发投入来表示。实验二，设定虚拟变量 G_i^2，考察是否拥有创新产出对企业成长的影响。G_i^2，表示有创新产出的企业属于实验组时为 1，无创新产出的企业属于控制组时为 0，其中创新产出用企业的新产品产值表示。实验三至实验六，分别设定虚拟变量 G_i^3、G_i^4、G_i^5、G_i^6，来考察企业的高创新性是否能够带来企业的高成长性。其中，G_i^3，表示创新测度大于 95%[①]的企业属于实验组时为 1，创新测度小于 95% 的企业属于控制组时为 0；G_i^4，表示创新测度大于 75% 的企业属于实验组时为 1，创新测度小于 75% 的企业属于控制组时为 0；G_i^5，表示创新测度大于 50% 的企业属于实验组时为 1，创新测度小于 50% 的企业属于控制组时为 0；G_i^6，表示创新测度大于 25% 的企业属于实验组时为 1，创新测度小于 25% 的企业属于控制组时为 0。

关于创新测度，采用全要素生产率（TFP）衡量。对于全要素生产率的测算，现有研究表明利用 OP 法（Olley and Pakes，1996）与 LP 法（Levinsohn and Petrin，2003）等半参数方法能够较好地解决传统计量方法中的内生性和样本选择问题。相对于 OP 法采用投资作为不可观测生产率扰动因素的代理变量，LP 法采用中间投入估计，在估计方法上具有相对优越性（李洪亚，2016）。鉴于此，选择 LP 法估计新一代信息技术产业企业的全要素生产率。计量模型设立为：

$$\ln Y_{it} = \beta_0 + \beta_l \ln L_{it} + \beta_k \ln K_{it} + \varphi D\_EX + \gamma D\_OWN$$
$$+ \eta D\_REG + \sum_h \xi_h IND_{ih} + \omega_{it} + \nu_{it} \qquad (6-4)$$

其中，Y_{it} 表示产出，L_{it} 是劳动投入，K_{it} 是资本投入，D_EX、D_OWN、D_REG 和 IND_{ih} 分别表示出口企业、所有制、地区和行业虚拟变量（D_EX、

---

① 创新测度大于 95% 的企业包含创新测度等于 95% 的企业，创新测度大于 75%、50% 和 25% 的表达类似。

D_OWN、D_REG 和 IND_{ih} 在使用 LP 法估计时均作为自由变量）。误差项包括能够影响投入决策的不可观测的随机扰动项 ω_{it} 和与投入不相关的随机扰动项 ν_{it}，ω_{it} 和 ν_{it} 之间关键的差异在于 ω_{it} 是一个状态变量，能够影响到生产者的投入决策，这将会导致在生产函数估计中产生内生性问题，如果忽视 ω_{it} 与投入之间的联立性将会使估计不一致。因此，在使用 LP 估计时，采用中间投入 M_{it}（取对数）作为不可观测生产率的代理变量估计。进而根据估计结果测算 2005～2007 年新一代信息技术产业企业的全要素生产率。

2. 企业规模（$\ln EMP_{it}$）和企业成长率（$\ln EMPRATE_{it}$）

企业规模（$\ln EMP_{it}$）通常选用企业的营业总收入、资产总额和就业人员总数衡量，本章更倾向于关注创新对企业就业变化的影响。

（1）一方面，企业创新会减少单位产出的就业人数，劳动节约型的创新可以视为是技术性失业，即存在就业破坏效应；另一方面，创新减少了有效劳动的成本也会使企业的产出增加，从而提高就业水平，即存在就业创造效应。因此，由于创新引起的企业就业变化一直引起产业组织研究者们的广泛关注。

（2）采用就业人员总数衡量企业规模不需要考虑物价指数以及贴现率等因素的影响，使分析问题趋于简单。所以，本章主要采用企业就业人员总数的对数（$\ln EMP_{it}$）衡量企业规模。企业成长率（$\ln EMPRATE_{it}$）用企业规模变化率衡量，即 $\ln EMPRATE_{it} = \ln EMP_{it} - \ln EMP_{it-1}$。此外，还采用企业营业总收入（$\ln REVENUE_{it}$）与资产总额（$\ln TTAST_{it}$）衡量企业规模，用企业营业总收入变化率（$\ln REVENUERATE_{it}$），即 $\ln REVENUERATE_{it} = \ln REVENUE_{it} - \ln REVENUE_{it-1}$，和资产总额的变化率（$\ln TTASTRATE_{it}$），即 $\ln TTASTRATE_{it} = \ln TTAST_{it} - \ln TTAST_{it-1}$，衡量企业成长率作稳健性检验。

3. 企业年龄（$\ln AGE_{it}$）

企业年龄根据企业成立时期和观测期计算得到，在模型中以对数的形式表示。企业年龄在企业成长动态中可以作为企业"干中学"效应的一个代理变量。根据约万诺维奇（Jovanovic，1982）的"学习"理论，由于市场选择机制，通常情况下，效率较高的企业能够存活下来，效率较低的企业将会退出市场。因此，新进入的企业通常具有较低的存活率，然而能够幸存下来的企业由于效率较高反而能够以更快的速度成长。约万诺维奇的"学习"理论解释了企业规模与成长之间的负相关关系，也预示了年轻的企业比年长的企业有更高的成长率。关于企业规模与成长关系的众多理论分析和实证研究也表明企业成长具有"规模依赖"（size dependence）和"年龄依赖"（age dependence）。因此，企业的成长率不仅受到企业规模的影响，还受到企业年龄的影响。所以，本章在模型中分别用企业规模的对数 $\ln EMP_{it-1}$ 和企业年龄的对数 $\ln AGE_{it-1}$ 及其二次项（$\ln EMP_{it-1}$）^{2} 与（$\ln AGE_{it-1}$）^{2} 和它们的交互项 $\ln EMP_{it-1} \times \ln AGE_{it-1}$ 来考察企业规模和企业年龄对企业成长率的影响，同时为考察前期企业规模与前期企业年龄对当期企业成长率的影响，本章均选择企业规模和企业年龄的一期滞后值衡量。

4. 资本劳动比（KL_{it}）与其他控制变量

为控制企业的异质性对企业成长的影响，借鉴多姆斯等（Doms et al.，1995）以及杨和黄（Yang and Huang，2005）等的研究，选择企业的资本劳动比作为主要控制变量，企业的资本劳动比 KL_{it} 用固定资产净值年平均余额与就业人员总数的比值衡量，用来反映企业的资本劳动力配置或资本的相对密集度对企业成长的影响。其他控制变量包括出口需求虚拟变量 D_EX、所有制虚拟变量 D_OWN、地区虚拟变量 D_REG 和行业虚拟变量 IND_{ih} 等，用来刻画企业出口需求、所有制类型、地区以及行业特征对企业成长的影响。其中，D_EX 是企业是否是出口企业的虚拟变量，当企业是出口企业时为 1，否则为 0；D_OWN 是企业所有制虚拟变量，表示企业是国有企业为 1，否则为 0；D_REG 是地区虚拟变量，按照国家统计局标准①，把我国 31 个省份划分为东、中和西部地区，D_REG 表示东部地区为 1，中西部地区为 0。IND_{ih} 是一组行业虚拟变量，选择新一代信息技术产业企业作为研究样本，新一代信息技术产业并非严格意义上的经济学术语，未纳入现行产业分类统计标准。目前，对于新一代信息技术产业企业数据的统计并无严格规定，在相关研究时，不同研究者选取并不一致。本章对于新一代信息技术产业企业样本的选择，是根据《国务院关于加快培育和发展战略性新兴产业的决定》对新一代信息技术产业的解释，并结合《国民经济行业分类与代码》（2002 版），选取了行业代码为 C40 的行业大类：通信设备、计算机及其他电子设备制造业企业，作为新一代信息技术产业企业研究的样本，共包含通信传输设备制造业、电子计算机整机制造

---

① 按通常标准划分，东部地区包括北京、天津、河北、辽宁、上海、江苏、浙江、福建、山东、广东和海南 11 个省份；中部地区包括山西、吉林、黑龙江、安徽、江西、河南、湖北和湖南 8 个省份；西部地区包括内蒙古、广西、重庆、四川、贵州、云南、西藏、陕西、甘肃、青海、宁夏和新疆 12 个省份。

业、集成电路制造业以及其他电子设备制造业等 21 个行业小类的数据，所以，令 $h = 1, \cdots, 20$。

三、数据说明

本章使用的数据来源于上海财经大学高等研究院数据调研中心的"500 万元产值以上工业企业统计年度库"（原始数据来源于国家统计局）。关于样本数据选取步骤如下。首先，为了避免受到企业进入退出的影响，选取数据库中 2004~2007 年每年连续出现的企业作为样本；其次，为了避免数据本身存在异常值的影响，按照通常筛选标准，删除样本数据中企业营业总收入、资产总额、就业人员总数、固定资产净值年平均余额、工业增加值以及企业年龄为 0 或为负等明显与事实不相符的样本；最后，去除工业企业数据库中其他行业企业样本，选取行业代码为 C40 的通信设备、计算机及其他电子设备制造业企业作为研究样本。通过以上筛选工作，得到 5448 个新一代信息技术产业企业样本。[1] 各主要变量的描述性统计如表 6-1 所示。

表 6-1 主要变量的描述性统计

变量	统计值	全样本	创新投入企业	无创新投入企业	创新产出企业	无创新产出企业
$\ln EMPRATE(t)$	观测值	16344	4509	11835	3052	13292
	均值	0.045	0.058**	0.041	0.044	0.046
	标准差	0.428	0.407	0.436	0.417	0.431
$\ln EMP(t-1)$	观测值	16344	4509	11835	3052	13292
	均值	5.442	5.696***	5.345	5.651***	5.394
	标准差	1.291	1.394	1.237	1.428	1.253
$(\ln EMP(t-1))^2$	观测值	16344	4509	11835	3052	13292
	均值	31.279	34.384***	30.096	33.969***	30.662
	标准差	14.921	16.672	14.018	16.825	14.379
$\ln AGE(t-1)$	观测值	16344	4509	11835	3052	13292
	均值	1.942	2.074***	1.891	2.114***	1.902
	标准差	0.66	0.7	0.636	0.733	0.635

[1] 需要指出的是，本章在使用企业的各项指标进行变量构造时，均选用工业品出厂价格指数进行了调整，其中工业品出厂价格指数数据来自 2008 年《中国统计年鉴》。

续表

变量	统计值	全样本	创新投入企业	无创新投入企业	创新产出企业	无创新产出企业
$(\ln AGE(t-1))^2$	观测值	16344	4509	11835	3052	13292
	均值	4.205	4.790***	3.983	5.008***	4.021
	标准差	2.697	3.136	2.473	3.362	2.483
$\ln EMP(t-1) \times$ $\ln AGE(t-1)$	观测值	16344	4509	11835	3052	13292
	均值	10.694	12.017***	10.19	12.239***	10.339
	标准差	4.852	5.625	4.421	6.05	4.458
$\ln KL(t)$	观测值	21792	9957	11835	3052	18740
	均值	3.475	3.575***	3.392	3.850***	3.414
	标准差	1.397	1.375	1.41	1.286	1.405
$\ln TFP(t)$	观测值	21792	4509	17283	3052	18740
	均值	6.538	7.048***	6.404	7.014***	6.460
	标准差	1.238	1.250	1.199	1.287	1.212

　　注：分别对有创新投入企业和无创新投入企业的样本以及有创新产出企业和无创新产出企业的样本进行了均值比较的 T 检验，*、**、*** 分别表示 10%、5% 和 1% 的显著性水平。

　　对于变量的描述性统计分析如下。从均值比较分析新一代信息技术产业创新企业与非创新企业之间的差异。第一，从有无创新投入企业的样本来看，拥有创新投入与无创新投入企业成长率具有显著差异，拥有创新投入企业的平均企业成长率为 5.8%，而无创新投入企业的平均企业成长率为 4.1%。在企业的特征方面，平均来看，拥有创新投入企业的规模较大、年龄较长，而且资本密集度与生产效率均较高。第二，从有无创新产出企业的样本来看，拥有创新产出企业的平均企业成长率为 4.4%，而无创新产出企业的平均企业成长率为 4.6%，但统计上二者的差异并不显著。在企业特征方面，拥有创新产出企业的企业规模、企业年龄、资本劳动比以及全要素生产率也均高于无创新产出的企业。

　　变量的描述性结果表明，创新企业和非创新企业之间在企业成长及其特征上具有差异。实施创新发展是否能够推动新一代信息技术产业企业成长以下将做进一步实证分析。

第四节 实证结果及其分析

一、基本模型估计结果及其分析

采用 OLS 对基本模型（6-3）估计，结果如表 6-2 中模型（A1）~模型（A8）所示。其中，模型（A1）~模型（A4）的主要解释变量为企业是否拥有创新投入的虚拟变量 G_i^1。模型（A1）~模型（A4）结果一致显示拥有创新投入的企业成长率均高于无创新投入企业的成长率，相对差异大小在 1.7%~5.4%之间，显示出新一代信息技术产业企业拥有研发创新投入对企业成长具有显著的拉动作用。这一结果也可以说明，即使在中国新一代信息技术产业实施创新投入产生结果不确定性加大的情况下，实施创新投入策略对于中国新一代信息技术产业企业成长也同样具有积极的推动作用，而且极为显著。这一结果可以为新一代信息技术产业企业实施创新投入发展战略推动企业成长提供证据。

在控制变量方面，结果显示出，企业规模的一次项对企业成长具有显著的负向影响，表明中国新一代信息技术产业企业规模与成长之间并不遵循吉布莱特定律，企业规模的二次项对企业成长的影响具有显著的正向影响；企业年龄的一次项对企业成长的具有显著的负向影响，其二次项对企业成长具有显著的正向影响；企业规模与企业年龄的交互项对企业成长的影响不显著。在控制了其他变量后，企业规模和年龄对企业成长率总的影响效应分别可以表示为：$E_{EMP} = \partial \ln EMPRATE_{it} / \partial \ln EMP_{it-1}$，$E_{AGE} = \partial \ln EMPRATE_{it} / \partial \ln AGE_{it-1}$。在样本均值处，模型（A3）的结果显示，$E_{EMP} = -0.315$、$E_{AGE} = -0.109$，模型（A4）的结果显示，$E_{EMP} = -0.352$、$E_{AGE} = -0.108$，平均来看企业规模与企业年龄对企业成长均具有负向影响效应，显示出中国新一代信息技术产业具有显著的"规模依赖"和"年龄依赖"特征，即企业规模越大企业成长率越低，企业年龄越大企业成长率越低。这一结果与约万诺维奇的"学习"理论模型的预测是一致的，可以说明市场选择对中国新一代信息技术产业企业成长产生的作用，也反映了中国新一代信息技术产业新形成的中小企业成长具有较高成长率的现实情况。此外，资本劳动比的增加对企业成长具有显著的负向影响，反映了资本劳动的不同配置对企业成长所带来的影响，说明资本密度增加会降低企业的就业增长率；

表6-2　创新与企业成长：基本模型估计结果

变量	(A1)	(A2)	(A3)	(A4)	(A5)	(A6)	(A7)	(A8)
G_i^1	0.017** (2.255)	0.019** (2.399)	0.045*** (5.344)	0.054*** (6.233)			0.028*** (2.800)	0.027*** (2.661)
G_i^2					-0.001 (-0.146)	0.000 (0.039)		
$\ln EMP(t-1)$			-0.369*** (-18.618)	-0.410*** (-20.701)			-0.370*** (-18.627)	-0.410*** (-20.626)
$(\ln EMP(t-1))^2$			0.027*** (15.809)	0.029*** (16.862)			0.027*** (15.882)	0.029*** (16.857)
$\ln AGE(t-1)$			-0.149*** (-4.811)	-0.162*** (-5.199)			-0.149*** (-4.774)	-0.162*** (-5.167)
$(\ln AGE(t-1))^2$			0.020*** (3.431)	0.027*** (4.492)			0.020*** (3.439)	0.027*** (4.470)
$\ln EMP(t-1) \times \ln AGE(t-1)$			0.004 (0.906)	0.003 (0.656)			0.005 (0.922)	0.004 (0.723)
$\ln KL(t)$			-0.053*** (-18.598)	-0.063*** (-21.529)			-0.053*** (-18.371)	-0.062*** (-21.234)

续表

变量	(A1)	(A2)	(A3)	(A4)	(A5)	(A6)	(A7)	(A8)
D_EX		0.019*** (2.735)		0.122*** (14.034)		0.020*** (2.879)		0.121*** (13.843)
D_OWN		-0.037* (-1.949)		-0.019 (-0.782)		-0.036* (-1.895)		-0.018 (-0.768)
D_REG		0.035*** (2.761)		0.017 (1.122)		0.032** (2.511)		0.012 (0.823)
IND	no	yes	no	yes	no	yes	no	yes
常数项	0.041*** (10.374)	-0.018 (-0.883)	1.546*** (22.336)	1.611*** (22.520)	0.046*** (12.310)	-0.010 (-0.490)	1.549*** (22.315)	1.617*** (22.506)
观测值	16344	16344	16344	16344	16344	16344	16344	16344
R^2	0.0001	0.0000	0.3561	0.3366	0.0000	0.0000	0.3611	0.3410

注：括号内是各自估计系数的 t 统计值，***、** 和 * 分别表示 1%、5% 和 10% 的显著性水平。

出口需求对企业成长具有显著的正向影响，可以反映新一代信息技术产业具有出口导向的特征，提高出口水平可以推动企业成长；企业的国有性质对企业成长具有负向影响或影响效应不显著，负向影响反映了非国有企业在产权特征上对新一代信息技术产业企业成长处于相对有利的地位，特别是民营企业在产权特征上更具自主性和灵活性，在新一代信息技术产业中可能具有独特的优势；而影响效应不显著也可能反映出国家对国有新一代信息技术产业企业所进行的制度性倾斜或政策性倾斜，二者对于企业成长的影响是相反的；东部地区对新一代信息技术产业企业成长具有显著的正向影响或影响效应不显著，正向影响说明经济较为发达的东部地区为企业成长提供了有利的条件；其影响不显著也可能反映出，随着东部地区经济的发展，企业对土地和劳动力等生产要素需求数量和质量的提高，使得生产要素成本上升，可能对新一代信息技术产业企业成长带来不利影响，而中、西部地区土地和劳动力等生产要素成本相对较低，从而发展新一代信息技术产业也就具有其某种相对的优势。

模型（A5）~模型（A8）的主要解释变量为企业是否拥有创新产出的虚拟变量 G_i^2。结果显示，不包含控制变量或仅包含出口需求、所有制、地区与行业虚拟变量等控制变量，企业是否具有创新产出对企业成长的影响不显著；而加入企业规模的一次项和二次项、企业年龄的一次项和二次项、企业规模与企业年龄的交互项、资本劳动比等控制变量后，结果显示企业是否拥有创新产出对企业成长具有显著的正向影响，拥有创新产出的企业成长率高于无创新产出企业的成长率约为 2.7 个或 2.8 个百分点，说明新一代信息技术产业企业拥有新产品产值也可以带动新一代信息技术产业企业的成长。其他控制变量的结果与模型（A1）~模型（A4）的结果是一致的，这里不再分析。

以上结果表明，新一代信息技术产业企业不管是拥有创新投入还是拥有创新产出对其成长均产生了积极的正向效应，从微观企业层面说明实施创新发展战略可以成为新一代信息技术产业发展的源泉与动力。

二、倾向得分匹配法估计平均处理效应

考虑到如果直接采用 OLS 估计创新对企业成长的影响可能存在选择性偏差问题，本章采用倾向得分匹配法估计创新对新一代信息技术产业企业成长的平均处理效应（ATT），倾向得分匹配法估计的结果如表 6－3 所示。以核匹配估计结果来看①，克服样本选择性偏差后，样本匹配后的结果显示拥有创新投入的企业成长率与无创新投入企业成长率的差距为5.4%，即创新投入虚拟变量对新一代信息技术产业企业成长率的ATT为5.4%②；相似地，创新产出虚拟变量对新一代信息技术产业企业成长率的ATT为2.6%，与模型中加入控制变量的OLS回归估计的结果比较接近。此外，采用马氏匹配、一对一近邻匹配、一对四近邻匹配、卡尺内一对四匹配以及局部线性回归匹配等方法估计的结果也显示拥有创新投入和创新产出对新一代信息技术产业企业成长均具有显著的正向影响，各种匹配方法的估计结果具有一致性。这些结果均显示出克服选择性偏差以后创新对新一代信息技术产业企业成长仍具有显著的正面影响，再次佐证了实施创新发展战略可以推动新一代信息技术产业企业成长的现实情况。

表6-3　倾向得分匹配法估计ATT（企业成长率：ln$EMPRATE(t)$）

创新虚拟变量	匹配方法	企业成长率变量	样本	处理组	控制组	差距	标准误	T检验值
G_i^1	核匹配	ln$EMPRATE(t)$	匹配前	0.058	0.041	0.017	0.007	2.25
			匹配后	0.058	0.004	0.054	0.008	6.62
	马氏匹配	ln$EMPRATE(t)$	匹配前	0.058	0.041	0.017	0.007	2.25
			匹配后	0.058	0.028	0.03	0.008	3.56
	一对一近邻匹配	ln$EMPRATE(t)$	匹配前	0.058	0.041	0.017	0.007	2.25
			匹配后	0.058	0.006	0.052	0.012	4.30
	一对四近邻匹配	ln$EMPRATE(t)$	匹配前	0.058	0.041	0.017	0.007	2.25
			匹配后	0.058	0.004	0.053	0.009	5.87
	卡尺内一对四匹配	ln$EMPRATE(t)$	匹配前	0.058	0.041	0.017	0.007	2.25
			匹配后	0.058	0.004	0.054	0.009	5.92
	局部线性回归匹配	ln$EMPRATE(t)$	匹配前	0.058	0.041	0.017	0.007	2.25
			匹配后	0.058	0.004	0.054	0.012	4.48

① 对匹配后数据是否平衡进行了检验，结果显示匹配后的结果较好地平衡了数据，限于篇幅检验结果均不再列示。
② 这里以匹配后样本估计的结果进行分析，匹配前样本估计的结果与表6-2中不加控制变量采用OLS进行估计的结果相似，这里可以作为对照，不做分析，下同。

续表

创新虚拟变量	匹配方法	企业成长率变量	样本	处理组	控制组	差距	标准误	T检验值
G_i^2	核匹配	$\ln EMPRATE(t)$	匹配前	0.044	0.046	-0.001	0.009	-0.15
			匹配后	0.045	0.018	0.026	0.009	2.84
	马氏匹配	$\ln EMPRATE(t)$	匹配前	0.044	0.046	-0.001	0.009	-0.15
			匹配后	0.044	0.028	0.017	0.009	1.77
	一对一近邻匹配	$\ln EMPRATE(t)$	匹配前	0.044	0.046	-0.001	0.009	-0.15
			匹配后	0.045	-0.009	0.054	0.013	4.08
	一对四近邻匹配	$\ln EMPRATE(t)$	匹配前	0.044	0.046	-0.001	0.009	-0.15
			匹配后	0.045	0.007	0.037	0.011	3.56
	卡尺内一对四匹配	$\ln EMPRATE(t)$	匹配前	0.044	0.046	-0.001	0.009	-0.15
			匹配后	0.045	0.007	0.037	0.011	3.54
	局部线性回归匹配	$\ln EMPRATE(t)$	匹配前	0.044	0.046	-0.001	0.009	-0.15
			匹配后	0.045	0.017	0.027	0.013	2.08

三、稳健性检验

在稳健性检验上，除了采用不同的匹配方法外，还采用了企业的营业总收入（$\ln REVENUE_{it}$）与资产总额（$\ln TTAST_{it}$）衡量企业规模，采用企业营业总收入增长率（$\ln REVENUERATE_{it}$）和资产总额的增长率（$\ln TTASTRATE_{it}$）衡量企业成长率进行了稳健性检验，检验结果如表6-4和表6-5所示。

表6-4　　　　　　倾向得分匹配法估计ATT（企业成长率：$\ln REVENUERATE(t)$）

创新虚拟变量	匹配方法	企业成长率变量	样本	处理组	控制组	差距	标准误	T检验值
G_i^1	核匹配	$\ln REVENUERATE(t)$	匹配前	0.131	0.127	0.004	0.008	0.42
			匹配后	0.131	0.084	0.047	0.010	4.96
	马氏匹配	$\ln REVENUERATE(t)$	匹配前	0.131	0.127	0.004	0.008	0.42
			匹配后	0.131	0.086	0.045	0.010	4.33

创新虚拟变量	匹配方法	企业成长率变量	样本	处理组	控制组	差距	标准误	T检验值
G_i^1	一对一近邻匹配	ln$REVENUERATE(t)$	匹配前	0.131	0.127	0.004	0.008	0.42
			匹配后	0.131	0.086	0.046	0.013	3.48
	一对四近邻匹配	ln$REVENUERATE(t)$	匹配前	0.131	0.127	0.004	0.008	0.42
			匹配后	0.131	0.081	0.050	0.011	4.70
	卡尺内一对四匹配	ln$REVENUERATE(t)$	匹配前	0.131	0.127	0.004	0.008	0.42
			匹配后	0.131	0.082	0.050	0.011	4.67
	局部线性回归匹配	ln$REVENUERATE(t)$	匹配前	0.131	0.127	0.004	0.008	0.42
			匹配后	0.131	0.084	0.047	0.013	3.61
G_i^2	核匹配	ln$REVENUERATE(t)$	匹配前	0.125	0.129	-0.004	0.010	-0.37
			匹配后	0.126	0.098	0.028	0.011	2.59
	马氏匹配	ln$REVENUERATE(t)$	匹配前	0.125	0.129	-0.004	0.010	-0.37
			匹配后	0.125	0.100	0.026	0.011	2.27
	一对一近邻匹配	ln$REVENUERATE(t)$	匹配前	0.125	0.129	-0.004	0.010	-0.37
			匹配后	0.126	0.108	0.018	0.015	1.21
	一对四近邻匹配	ln$REVENUERATE(t)$	匹配前	0.125	0.129	-0.004	0.010	-0.37
			匹配后	0.126	0.094	0.032	0.012	2.66
	卡尺内一对四匹配	ln$REVENUERATE(t)$	匹配前	0.125	0.129	-0.004	0.010	-0.37
			匹配后	0.126	0.094	0.032	0.012	2.66
	局部线性回归匹配	ln$REVENUERATE(t)$	匹配前	0.125	0.129	-0.004	0.010	-0.37
			匹配后	0.126	0.095	0.030	0.015	2.05

表 6 - 5　　倾向得分匹配法估计 ATT（企业成长率：ln$TTASTRATE(t)$）

创新决策决策变量	匹配方法	企业成长率变量	样本	处理组	控制组	差距	标准误	T检验值
G_i^1	核匹配	ln$TTASTRATE(t)$	匹配前	0.114	0.096	0.017	0.007	2.58
			匹配后	0.114	0.051	0.063	0.007	8.41
	马氏匹配	ln$TTASTRATE(t)$	匹配前	0.114	0.096	0.017	0.007	2.58
			匹配后	0.114	0.065	0.049	0.008	6.11
	一对一近邻匹配	ln$TTASTRATE(t)$	匹配前	0.114	0.096	0.017	0.007	2.58
			匹配后	0.114	0.054	0.060	0.011	5.56
	一对四近邻匹配	ln$TTASTRATE(t)$	匹配前	0.114	0.096	0.017	0.007	2.58
			匹配后	0.114	0.050	0.064	0.009	7.49

创新决策变量	匹配方法	企业成长率变量	样本	处理组	控制组	差距	标准误	T检验值
G_i^1	卡尺内一对四匹配	$\ln TTASTRATE(t)$	匹配前	0.114	0.096	0.017	0.007	2.58
			匹配后	0.114	0.050	0.064	0.009	7.49
	局部线性回归匹配	$\ln TTASTRATE(t)$	匹配前	0.114	0.096	0.017	0.007	2.58
			匹配后	0.114	0.052	0.062	0.011	5.71
G_i^2	核匹配	$\ln TTASTRATE(t)$	匹配前	0.096	0.103	−0.007	0.008	−0.88
			匹配后	0.096	0.068	0.027	0.012	2.38
	马氏匹配	$\ln TTASTRATE(t)$	匹配前	0.096	0.103	−0.007	0.008	−0.88
			匹配后	0.096	0.080	0.016	0.008	1.90
	一对一近邻匹配	$\ln TTASTRATE(t)$	匹配前	0.096	0.103	−0.007	0.008	−0.88
			匹配后	0.096	0.079	0.016	0.012	1.43
	一对四近邻匹配	$\ln TTASTRATE(t)$	匹配前	0.096	0.103	−0.007	0.008	−0.88
			匹配后	0.096	0.071	0.024	0.009	2.65
	卡尺内一对四匹配	$\ln TTASTRATE(t)$	匹配前	0.096	0.103	−0.007	0.008	−0.88
			匹配后	0.096	0.071	0.024	0.009	2.65
	局部线性回归匹配	$\ln TTASTRATE(t)$	匹配前	0.096	0.103	−0.007	0.008	−0.88
			匹配后	0.096	0.068	0.027	0.008	3.28

　　稳健性检验结果显示，不管是用 $\ln REVENUERATE_{it}$ 还是用 $\ln TTAS\text{-}TRATE_{it}$ 来衡量企业成长率，创新投入和创新产出虚拟变量对新一代信息技术产业企业成长率的平均处理效应（ATT）均为正，同样说明不管是进行创新投入还是进行创新产出均可以带动新一代信息技术产业企业的成长，这一结果具有稳健性。

第五节　进一步的研究：企业的高创新性能够带来高成长性吗？

　　鉴于新一代信息技术产业企业具有高创新投入与高创新产出的典型特征，那么，新一代信息技术产业实施高创新性策略是否能够带来企业的高成长性？基于本章设定的实验三至实验六的构造对此考察。采用 OLS 回归估计和核匹配方法估计的结果分别如表 6 - 6 和表 6 - 7 所示。

表6－6　企业的高创新性与高成长性：回归估计结果

变量	(B1)	(B2)	(B3)	(B4)	(B5)	(B6)	(B7)	(B8)
G_i^3	0.137*** (7.750)	0.142*** (8.030)						
G_i^4			0.130*** (13.743)	0.131*** (13.781)				
G_i^5					0.123*** (15.327)	0.123*** (15.257)		
G_i^6							0.107*** (11.886)	0.105*** (11.704)
$\ln EMP(t-1)$	−0.347*** (−17.347)	−0.389*** (−19.407)	−0.341*** (−17.324)	−0.385*** (−19.514)	−0.365*** (−18.693)	−0.408*** (−20.843)	−0.381*** (−19.374)	−0.422*** (−21.401)
$(\ln EMP(t-1))^2$	0.024*** (13.693)	0.026*** (14.795)	0.023*** (13.445)	0.025*** (14.676)	0.025*** (15.009)	0.027*** (16.191)	0.027*** (16.154)	0.029*** (17.206)
$\ln AGE(t-1)$	−0.166*** (−5.350)	−0.177*** (−5.666)	−0.156*** (−5.085)	−0.167*** (−5.398)	−0.158*** (−5.158)	−0.170*** (−5.517)	−0.159*** (−5.164)	−0.171*** (−5.524)
$(\ln AGE(t-1))^2$	0.021*** (3.646)	0.027*** (4.633)	0.022*** (3.957)	0.029*** (4.933)	0.023*** (4.104)	0.030*** (5.122)	0.023*** (4.040)	0.030*** (5.074)

续表

变量	(B1)	(B2)	(B3)	(B4)	(B5)	(B6)	(B7)	(B8)
lnEMP(t−1) × lnAGE(t−1)	0.008 (1.572)	0.006 (1.294)	0.005 (1.022)	0.004 (0.722)	0.004 (0.868)	0.003 (0.601)	0.004 (0.913)	0.003 (0.651)
lnKL(t)	−0.054 *** (−18.897)	−0.064 *** (−21.798)	−0.058 *** (−20.179)	−0.067 *** (−22.907)	−0.057 *** (−20.001)	−0.065 *** (−22.672)	−0.053 *** (−18.742)	−0.062 *** (−21.479)
D_EX		0.123 *** (14.177)		0.122 *** (14.184)		0.120 *** (13.953)		0.121 *** (13.966)
D_OWN		−0.016 (−0.688)		−0.014 (−0.583)		−0.017 (−0.730)		−0.020 (−0.865)
D_REG		0.011 (0.743)		0.016 (1.051)		0.020 (1.329)		0.015 (1.023)
IND	no	yes	no	yes	no	yes	no	yes
常数项	1.523 *** (21.983)	1.593 *** (22.255)	1.509 *** (22.016)	1.577 *** (22.259)	1.543 *** (22.610)	1.608 *** (22.786)	1.534 *** (22.379)	1.599 *** (22.547)
观测值	16344	16344	16344	16344	16344	16344	16344	16344
R^2	0.3439	0.3334	0.2901	0.2991	0.2753	0.2892	0.2856	0.2963

注：括号内是各自估计系数的 t 统计值，***、** 和 * 分别表示 1%、5% 和 10% 的显著性水平。

表 6 - 7　　　　企业的高创新性对高成长性影响的核匹配法

估计结果（企业成长率：ln*EMPRATE*(*t*)）

创新虚拟变量	企业成长率变量	样本	处理组	控制组	差距	标准误	T检验值
G_i^3	ln*EMPRATE*(*t*)	匹配前	0.105	0.042	0.063	0.015	4.27
		匹配后	0.103	-0.046	0.149	0.021	6.98
G_i^4	ln*EMPRATE*(*t*)	匹配前	0.081	0.032	0.049	0.008	6.45
		匹配后	0.081	-0.065	0.146	0.012	12.12
G_i^5	ln*EMPRATE*(*t*)	匹配前	0.070	0.019	0.051	0.007	7.58
		匹配后	0.072	-0.046	0.118	0.010	12.13
G_i^6	ln*EMPRATE*(*t*)	匹配前	0.057	0.005	0.053	0.008	6.57
		匹配后	0.060	-0.046	0.106	0.010	10.15

表 6 - 6 和 6 - 7 结果显示出，新一代信息技术产业企业高创新性可以显著带来高成长性，反映了新一代信息技术产业具有典型的高创新驱动的特征事实。从数量关系上来看，创新测度大于 95% 的企业成长率比创新测度小于 95% 的企业的平均企业成长率高 13.7 ~ 14.9 个百分点；创新测度大于 75% 的企业成长率比创新测度小于 75% 的企业的平均企业成长率高 13 ~ 14.6 个百分点；创新测度大于 50% 的企业成长率比创新测度小于 50% 的企业的平均企业成长率高 11.8 ~ 12.3 个百分点；创新测度大于 25% 的企业成长率比创新测度小于 25% 的企业的平均企业成长率高 10.5 ~ 10.7 个百分点。其余结果仍然显示，新一代信息技术产业企业具有"规模依赖"和"年龄依赖"的特征事实，资本劳动比对企业成长具有显著负向影响，出口需求对企业成长具有显著正向影响，而企业的国有性质和地区差异影响不显著，其余结果与前文结果基本一致。

考虑到结果的稳健性，采用不同匹配方法以及不同企业成长率变量进行估计，估计结果显示是一致的。此外，还采用以高研发投入和高新产品产值衡量的企业高创新性进行估计，其结果仍然显示新一代信息技术产业企业高创新性可以带来高成长性。这说明提高创新投入与创新产出同样可以推动新一代信息技术产业企业的高成长性。限于篇幅，其余结果均不再列示。

第六节   小结与政策建议

创新能够推动中国新一代信息技术产业企业成长吗？按照哈佛学派的"结构－行为－绩效"的分析范式，企业的行为影响着企业的绩效。现实中，移动支付、互联网、物联网、5G、区块链等信息技术的不断创新催生了新一代信息技术产业的发展与企业的成长。因此，创新是决定企业成长的一个重要变量，尤其是对以创新为主要驱动力的新一代信息技术产业企业来说，实施创新是推动企业成长的关键要素。

本章采用 2004～2007 年中国新一代信息技术产业企业相关数据，分别使用 OLS 回归与倾向得分匹配法对创新对新一代信息技术产业企业成长的影响进行实证研究。结果表明，实施创新投入或拥有创新产出对中国新一代信息技术产业企业成长均具有积极的推动作用，反映了即使新一代信息技术产业高创新性具有高风险性，实施创新策略对企业成长依然具有正向影响效应。进一步研究发现，新一代信息技术产业企业的高创新性可以带来高成长性。此外，本章还探讨了新一代信息技术产业企业成长的"规模依赖"和"年龄依赖"特性以及出口需求、产权特征、地区差异对新一代信息技术产业企业成长的影响。以期本章的研究可以为深入理解新一代信息技术产业企业的成长规律以及为实施创新驱动发展战略推动新一代信息技术产业发展及其企业成长提供参考与借鉴。由研究结论提出如下相关政策建议。

（1）对于以创新驱动为典型特征的新一代信息技术产业，实施创新活动确实能够推动新一代信息技术产业企业成长。

第一，从微观企业自身来说，应充分调动创新的积极性，形成促进新一代信息技术产业企业成长的内生动力。一方面，应以需求为导向提高创新产出，改善产品质量、开发新产品、提高产品种类，发挥新一代信息技术的优势，改善人们的生活方式与生活品质，以满足人们日益增长的生活需要；另一方面，在供给方，应加大创新投入的力度与强度，改善创新生产过程，以新一代信息技术创新产品生产工艺，提高生产方式，以促进生产力发展。

第二，从政府层面来说，应营造和培育企业进行创新的良好市场环境，增强企业实施创新扶持的力度，推动新一代信息技术产业企业创新与成长。一是，促进企业创新市场机制的培育。促进企业创新离不开灵活而高效的市场机制，政府应培育有助于企业创新的市场机制，充分发挥市场机制的调节作用促进企业积极实施创新活动，提高企业自主创新能力。二是，创新制度建设。应充分发挥政府宏观调配的职能，就创新制度建设发挥应有的作用，例如，《知识产权保护法》的制定与实施，良好创新制度环境的构建与创新机制形成的制度建设等等方面发挥政府的作用。三是，促进创新的产业政策的制定与实施。充分发挥政府功能，以税收优惠、税收减免、政府补助等产业政策来促进新一代信息技术产业企业实施创新活动助推新一代信息技术产业企业成长。

第三，从社会中介组织来说，应充分发挥产学研等中介组织协同作用，推动新一代信息技术产业创新促进新一代信息技术产业企业成长。把新一代信息技术产业发展与学校科研院所等有效结合，积极推动科研、教育与新一代信息技术产业融合发展，提高新一代信息技术产业企业创新能力提高企业成长性。

（2）新一代信息技术产业企业呈现出高创新性带来高成长性的特点。因此，提高新一代信息技术产业企业成长，应在人、财、物等方面加大新一代信息技术产业企业创新投入的力度与强度，提高新一代信息技术产业企业的技术进步效率与创新产出水平，来推动新一代信息技术产业企业的高成长。

（3）从新一代信息技术产业企业成长的演进特征来看，企业规模越大企业成长率越低，企业年龄越大企业成长率越低。因此，推动新一代信息技术产业企业成长及其产业发展，应准确把握新一代信息技术产业企业的成长规律及发展趋势，须密切关注新一代信息技术产业中小企业的成长，推动新企业的进入，促进新企业的形成，促进中小企业成长，形成大、中、小型企业适配的企业规模结构促进新一代信息技术产业发展。从政策层面上来看，应培育有利于新企业的形成以及中小企业成长的生态环境，发挥市场调配资源的重要机制，塑造规范、公平、有序的市场环境，提高新一代信息技术产业的竞争性，削减企业成长对其规模与年龄的依赖。

（4）推动新一代信息技术产业企业成长，还应关注新一代信息技术产业的海外需求，推动企业出口；注重新一代信息技术企业产权特征，充分发挥国有、私营等多种组织形式，扬长避短、趋利避害以促进新一代信息技术产业企业成长；充分考虑新一代信息技术产业企业的地区经济技术发展水平等方面的差异性，因地制宜促进新一代信息技术产业企业技术创新与成长。

第七章　对外直接投资与制造业企业成长

当前，在中国企业大规模"走出去"的现实背景下，中国制造业企业纷纷登上世界舞台。作为制造业大国，研究对外直接投资如何影响中国制造业企业成长具有重要意义。在探讨对外直接投资影响中国制造业企业成长作用机制的基础上，本章利用 2000～2007 年中国制造业企业相关数据，基于吉布莱特定律的实证分析框架，采用倾向得分匹配与双重差分法（PSM-DID）对此进行实证研究。结果发现：对外直接投资对制造业企业成长没有呈现出显著的正向影响效应，其中，对外直接投资对高成长率与低成长率的制造业企业成长的影响不显著，而对中等成长率的制造业企业成长还呈现出显著的负向效应，其影响效应具有非对称性。究其影响途径，虽然对外直接投资对中国制造业企业出口强度具有显著的正向效应，但是对制造业企业生产率的影响不显著；而且，由于对外直接投资面临竞争性的增强，对外直接投资对制造业企业利润率或盈利能力具有显著的负向效应。研究认为，实施"走出去"来推动中国制造业企业成长，应提高制造业企业的竞争力以避免对制造业企业盈利能力产生的负向效应；同时，应提高制造业企业自主创新能力，积极吸收逆向技术溢出来推动制造业企业生产率与出口强度。希望借此研究可以为深入理解中国制造业企业成长特征及实施"走出去"发展战略推动中国制造业企业成长提供借鉴与参考。

第一节　问题提出

2000 年，"十五"计划中已把积极实施"走出去"发展战略作为中国促进产业转型与技术升级推动中国经济增长的重要战略部署。对外直接投资权限下放与政府政策支持推动中国对外直接投资快速增长，这一政策一直延续至今（Gu and Reed，2013；Cozza et al.，2015）。2016 年，中国对外直接投资流量已达到 1961.5 亿美元，占世界对外直接投资流量的比重为 13.5%，流量承上年继续位列按全球国家（地区）排名的第 2 位。作为制造业大国，在中国对外直接投资迅速增长的现实背景下，中国制造业企业也纷纷实施"走出去"的发展战略，2016 年中国制造业对外直接投资流量为 290.5 亿美元，占当年流量总额的 14.8%，首次上升至对外直接投资 18 个行业的第 2 位。① 实施对外直接投资已成为促进企业成长的一种机制。然而，具有不同成长特征的制造业企业实施对外直接投资对其成长的影响并不完全相同。例如，华为技术有限责任公司（简称"华为"），是一家成长率较高的民营新兴科技型制造业企业，2010 ~ 2016 年其销售收入年均增长率为 20.35%。目前，华为约有 18 万名员工，业务遍及全球 170 多个国家和地区，其 54.65% 的销售收入来自境外市场。② 从华为的成长历程来看，华为先后在印度、瑞典、美国、德国、英国以及法国等国设立研发机构，实施对外直接投资推动着华为快速成长。像这样的具有较高成长率的制造业企业，由于技术吸收能力较强，能够获得较高的逆向技术溢出，实施对外直接投资对于企业成长的正向影响可能会更大。但是，即使是这样的公司也同样面临海外投资风险。同时，许多成长率较低的国内钢铁纺织等部分产能过剩行业的制造业企业（例如，四大钢铁对外直接投资公司：中国宝钢（宝武）集团有限公司、中国中钢集团公司、河钢集团有限公司与鞍钢集团公司的营业总收入自 2010 年以来一直在缩水，除 2016 年有所好转以外，基本呈负增长)③ 也开始实施了对外直接投资发展战略，寻求海外市场、化解产能过剩以谋求企业的进一步发展。然而，对于具有中等成长率的制造业企业或者因为适应本国环境在国内发展情况较好而本身没有必要实施"走出去"发展战略，或者因为在海外投资中本身技术竞争优势并不突出将面临风险较高、困难较大，实施对外直接投资对这些企业的成长可能会带来不利影响。事实说明，不同成长特征的制造业企业实施对外直接投资的动机与目的具有差异，对外直接投资对制造业企业成长的影响并不完全相同，其影响效应具有非对称性。

对于转型经济条件下对外直接投资能否确实推动企业成长，其背后的影响机制如何？这一问题仍然值得进一步深入探究。尤其是，关于对外直接投资对企业成长影响的非对称效应的研究鲜为有之。随着中国经济的转

---

① 数据来源：2016 年《中国对外直接投资统计公报》。

② 数据来源：2010 ~ 2016 年《华为投资控股有限公司年度报告》，并经相关计算得到。

③ 数据来源：2010 ~ 2016 年各公司年度报告，并经相关计算得到。

型发展，市场结构与产业组织不断演进，企业成长呈动态变化。现阶段在英国退出欧盟、特朗普赢得美国大选以及意大利修宪公投失败等"黑天鹅"事件频频发生导致逆全球化势头出现的现实背景下，这一问题的研究不仅能够为深入理解国际经济形势变局条件下中国制造业企业成长的动态演进规律及其"走出去"对其产生的影响提供现实的借鉴，同时也可以为中国加快实施"走出去"发展战略来带动整体经济增长提供微观数据的支撑。有鉴于此，本章在分析了对外直接投资影响中国制造业企业成长机理的基础上，采用 2000～2007 年中国制造业企业对外直接投资相关数据对此进行实证研究。

第二节　文献综述

在开放经济条件下，随着跨国公司的出现，对外直接投资成为企业国际化经营的基本形式，并逐渐占据主导地位。然而，对外直接投资的经济表现往往具有争议（Chen and Ku，2000）。从企业成长的角度来看，对外直接投资对企业成长的影响具有截然相反的观点。一种观点认为，对外直接投资是一种国际化经营战略，通过对外直接投资可以充分利用国内、国际两个市场与两种资源，能够促进资源合理化流动及全球化配置，改善资源错配（白俊红和刘宇英，2018），同时，还可以获取逆向技术溢出，增强企业的国际竞争能力。因而，对外直接投资能够对企业成长带来有利影响。另一种观点则认为，对外直接投资是资本流出或就业出口的同义语，对外直接投资会替代国内投资或挤出国内就业，过度的对外直接投资还可能导致国内产业空心化（刘海云和聂飞，2015）。所以，对外直接投资会对企业成长带来负向效应。从研究文献上来看，其研究结论主要有如下方面：

第一，对外直接投资对企业成长具有正向效应。例如，陈和顾（Chen and Ku，2000）研究了对外直接投资对中国台湾地区企业成长的影响，结果表明：总体上对外直接投资能够推动企业成长，其中，扩张型对外直接投资对企业成长有显著的促进作用，而防御型对外直接投资的作用相对较小。简和比米什（Jane and Beamish，2002）研究结果表明：相对于出口，对外直接投资对企业成长的正面影响更大。萨皮恩扎等（Sapienza et al.，2003）扩展了企业国际化对企业生存和成长作用的相关理论，研究发现：在其他条件相同的情况下，早期的国际化行为有利于减少企业的生存风险，增强企业的成长能力。法夫尔迈尔（Pfaffermayr，2004）利用澳大利亚制造业企业的数据研究发现，国外子公司的活动不会对国内企业的扩张施加负面影响，相反还能够保持和提高国内企业的成长潜力。古格勒等（Gugler et al.，2003）对 1981～1998 年美国、英国以及日本等国的跨国投资企业的研究发现，在对外直接投资后的 1～5 年里跨国投资企业的利润都有一定程度的上升。卡斯泰拉尼等（Castellani et al.，2008）利用 1998～2004 年意大利的企业数据研究表明：对外直接投资推动了母国公司的成长。纳瓦雷蒂等（Navaretti et al.，2009）研究发现：意大利企业对外投资提高了国内企业的效率，长期来看对企业的附加值和就业增长也具有正向影响；而对于法国来说，虽然对企业的产出和就业具有正向影响，但是对于生产率的影响并不显著。陈和唐（Chen and Tang，2014）利用 1998～2009 年中国工业企业对外直接投资数据，研究结果显示拥有对外直接投资的企业具有较高的生产率、就业水平以及出口等经济表现。科扎等（Cozza et al.，2015）利用中国对发达的欧洲国家投资的企业数据进行研究，支持对外直接投资对国内的产出、就业和生产率具有正向影响的研究结论。李磊等（2016）基于 2000～2013 年中国工业企业数据的研究发现，中国企业对外直接投资对国内就业产生了显著的正向作用。同时，企业对外直接投资次数越多，对国内就业的促进效应也越明显。而且，不同对外直接投资动机类型对就业的影响也存在一定差异。[1]

第二，对外直接投资对企业成长具有负向效应、影响效应不显著或具有混合影响效应。代表性的研究有，贝克尔等（Becker et al.，2005）利用德国与瑞典的跨国企业数据，研究发现，两个国家对外直接投资对本国的就业均具有替代效应。李泳（2009）基于 1998～2006 年中国企业数据的研究表明，总体上中国企业海外投资与国内投资相比在产出增长和技术提升效应上没有差异。[2] 德拜尔等（Debaere et al.，2010）研究韩国对外直接投资对企业就业增长影响后发现，对人均 GDP 低于韩国人均 GDP 的国家（less-advanced countries）投资对国内就业具有负向影响，而对人均 GDP 高于韩国人均 GDP 的国家（more-advanced countries）投资对国内就业没有显著的影响。因布里亚尼和雷加纳蒂（Imbriani and Reganati，2011）利用 2003～2006 年意大利企业数据研究发现：在制造业部门，对

---

① 李磊、白道欢、冼国明：《对外直接投资如何影响了母国就业？——基于中国微观企业数据的研究》，《经济研究》2016 年第 8 期，第 144～158 页。

② 李泳：《中国企业对外直接投资成效研究》，《管理世界》2009 年第 9 期，第 34～43 页。

外直接投资虽然可以显著提高企业的生产率，但是对于企业成长（就业增长）的影响效应相对较小；在服务业部门，对外直接投资对企业生产率的影响不显著，而且对企业成长还存在显著负向效应。奥伯霍弗和法夫尔迈尔（Oberhofer and Pfaffermayr，2013）采用欧洲制造业企业的数据研究发现，虽然在垂直型跨国投资网络中对外直接投资对企业成长具有正向效应，但是在水平型跨国投资网络中对外直接投资对企业成长则呈现出显著的负向溢出效应。诺兰（Nolan，2012）、斯皮加雷利等（Spigarelli et al.，2013）与汉森等（Hansen et al.，2016）基于中国跨国公司案例研究的结果显示：由于缺乏经验或竞争力，尤其是在文化差异较大的背景下，中国企业实施跨国并购并没有带来预期的产出结果。李鑫伟和牛雄鹰（2017）分析认为，由于中小企业生存能力有限，中小企业实施对外直接投资可能会面临资金链断裂等融资隐患，从而中小企业实施对外直接投资对其成长会带来不利影响。

　　可见，对外直接投资对企业成长的影响并无定论。制造业跨国投资企业与国内投资的企业运行机制并不相同（Oberhofer and Pfaffermayr，2013），对外直接投资对中国制造业企业成长会带来什么样的影响？这一问题需要做相应的理论探讨与实证分析。鉴于此，本章将针对中国制造业企业对外直接投资对其成长的影响进行分析。相对于以往的研究，本章的主要贡献在于：第一，在影响机制分析方面。在分析对外直接投资影响中国制造业企业成长一般机理的基础上探讨对外直接投资影响企业成长的非对称效应。而且，考虑到不同经济发展水平国家投资的异质性，还分析了对外直接投资对发达国家和发展中国家或欠发达国家投资对中国制造业企业成长影响的差异性。第二，在实证研究方面。首先，在计量模型设定上，基于企业规模与其成长之间关系的模型——吉布莱特定律的分析框架构建计量模型，不仅实证分析了对外直接投资对中国制造业企业成长的影响，还考察了中国制造业企业成长动态的演进特征；尤其是，考虑到即使在没有实施对外直接投资之前，对外直接投资企业和非对外直接投资企业本身也存在显著的差异，而且企业成长可能存在潜在的成长趋势，本章采用双重差分法以去除对外直接投资企业与非对外直接投资企业成长率本身的差异以及企业成长的潜在趋势，设立双重差分模型进行分析，使得分析结果较为精确。其次，在模型估计方法上，数据显示出制造业企业成长率与规模并不完全服从正态分布，其分布具有非对称性，考虑到实施对外直接投资可能对高成长率或低成长率等不同成长率的企业成长的影响具有差异，为考察实施对外直接投资对制造业企业成长率的不同分位数的影响，本章选择分位数回归方法进行估计，使研究结论更为丰富。同时为找到可比对照组，以克服样本选择偏差与内生性问题，本章主要采用分位数双重差分倾向得分匹配法（PSM-DID）对此进行估计，估计结果更为可靠。最后，本章不仅研究了对外直接投资对制造业企业成长的直接影响效应，还从技术进步或生产率、出口需求以及盈利能力等方面考察了对外直接投资影响制造业企业成长的渠道效应，实证检验了对外直接投资影响制造业企业成长的作用机制。

第三节　机理分析与研究假说

本节从三个方面探讨对外直接投资对中国制造业企业成长的影响，并提出研究假说，为实证研究提供理论支撑。第一，分析对外直接投资对制造业企业成长影响的一般机理；第二，探讨对外直接投资影响制造业企业成长的非对称效应；第三，区分不同经济发展水平国家投资，从而考察异质性对外直接投资对制造业企业成长影响的差异性。

一、对外直接投资与制造业企业成长：一般机理分析

关于对外直接投资影响企业成长的一般机理分析，考虑跨国企业国内外经济活动可能出现的关联，假设企业总产出为 $Q(K_d, K_f, \theta_d, \theta_f)$，其中，$Q$ 表示企业在世界范围内的总产出；K_d 表示国内资本投入；K_f 表示国外资本投入；θ_d 表示影响国内资本投入要素（如生产率等）的向量；θ_f 表示影响国外资本投入要素的向量，令企业总成本为 $TC(K_d, K_f, \theta_d, \theta_f)$，则跨国企业的最大化利润函数可以表示为：

$$\pi = \max_{(K_d, K_f)} \{pQ(K_d, K_f, \theta_d, \theta_f) - TC(K_d, K_f, \theta_d, \theta_f)\} \quad (7-1)$$

将利润 π 对国内资本投入 K_d 求偏导，得到关于 K_d 的企业利润最大化的一阶条件（价格 p 正规化为 1）：

$$\frac{\partial Q(K_d, K_f, \theta_d, \theta_f)}{\partial K_d} = \frac{\partial TC(K_d, K_f, \theta_d, \theta_f)}{\partial K_d} = \lambda(\cdot) \quad (7-2)$$

其中，$\lambda(\cdot)$ 是企业国内资本的边际成本（Desai et al., 2009；Herzer, 2011）。由方程（7-2）可知，对外直接投资对企业成长的影响可以通过以下两种途径产生作用。一是融资渠道，考虑到 $\lambda(\cdot)$ 是 K_d 的函数，企

业的国内外生产（投资或就业）可以通过资本成本与企业的融资行为相互关联。此时，将稀缺的资源投资到国外无疑会带来国内投资的减少。国外投资对国内投资的替代又可能会降低国内的生产率，特别地，当国外投资以维持国内生产率的投资（如新机器、员工培训以及研发等投入等）为代价时，对外直接投资在长期更可能降低国内生产率。由于对外直接投资通过融资渠道会影响到跨国公司国内的投资、就业和生产率，从而会影响跨国公司的成长。二是生产渠道，考虑 $\partial^2 Q(K_d, K_f, \theta_d, \theta_f)/\partial K_d \partial K_f \neq 0$，则企业在国内外的生产可通过企业的生产过程相互联系。由于生产的相互依赖性，对外直接投资可以影响企业的资本与劳动力配置、生产率、出（进）口以及盈利能力等方面，从而影响企业的成长。

对外直接投资具有不同的投资动机，而不同投资动机的对外直接投资对企业成长的影响具有不同的作用机理。根据对外直接投资的动机不同，可以把对外直接投资划分为四种类型进行分析：第一，对于市场寻求型（水平型）的对外直接投资，短期来看，企业将付诸本地化生产而不是利用出口来服务于东道国市场，从而导致国内出口生产的减少；由于出口与企业生产率相互关联，进而降低国内企业就业与产出水平。然而，长期来看，在跨国企业总部生产的相关服务可以应用到国外的子公司，企业可以把国内外生产活动相互结合，降低生产成本，提高国内生产的回报率。相应地，可以提高国内的要素需求与国内产出（Desai et al., 2005）。因此，短期最终产品出口的减少可能会被中间产品和服务出口的增加所弥补。更为重要的是，由于水平型对外直接投资目的在于寻求国外市场，在寻求国外市场的进程中其竞争力可以得到提高，进而可以提高国内企业的生产率、就业与产出水平。从而，市场寻求型对外直接投资会影响到企业的成长率（Pfaffermayr, 2004）。第二，对于效率寻求型（垂直型）的对外直接投资，即企业以最低的生产成本把不同的生产过程分配到不同的国家，进行全球化配置资源。从短期来看，效率寻求型对外直接投资会减少国内的生产。但从长期来看，如果垂直型对外直接投资能够使得企业以较低的成本进口中间产品来生产更多的最终产品时，就可以实现公司全球价值链的延伸，同时带来效率的增加和竞争力的提升，因而，可以带来国内生产的扩张（Kokko, 2006）。但是，如果企业不能提升在全球价值链中的竞争力，则意味着对外投资将会替代国内投资，不管是水平型对外直接投资还是垂直型对外直接投资都将影响国内生产活动。因此，效率寻求型对外直接投资也会影响到企业的成长性（Castellani et al., 2008）。第三，战略资产寻求型对外直接投资，目的是获得新技术、新品牌和当地的营销网络等战略性资产以此提高国际竞争力。从长期来看，如果跨国经营企业能够通过战略性资产投资带来技术溢出效应，也可以促进跨国投资企业的成长。第四，资源寻求型对外直接投资，主要以获得东道国的自然资源为目的，当企业发现东道国资源成本较低或质量较高时，这种对外直接投资就可能会发生。寻求资源的对外直接投资会促进以资源为基础的产品出口的增加，将会推动跨国企业成长。

以中国制造业现实情况进行分析，中国是制造业大国，但并非制造业强国。虽然，改革开放与经济的快速增长为其实施对外直接投资提供了基础性条件。然而，由于长期以来中国制造业企业自主创新能力不强，制造业企业实施对外直接投资获取逆向技术溢出的吸收能力与扩散能力不高，影响着中国制造业企业实施对外直接投资带动企业成长的成效。尤其是，进入 21 世纪以后，中国房地产制度的改革以及城镇化进程的加快发展催生中国房地产业繁荣，大量资本流向房地产市场，增加了资产的投机性与资本虚拟化，房价上涨制约工业企业创新（王文春和荣昭，2014），从而影响了中国实体制造业技术进步与转型升级，制造业产品质量亟待提高，产能过剩突出。制造业企业实施对外直接投资具有转移产能与提升自身技术能力的诉求。但是，一方面，向发达国家寻求技术溢出直接投资，在国际化管理能力和水平上与发达国家相比并不具有天然优势，其技术吸收能力相对较弱。另一方面，向发展中国家或欠发达国家实施转移产能，将面临发展中国家或欠发达国家配套环境、法律规范、政治风险等方面的更多挑战。加之，随着国内中、西部地区城市化进程的加快，中、西部地区市场发展前景变好，而且中、西部地区劳动和土地等要素成本相对较低，也吸引着东部发达地区企业投资的青睐。从而，总体来看，制造业企业对外直接投资与国内投资相比可能并不处于有利地位。数据显示，中国对外直接投资行业构成发生很大变化，已从以采矿业和制造业为主的第二产业向以租赁和商务服务业为主的第三产业转变（李洪亚，2016），2003～2007年中国制造业对外直接投资流量占全国对外直接投资流量的比重分别为21.86%、13.74%、18.60%、5.14% 和 8.02%，这期间中国制造业对外直接投资流量呈阶梯式下降。数字背后反映出，虽然 2001 年加入世界贸易组织等开放性的政策为中国制造业企业"走出去"提供了政策支持，但是"走出去"的制造业企业面临海外投资困境。由此，可以预期这一时期对外直接投资对中国制造业企业成长可能不会呈现出积极的正向影响甚至还会带来负向影响。基于以上分析，提出如下研究假说：

研究假说 1：2000～2007 年中国制造业企业对外直接投资对企业平均成长率的影响效应不显著或具有负向影响。

二、对外直接投资与制造业企业成长：非对称性效应探讨

不同成长率的企业行为特征具有显著差异，相对来看，高成长率的企业通常来说规模较小、年龄较小，增长速度较快，经济效益较好，拥有较高的收益，具有较高的技术水平或竞争能力；低成长率的企业通常来说规模较大、年龄较长，增长速度缓慢（王永进等，2017），通常处于边际产业，技术较为落后，竞争能力较弱，经济效益较差；中等成长率的企业则介于二者之间。因此，实施对外直接投资对不同成长率企业成长的影响并不完全相同。首先，分析对外直接投资对高成长率企业成长的影响。具有较高成长率的企业，由于具有技术与竞争优势，实施对外直接投资的主要动机与目的在于获取逆向技术溢出，由于自身优势，其技术吸收能力较强，在海外获取逆向技术溢出对于自身技术水平的提升也就具有优势，对于企业成长的正向影响可能会更大。高成长率企业实施对外直接投资即使存在不利影响，其总体负向影响效应也相对较小。其次，分析对外直接投资对低成长率企业成长的影响。低成长率企业代表着效率较低或具有产能过剩，属于边际产业，这类企业在国内发展不利的情况下具有实施对外直接投资进行转移过剩产能的诉求，实施对外直接投资具有防御性与市场开拓性，低成长率企业实施对外直接投资也可能对其成长带来有利影响。由此，对于低成长率企业实施对外直接投资即使存在不利影响，其总体负向影响效应也会相对较小。最后，分析对外直接投资对中等成长率企业成长的影响。具有中等及偏上成长率的企业，或者因为适应本国环境在国内发展情况较好而本身没有必要实施"走出去"的发展战略，或者因为在境外投资中本身技术竞争优势并不突出将面临风险较高、困难较大，实施对外直接投资对这些企业的成长可能带来更大的不利影响。因此，处于中等成长率企业实施对外直接投资对企业成长的不利影响可能更大。基于以上分析，提出如下研究假说：

研究假说 2：虽然对外直接投资对中国制造业企业成长影响不明显或具有不利影响，但相对来说，对于高成长率或低成长率企业成长的不利影响相对较小，而对于中等成长率企业成长的不利影响相对较大，对外直接投资对中国制造业企业成长的影响具有非对称效应。

三、对外直接投资与制造业企业成长：东道国异质性考察

以中国经济现实为背景分析异质性对外直接投资对中国制造业企业成长的影响。改革开放以来，随着中国现代市场经济体制的逐渐成熟，经济呈现出快速增长的态势，与世界各个国家或地区的经济交流日臻紧密。特别地，随着中国经济发展水平的日益提高，中国与发达国家或地区的联系较为密切，从对外直接投资流向上来看，流向发达国家或地区的对外直接投资增长相对较快。数据显示，在 2003 ~ 2015 年期间，虽然流向发展中国家（或欠发达国家）的总量与均值均高于发达国家或地区的对外直接投资流量[①]；但是从增长速度来看，流向发达国家或地区对外直接投资的增长速度要远高于流向发展中国家或地区的对外直接投资的增长速度，这一期间流向发达国家或地区的对外直接投资流量年均增长率为 75.95%，而流向发展中国家或地区的对外直接投资流量年均增长速度为 45.17%。[②]由于对外直接投资流向不同国家或地区的寻求动机或目的不同，对外直接投资不是同质的（Liu et al.，2015）。根据现实的观察与既有的研究，中国在发展中（或欠发达）国家或地区的对外直接投资主要是为了寻求市场与寻求资源，而对发达国家或地区的投资大多为战略资产寻求型或效率寻求型对外直接投资（蒋冠宏和蒋殿春，2012；肖文和周君芝，2014）。因此，有必要考察东道国经济发展水平对对外直接投资与中国制造业企业成长之间关系的潜在影响。

分析来看，相对于市场寻求型与资源寻求型对外直接投资来说，效率寻求型对外直接投资为产品的垂直化生产提供了条件，强化了国内市场与国际市场之间的联系，将有利于提高对外直接投资企业的技术效率；而战略资产寻求型对外直接投资更多的是获得东道国先进的技术、管理经验、品牌和本地化的营销网络等战略性资源，具有相对较强的逆向技术溢出效应。由效率寻求型或战略资产寻求型对外直接投资获取的技术进步或逆向技术溢出，更可能用于改善产品生产环节、提高产品质量，或用于新产品的开发、增加产品的品种，从而可以为推进国内的投资提供技术支撑（李洪亚和宫汝凯，2016），从对外直接投资对企业国内投资与就业的影响上看，由于对发达国家或地区投资具有相对较高的逆向技术溢出，因此面向

---

① 本书中发达国家包括 34 个 OECD 国家，并以样本中非 OECD 国家（地区）进行衡量发展中国家或欠发达国家。

② 数据来源：2003 ~ 2015 年《中国对外直接投资统计公报》，并经相关计算得到。

发达国家或地区的投资对企业国内投资与就业的影响就可能更强。而出于寻求资源或开拓市场的目的对发展中国家或欠发达国家投资，由于发展中国家或欠发达国家经济发展水平与技术水平较低，虽然实施对外直接投资具有边际产业转移的优势，其发展具有较大的空间，但其在投资环境、配套设施、法律制度、政治风险等方面会面临很大的困境，而往往实施边际产业转移的力度不够，影响对外直接投资的成效（李泳，2009）。因而，根据对外直接投资对企业国内投资、就业以及生产率等方面的影响进行判断，面向发达国家或地区的投资对企业成长的影响比面向发展中国家或地区投资对企业成长的影响更为有利。同样，基于上述对外直接投资对企业成长影响具有非对称效应的分析，不同成长率的制造业企业面向不同经济发展水平国家的直接投资对制造业企业成长的影响也具有非对称效应。基于以上分析，提出如下研究假说：

　　研究假说3：虽然对外直接投资对中国制造业企业成长具有不利影响，但相对来说，对于发达国家或地区的投资比对发展中国家或地区的投资更能够促进中国制造业企业成长。同时，不同成长率的企业以及面向不同经济发展水平国家的投资对企业成长的影响均具有非对称效应。

第四节　计量模型、变量与数据

一、模型设定与估计方法

　　对于计量模型的设定，首先，参照通常实证研究影响企业成长因素的基本框架，基于企业规模与成长关系的模型——吉布莱特定律进行构建。吉布莱特定律由1931年法国学者吉布莱特首次提出，刻画了企业规模和产业结构之间的关系，其主要说明：不同规模的企业，其成长率并不会因为各自的规模不同而有所差异（这一观点又被称为吉布莱特的比例效应定律，LPE）；企业成长率是一个随机过程，企业规模分布近似呈对数正态分布。对于吉布莱特定律的检验，不仅能够探测企业成长的动态演进规律，也可以为影响企业成长的因素提供一个实证研究框架（Hall，1987；Rossi - Hansberg and Wright，2007；Angelini and Generale，2008；Daunfeldt and Elert，2013；Prabal and Nagaraj，2014；Acemoglu and Cao，2015；Meisenzahl，2016）。在实证研究模型中加入企业规模与企业年龄作为主要控制变量，探求企业成长随企业规模与企业年龄演进的变动规律。其次，考虑到在没有实施对外直接投资之前，对外直接投资企业和非对外直接投资企业本身也存在显著差异，同时企业成长可能存在潜在的成长趋势，采用双重差分法以去除对外直接投资企业与非对外直接投资企业成长率本身的差异以及企业成长的潜在趋势，设立双重差分模型来分析。由此，将基本模型设立为：

$$
\begin{aligned}
\ln EMPRATE_{it} = {} & \alpha_0 + \alpha_1 G_i + \alpha_2 D_t + \alpha_3 G_i \times D_t + \alpha_4 \ln EMP_{it-1} + \alpha_5 \ln AGE_{it-1} \\
& + \alpha_6 (\ln EMP_{it-1})^2 + \alpha_7 (\ln AGE_{it-1})^2 + \alpha_8 (\ln EMP_{it-1}) \\
& \times (\ln AGE_{it-1}) + \alpha_9 ROS_{it} + \alpha_{10} \ln TFP_{it} + \alpha_{11} \ln KL_{it} + \alpha_{12} D\_EX \\
& + \alpha_{13} D\_OWN + \alpha_{14} D\_REG + \sum_h \alpha_h IND_{ih} + \mu_i + \varepsilon_{it} \quad (7-3)
\end{aligned}
$$

其中，被解释变量为 $\ln EMPRATE_{it}$，用企业就业人数变化率衡量企业成长率。主要解释变量为实验组虚拟变量 G_i、实验期虚拟变量 D_t 及其交互项 $G_i \times D_t$，本章更关心的是政策性变量 $G_i \times D_t$ 的系数，它衡量了企业实施对外直接投资对企业成长影响的净效应。相关控制变量如下：$\ln EMP_{it}$ 为用企业就业人数衡量的企业规模的对数，$\ln AGE_{it}$ 为企业年龄的对数，为考察前期规模与年龄对当期企业成长的影响，均取滞后一期值；ROS_{it} 为销售利润率；$\ln TFP_{it}$ 是全要素生产率的对数；$\ln KL_{it}$ 是资本劳动比的对数；D_EX 为企业是否为出口企业的虚拟变量；D_OWN 为所有制虚拟变量；D_REG 为地区虚拟变量；IND_{ih} 为行业虚拟变量。μ_i 为不可观测或难以观测的企业个体效应，ε_{it} 为随机扰动项。利用模型（7-3）可以检验吉布莱特定律并实证分析对外直接投资对中国制造业企业成长的影响效应。

首先，对于吉布莱特定律的检验主要根据企业规模估计的系数 $\hat{\alpha}_4$ 判断企业规模与成长是否服从吉布莱特定律，若 $\hat{\alpha}_4$ 显著不为零，则吉布莱特定律不成立，反之，企业规模与成长服从吉布莱特定律。

其次，对模型（7-3）进行 OLS 估计可以得到 $G_i \times D_t$ 系数的估计量 $\hat{\alpha}_3$，以考察企业是否进行对外直接投资对企业成长影响的政策效应。

尤其是，本章数据显示出中国制造业企业成长率与规模均并不完全服从正态分布，其分布具有非对称性，对外直接投资可能对高成长率或低成长率等不同成长率的企业成长具有差异影响。为了考察是否实施对外直接投资对制造业企业成长率的不同分位数的影响，在模型（7-3）的基础上，设立分位数回归模型：

$$
\begin{aligned}
\ln EMPRATE_{it} = {} & \alpha_0^q + \alpha_1^q G_i + \alpha_2^q D_t + \alpha_3^q G_i \times D_t + \alpha_4^q \ln EMP_{it-1} + \alpha_5^q \ln AGE_{it-1} \\
& + \alpha_6^q (\ln EMP_{it-1})^2 + \alpha_7^q (\ln AGE_{it-1})^2 + \alpha_8^q (\ln EMP_{it-1})
\end{aligned}
$$

$$\times (\ln AGE_{it-1}) + \alpha_9^q ROS_{it} + \alpha_{10}^q \ln TFP_{it} + \alpha_{11}^q \ln KL_{it}$$
$$+ \alpha_{12}^q D\_EX + \alpha_{13}^q D\_OWN + \alpha_{14}^q D\_REG + \sum_h \alpha_h^q IND_{ih}$$
$$+ \mu_i^q + \varepsilon_{it}^q \tag{7-4}$$

其中，上标 q 表示被解释变量 $\ln EMPRATE_{it}$ 跨企业分布的分位数，与模型（7-3）不同，在模型（7-4）的框架下，用 α^q 表示的解释变量对被解释变量的边际效应可以随着被解释变量在其分布中位置 q 的变化而变化（简泽等，2014）。由于分位数回归使用残差绝对值的加权平均作为最小化的目标函数，故不宜受到异端值的影响，相比 OLS 回归更为稳健。更重要的是，分位数回归能够提供关于企业成长率的条件分布的全面信息，从而可以考察是否实施对外直接投资对中国制造业不同分位数企业成长率影响的差异性。

二、变量定义及其度量

（一）变量定义及其度量

1. 实验组虚拟变量（G_i）和实验期虚拟变量（D_t）

本章采用"自然实验"的方法以考察企业是否实施对外直接投资对企业成长的影响，即企业成长在实施了对外直接投资决策前后是否发生显著的变化，模型中设立实验组虚拟变量和实验期虚拟变量。

（1）按照企业是否实施对外直接投资决策行为进行构造实验组虚拟变量 G_i，即实施对外直接投资的企业属于实验组时为 1，不实施对外直接投资的企业属于控制组时为 0。

（2）关于实验期虚拟变量 D_t 的设立说明如下（如图 7-1 所示）：首先，从对外直接投资企业个数来看，2000 年中国核准对外直接投资企业 12 家，2003 年核准对外直接投资企业增至 46 家，2007 年核准对外直接投资企业已增至 1113 家，截止到 2007 年底，累计核准对外直接投资企业数为 3320 家。其次，从对外直接投资流量来看，2000 年中国对外直接投资流量仅为 9.16 亿美元，2003 年对外直接投资流量为 28.55 亿美元，2007 年对外直接投资流量已达到 265.06 亿美元。① 可见，2004 年之前中国对外直接投资企业个数较小且规模有限，2004 年之后呈现大规模"走出去"

---

① 对外直接投资境内投资企业数目，是指当年核准的实施对外直接投资的境内投资企业数目，且这里不包括重复核准的企业数。相关数据来自商务部公布的《境外投资企业（机构）名录》。对外直接投资流量数据来自历年《中国对外直接投资统计公报》。

态势。鉴于此，根据中国对外直接投资企业大规模实施对外直接投资的进程来划分，本章设立实验期虚拟变量 D_t，即在 2004 年之前时取值为 0，在 2004 年之后（包括 2004 年）时取值为 1。

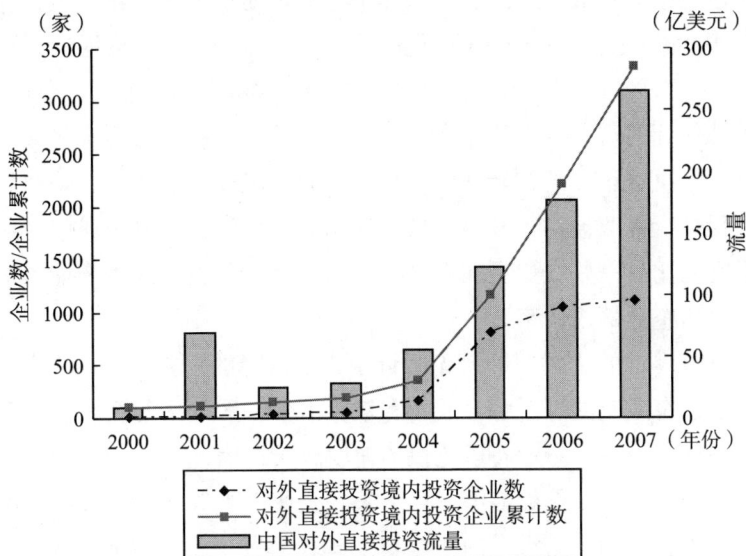

图 7 – 1　2000 ~ 2007 年中国对外直接投资流量与企业数目

2. 企业成长率（$\ln EMPRATE_{it}$）与企业规模（$\ln EMP_{it}$）

关于企业成长的思想至少可以追溯到古典经济学的开创者亚当·斯密的分工理论以及后来的规模经济理论等。企业成长是一个内涵比较丰富的概念，对于成熟型企业来说，更多的是看企业质量的提升；而对于成长型企业来说，通常是看企业规模变化的速度。企业规模通常选用企业的营业总收入、资产总额和就业人员总数进行衡量，本章更倾向于关注实施对外直接投资策略对企业就业规模变化的影响。一方面，出于对实施对外直接投资策略可能会引起国内就业下降，导致产业空心化的关注（Liu et al.，2015；刘海云和聂飞，2016）。另一方面，采用就业人员总数衡量企业规模不需要考虑物价指数以及贴现率等因素的影响，会使分析问题趋于简单。由此，主要采用企业就业人员总数的对数（$\ln EMP_{it}$）衡量企业规模。企业成长率用企业规模增长率衡量，即 $\ln EMPRATE_{it} = \ln EMP_{it} - \ln EMP_{it-1}$。此外，还采用了企业营业总收入（$\ln REVENUE_{it}$）与资产总额（$\ln TTAST_{it}$）衡量企业规模，用企业营业总收入增长率（即 $\ln REVENUERATE_{it} = \ln REVENUE_{it} - \ln REVENUE_{it-1}$）和资产总额增长率（即 $\ln TTASTRATE_{it} = \ln TTAST_{it} - \ln TTAST_{it-1}$）衡量企业成长率进行稳健性检验。

3. 企业年龄（$\ln AGE_{it}$）

企业年龄的大小反映了企业成长生命周期的不同阶段，不同年龄阶段的企业具有不同的成长特征。企业年龄根据企业成立时期和观测期计算得到，在模型中以对数的形式表示。在企业成长动态中企业年龄可以作为企业"干中学"效应的一个代理变量（Jovanovic，1982）。根据约万诺维奇（Jovanovic，1982）的"学习"理论，当一个企业开始进入一个行业时，相对于其估计的行业内平均生产能力，企业的建立者通常会选择以更低的生产能力来决定企业的初始规模。然后，通过观察他的成本，按照贝叶斯学习过程进行修改他对行业内平均生产能力的估计，一些企业的管理者就会发现它们比另一些企业更加有效率，从而就会以更高的生产能力进行生产以此提高企业的成长率。

约万诺维奇的"学习"理论强调了市场选择的重要性，认为由于市场选择机制，有效率的企业将会成长和幸存下来，无效率的企业将会衰落或退出，并且有效率的企业将以更快的速度成长。因此，新进入的企业通常具有较低的存活率，然而能够幸存下来的企业由于效率较高反而能够以更快的速度成长。约万诺维奇的"学习"理论解释了企业规模与成长之间的负相关关系，也预示了年轻的企业比年长的企业有更高的成长率。同时，关于企业规模与成长关系的众多理论分析和实证研究表明企业成长具有"规模依赖"（size dependence）和"年龄依赖"（age dependence），企业的成长率不仅受到企业规模的影响，还受到企业年龄的影响。所以，在模型中分别用企业规模的对数（$\ln EMP_{it-1}$）和企业年龄的对数（$\ln AGE_{it-1}$）及其二次项（（$\ln EMP_{it-1}$）^{2} 与（$\ln AGE_{it-1}$）^{2}）和它们的交互项（$\ln EMP_{it-1} \times \ln AGE_{it-1}$）来考察企业规模和企业年龄对企业成长的影响。

4. 生产率或技术进步（TFP_{it}）

生产率或技术进步是促进企业成长的关键要素，生产率本章用全要素生产率（$\ln TFP_{it}$）衡量。对于 $\ln TFP_{it}$ 的估计，现有的研究表明利用 OP 法（Olley and Pakes，1996）与 LP 法（Levinsohn and Petrin，2003）等半参数方法能够较好地解决传统计量方法中的内生性和样本选择问题。相对于 OP 法采用投资作为不可观测生产率扰动因素的代理变量，LP 法采用中间投入进行估计具有相对的优越性。然而，由于劳动投入与中间投入之间存在相关性使得 LP 法第一阶段估计可能产生多重共线性问题。在最近的实证产业组织（IO）研究中，阿克伯格等（Ackerberg et al.，2015）对 LP 法进行了改进，提出 ACF 方法，在第一阶段估计时将劳动投入纳入中间投入决策需求函数以克服多重共线性问题。相比 OP 法与 LP 法，ACF 法在处理内生性、选择偏差以及缺失变量偏差等问题上具有显著的优势。鉴于此，本章主要选择 ACF 法来估计 $\ln TFP_{it}$，并利用超越对数生产函数设立计量模型为：

$$\ln Y_{it} = \beta_L \ln L_{it} + \beta_K \ln K_{it} + \beta_{LL} \ln L_{it}^2 + \beta_{KK} \ln K_{it}^2$$
$$+ \beta_{LK} \ln L_{it} \times \ln K_{it} + \omega_{it} + \nu_{it} \qquad (7-5)$$

其中，Y_{it} 表示总产出，L_{it} 是劳动投入，K_{it} 是资本投入。[①] 误差项包括能够影响投入决策的不可观测的随机扰动项 ω_{it} 以及与投入不相关的随机扰动项 ν_{it}，ω_{it} 和 ν_{it} 之间关键的差异在于 ω_{it} 是一个状态变量，能够影响到生产者的投入决策，这将会导致在生产函数估计中产生内生性问题，如果忽视 ω_{it} 与投入之间的联立性将会使估计不一致。因此，如同 LP 法，在使用 ACF 法估计时，本章采用中间投入 M_{it}（取对数）作为不可观测生产率的代理变量进行估计。[②] 进而根据估计的结果进行测算企业生产率 $\ln TFP_{it}$。对于 TFP_{it} 的稳健性检验本章还采用了 LP 法估计的生产率 $\ln TFP\_LP_{it}$ 作为替代变量进行了估计。

5. 资本劳动比（KL_{it}）与其他控制变量

根据多姆斯等（Doms et al.，1995）、杨和黄（Yang and Huang，2005）等的相关研究文献，在企业成长回归模型中加入资本劳动比可以解释企业的异质性，企业的资本劳动比用 KL_{it} 表示，用固定资产净值年平均余额与就业人员总数的比值来衡量（取对数），其实质反映了企业的资本和劳动力资源配置情况或资本的密集度。企业的盈利能力是企业获取利润的能力，是影响企业成长的重要变量，本章中企业盈利能力用企业的销售净利润率 ROS_{it} 进行衡量，在稳健性检验中还采用了企业的总资产净利润率 ROA_{it} 进行了估计。D_EX 是企业是否是出口企业的虚拟变量，当企业是出口企业时为 1，否则为 0，用来衡量出口需求对企业成长的影响；D_OWN 是企业所有制虚拟变量，当企业是国有企业为 1，否则为 0，用来考

---

① 对于制造业企业生产函数的估计：第一，根据现有文献的做法，选用工业增加值来衡量企业的总产出，其中2004年工业增加值并没有直接给出，对于缺失年份的工业增加值，根据会计准则进行估算得到，其计算公式为：工业增加值 = 工业总产值（现价）- 工业中间投入 + 增值税（刘小玄和李双杰，2008）；第二，用固定资产净值年平均余额来衡量资本投入；第三，用企业就业人员总数来衡量劳动投入；第四，中间投入数据直接取自《中国工业企业数据库》。

② 相关指标均以相关价格指数进行了平减，其中，总产出采用产出价格指数进行平减，资本投入采用固定资产投资价格指数进行平减，中间投入采用投入价格指数进行平减。其中，产出价格指数与投入价格指数来自勃兰特（Brandt et al.，2012），固定资产价格指数来源于历年《中国统计年鉴》。

察企业的所有制类型对企业成长的影响差异；D_REG 是地区虚拟变量，按照国家统计局划分标准，把中国 31 个省份划分为东、中和西部地区①，D_REG 表示东部地区为 1，中、西部地区为 0，用来衡量区域差异对企业成长的影响；IND_{ih} 是一组两位数行业虚拟变量，根据中国工业行业划分标准，可以把中国工业行业划分为 39 个工业大类，本章选择了全部制造业行业代码从 C13 到 C43（无 C38）共 30 个制造业行业大类的企业数据，所以，令 $h = 1，\cdots，29$。

三、数据说明

本章相关数据主要来自《中国工业企业数据库》《中国统计年鉴》《中国对外直接投资统计公报》以及商务部公布的《境外投资企业（机构）名录》。相关数据处理过程如下：第一，利用《中国工业企业数据库》筛选 2000~2007 年中国工业企业数据。参照勃兰特等（Brandt et al.，2012）数据处理方法，使用企业名称代码、行业代码以及电话号码等信息合并各年份工业企业数据。同时，为了避免数据本身存在异常值的影响，按照通常的筛选标准，删除了样本数据中企业营业总收入、资产总额以及就业人数为 0 或为负等明显与事实不相符的企业样本。第二，利用《境外投资企业（机构）名录》搜集整理对外直接投资企业相关数据。主要数据信息包括：企业海外投资的母公司名称、海外投资分支机构名称、投资东道国、母公司所属地区及分支机构设立时间等数据信息。本章搜集整理了 2000~2007 年中国对外直接投资企业样本。第三，将对外直接投资企业相关数据与工业企业样本进行匹配。第四，选择两位数行业代码作为行业分类标准，即通常说的 39 个工业大类中从 C13 到 C43（无 C38），包括从农副食品加工业、食品制造业到废弃资源和废旧材料回收加工业等 30 个工业大类制造业企业作为本章的研究样本。② 第五，考虑到双重差分估计结果的

---

① 根据国家统计局划分标准，东部地区包括北京、天津、河北、辽宁、上海、江苏、浙江、福建、山东、广东和海南 11 个省份；中部地区包括山西、吉林、黑龙江、安徽、江西、河南、湖北和湖南 8 个省份；西部地区包括内蒙古、广西、重庆、四川、贵州、云南、西藏、陕西、甘肃、青海、宁夏和新疆 12 个省份。

② 相关指标均以相关价格指数进行了平减，其中，总产出采用产出价格指数进行平减，资本投入采用固定资产投资价格指数进行平减，中间投入采用投入价格指数进行平减。其中，产出价格指数与投入价格指数来自勃兰特等（Brandt et al.，2012），固定资产价格指数来源于历年《中国统计年鉴》。由于中国在 2002 年颁布了新的《国民经济行业分类》并于 2003 年开始正式实施，这里我们根据勃兰特等（2012）对中国工业行业分类（CIC）四位码调整方法对制造业行业进行了调整。

可靠性还可能与对照组企业的选择有关，将对外直接投资企业作为处理组（实验组），将非对外直接投资企业作为备选对照组（控制组），逐年采用倾向得分匹配法（PSM）1对1近邻匹配得到匹配后的样本，共6784个观测值。表7-1列出了2001年、2004年与2007年各主要变量的描述性统计。① 从数据描述性统计来看，对外直接投资企业成长率的均值呈下降趋势变化，而非对外直接投资企业成长率的均值呈上升趋势变化，其中在2001年与2004年对外直接投资企业与非对外直接投资企业成长率具有显著的差异，而在2007年二者在统计上无显著差异。从对外直接投资企业与非对外直接投资企业特征变量上来看，经过匹配过后，对外直接投资企业与非对外直接投资企业除企业规模与企业年龄以外的特征变量在统计意义上基本不再具有显著性差异。

表7-1　　　　　　　　　　主要变量的描述性统计

变量	2001 年		2004 年		2007 年	
	对外直接投资企业	非对外直接投资企业	对外直接投资企业	非对外直接投资企业	对外直接投资企业	非对外直接投资企业
观测值	196	196	475	475	748	748
$\ln EMPRATE(t)$	0.109 *** (0.377)	-0.060 (0.362)	0.087 *** (0.487)	0.000 (0.450)	0.035 (0.306)	0.021 (0.341)
$\ln EMP(t-1)$	6.133 *** (1.411)	5.670 (1.297)	5.993 *** (1.346)	5.689 (1.317)	6.010 *** (1.372)	5.517 (1.485)
$(\ln EMP(t-1))^2$	39.591 *** (18.709)	33.819 (16.796)	37.726 (17.454)	34.095 (16.118)	38.006 *** (17.916)	32.644 (18.441)
$\ln AGE(t-1)$	2.242 *** (0.900)	2.492 (0.957)	2.104 *** (0.752)	2.111 (0.849)	2.185 *** (0.658)	1.982 (0.929)
$(\ln AGE(t-1))^2$	5.833 ** (4.348)	7.122 (5.731)	4.991 (3.480)	5.174 (3.830)	5.208 ** (2.971)	4.789 (3.605)

① 其中倾向得分匹配的协变量包括企业规模、企业年龄及其二次项与交互项、企业生产率、资本劳动比、销售净利润率、所有制虚拟变量、地区虚拟变量与行业虚拟变量等。此外，本章还采用了1对4匹配以及核匹配等多种倾向得分匹配方法进行估计，结果均是稳健的。本章中仅给出1对1匹配估计的结果，其余结果不再列示。平衡性检验结果显示匹配后的样本基本满足平衡性检验条件，限于篇幅其结果不再列示。

变量	2001 年		2004 年		2007 年	
	对外直接投资企业	非对外直接投资企业	对外直接投资企业	非对外直接投资企业	对外直接投资企业	非对外直接投资企业
$\ln EMP(t-1) \times$ $\ln AGE(t-1)$	14.272 (7.939)	14.501 (7.844)	13.004 (6.556)	12.326 (6.442)	13.463 *** (6.119)	11.458 (6.903)
$\ln TFP(t-1)$	6.030 (0.855)	5.928 (1.105)	6.265 (0.932)	6.231 (0.859)	6.490 (1.009)	6.415 (1.008)
$\ln KL(t)$	3.801 (1.044)	3.692 (1.049)	3.789 (1.101)	3.733 (1.086)	4.030 ** (1.091)	3.884 (1.121)
$ROS(t)$	5.152 *** (6.381)	2.789 (10.673)	4.387 * (8.037)	3.462 (8.335)	4.146 (7.750)	3.789 (6.610)

注：①固定资产投资年平均余额的单位为千元，就业人数的单位为人，企业年龄为年，ROS 的单位为%；②括号内的是标准差，*** 、** 和 * 分别表示1%、5%和10%的显著性水平。

为刻画制造业对外直接投资企业与非对外直接投资企业成长率变动趋势，本章从如下两个方面进行考察。第一，画图检验企业成长率变动趋势。图7－2列示了2001～2007年对外直接投资企业与非对外直接投资企业成长率的均值以及5%和95%分位数。在样本均值处，2001～2007年对外直接投资制造业企业成长率均高于非对外直接投资制造业企业成长率，从变动趋势来看，2004年之前，对外直接投资企业与非对外直接投资企业成长率变动趋势基本相似，而在2004年之后，对外直接投资企业成长率趋于下降而非对外直接投资企业成长率趋于上升，以2004年为界，前后年份制造业平均企业成长率变动具有显著差异，满足双重差分平行趋势假设条件。在5%和95%分位数，对外直接投资企业与非对外直接投资企业成长率在2004年前后变动趋势具有差异，但差异性相对较小，这一特征在回归结果中可以得到体现。第二，对制造业对外直接投资企业与非对外直接投资企业规模与企业成长率分别做核密度估计，如图7－3和图7－4所示，核密度估计结果形象地刻画了2001～2007年制造业对外直接投资企业与非对外直接投资企业规模与企业成长率变动趋势，这与制造业对外直接投资企业与非对外直接投资企业规模与企业成长率的数据描述性统计特征相吻合。

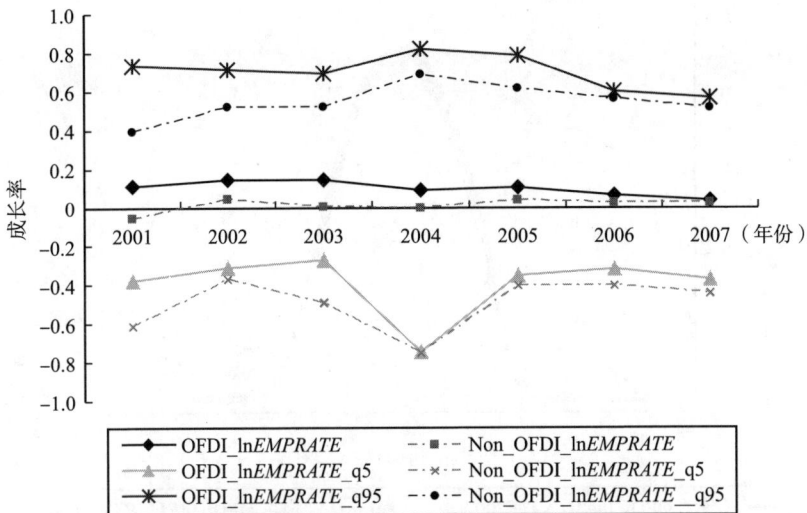

图 7 - 2 2001～2007 年制造业对外直接投资企业与非对外直接投资企业成长率变动

注：OFDI_ln*EMPRATE* 表示对外直接投资企业成长率的均值，OFDI_ln*EMPRATE*_q5 和 OFDI_ln*EMPRATE*_q95 分别表示对外直接投资企业成长率的5%分位数和95%分位数，Non_OFDI_ln*EMPRATE* 表示非对外直接投资企业成长率的均值，Non_OFDI_ln*EMPRATE*_q5 和 Non_OFDI_ln*EMPRATE*_q95 分别表示非对外直接投资企业成长率的5%分位数和95%分位数。

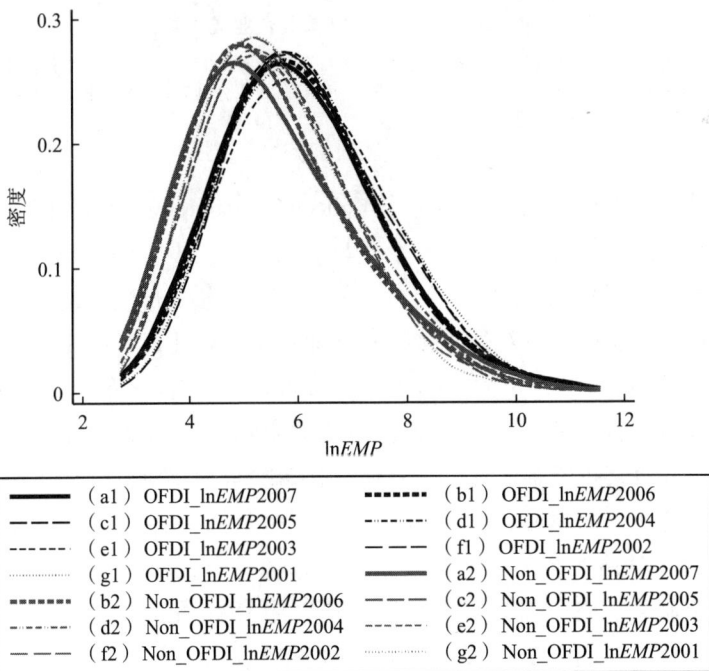

图 7 - 3 2001～2007 年制造业企业规模分布

注：OFDI_ln*EMP*2007 和 OFDI_ln*EMPRATE*2007 分别表示 2007 年对外直接投资企业的规模与成长率，Non_OFDI_ln*EMP*2007 和 Non_OFDI_ln*EMPRATE*2007 分别表示 2007 年非对外直接投资企业的规模与成长率，其他年份具有相似的表达。

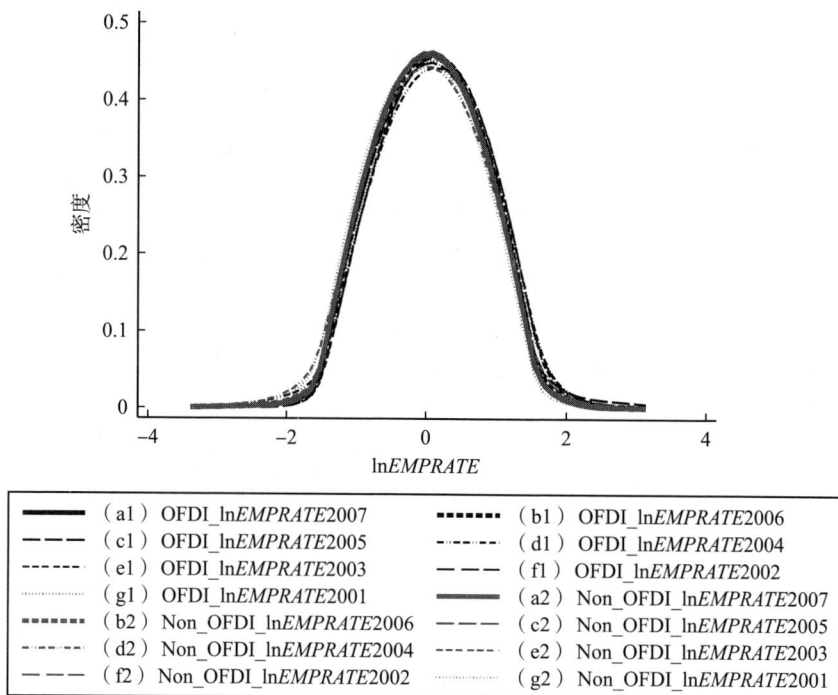

图7-4　2001~2007年制造业企业成长率分布

注：OFDI_ln*EMP*2007 和 OFDI_ln*EMPRATE*2007 分别表示 2007 年对外直接投资企业的规模与成长率，Non_OFDI_ln*EMP*2007 和 Non_OFDI_ln*EMPRATE*2007 分别表示 2007 年非对外直接投资企业的规模与成长率，其他年份具有相似的表达。

此外，本章还采用了两个样本 Kolmogorov-Smirnov（KS）同分布检验进行检验了制造业对外直接投资企业与非对外直接投资企业规模与企业成长率变量是否服从同分布，采用单一样本 KS 正态分布检验来检验制造业对外直接投资企业与非对外直接投资企业规模与企业成长率变量是否服从正态分布。如表7-2所示，KS 正态分布检验与 KS 同分布检验（根据 KS 检验的 p 值进行判断）结果显示，2001~2007 年制造业对外直接投资企业与非对外直接投资企业规模与企业成长率除个别年份以外均不服从正态分布，且各年企业规模和成长率除个别年份以外，两两也不服从同分布。由于制造业对外直接投资企业与非对外直接投资企业规模与成长率分布并不完全服从正态分布，因此如果直接采用 OLS 估计不能反映不同条件分位数企业实施对外直接投资对企业成长影响的差异性。有鉴于此，本章主要采用分位数回归估计实施对外直接投资对制造业企业成长的影响效应。

表 7 - 2　　　　　**KS 正态分布与同分布检验结果**

KS 检验正态分布		KS 检验正态分布		KS 检验同分布	
样本	p 值	样本	p 值	样本	p 值
(a1) OFDI_lnEMP2007	0.006	(a2) Non_OFDI_lnEMP2007	0.000	(a1) = (a2)	0.000
(b1) OFDI_lnEMP2006	0.046	(b2) Non_OFDI_lnEMP2006	0.000	(b1) = (b2)	0.000
(c1) OFDI_lnEMP2005	0.014	(c2) Non_OFDI_lnEMP2005	0.000	(c1) = (c2)	0.000
(d1) OFDI_lnEMP2004	0.145	(d2) Non_OFDI_lnEMP2004	0.014	(d1) = (d2)	0.000
(e1) OFDI_lnEMP2003	0.330	(e2) Non_OFDI_lnEMP2003	0.059	(e1) = (e2)	0.000
(f1) OFDI_lnEMP2002	0.020	(f2) Non_OFDI_lnEMP2002	0.023	(f1) = f2)	0.000
(g1) OFDI_lnEMP2001	0.073	(g2) Non_OFDI_lnEMP2001	0.050	(g1) = (g2)	0.000
(a1) OFDI_ln$EMPRATE$2007	0.000	(a2) Non_OFDI_ln$EMPRATE$2007	0.000	(a1) = (a2)	0.932
(b1) OFDI_ln$EMPRATE$2006	0.000	(b2) Non_OFDI_ln$EMPRATE$2006	0.000	(b1) = (b2)	0.359
(c1) OFDI_ln$EMPRATE$2005	0.000	(c2) Non_OFDI_ln$EMPRATE$2005	0.000	(c1) = (c2)	0.012
(d1) OFDI_ln$EMPRATE$2004	0.000	(d2) Non_OFDI_ln$EMPRATE$2004	0.000	(d1) = (d2)	0.000
(e1) OFDI_ln$EMPRATE$2003	0.000	(e2) Non_OFDI_ln$EMPRATE$2003	0.000	(e1) = (e2)	0.000
(f1) OFDI_ln$EMPRATE$2002	0.000	(f2) Non_OFDI_ln$EMPRATE$2002	0.000	(f1) = f2)	0.000
(g1) OFDI_ln$EMPRATE$2001	0.000	(g2) Non_OFDI_ln$EMPRATE$2001	0.000	(g1) = (g2)	0.000

注：OFDI_lnEMP2007 和 OFDI_ln$EMPRATE$2007 分别表示 2007 年对外直接投资企业的规模与成长率，Non_OFDI_lnEMP2007 和 Non_OFDI_ln$EMPRATE$2007 分别表示 2007 年非对外直接投资企业的规模与成长率，其他年份具有相似的表达。

第五节　实证结果及其分析

一、基本模型估计结果及分析

（1）采用 OLS 回归对基本模型（7-3）进行估计，结果如表 7-3 所示。表 7-3 第（1）和（2）列是解释变量仅包含实验组虚拟变量 G_i 的估计结果，结果表明，平均来看，制造业对外直接投资企业比非对外直接投资企业的成长率本身高 6.8% 或 7.2%。表 7-3 第（3）和（4）列是解释变量同时包含实验组虚拟变量 G_i 和实验期虚拟变量 D_t 的估计结果，结果表明，平均来看，制造业对外直接投资企业比非对外直接投资企业的成长

率本身高 6.8% 或 7.1%，而且在 2004 年之后企业的平均成长率低于 2004
年之前企业平均成长率的大约 2.2% 或 5.4%。表 7 - 3 第（5）和（6）列
是解释变量包含实验组虚拟变量 G_i 以及实验组虚拟变量与实验期虚拟变
量交互项 $G_i \times D_t$ 的估计结果，结果表明，平均来看，制造业对外直接投
资企业比非对外直接投资企业的成长率本身高 11.9% 或 13.6%，而从实
验组虚拟变量与实验期虚拟变量交互项 $G_i \times D_t$ 估计的系数来看，实施对
外直接投资对制造业企业成长的影响呈现出显著的负向效应，其影响效应
分别为 -6.8% 与 -8.5%。表 7 - 3 第（7）和（8）列是解释变量包含实
验组虚拟变量 G_i、实验期虚拟变量 D_t 以及二者之间的交互项 $G_i \times D_t$ 的估
计结果，结果表明，平均来看，制造业对外直接投资企业比非对外直接投
资企业的成长率本身高 13.7% 或 12.0%，在 2004 年之后企业的平均成长
率与在 2004 年之前企业的平均成长率差异不显著，从交互项估计的系数
来看，交互项系数显著为负，表明实施对外直接投资对制造业企业成长具
有负向效应。对外直接投资能否推动制造业企业成长是一个值得深入研究
的问题，也是一个需要证实的问题。如果对外直接投资能够推动制造业企
业成长，制造业企业大规模"走出去"就有其客观合理性；反之，如果制
造业企业实施对外直接投资还不能够推动制造业企业成长，制造业企业将
面临是"立足本国"还是"走向世界"的现实抉择。而本章的研究结果
支持本章的研究假说 1：对外直接投资对中国制造业企业平均成长率的影
响还没有呈现出显著的正向效应，甚至呈现出负向效应。本章的结果显示
出中国制造业企业通过实施"走出去"发展战略来拉动制造业企业成长依
然任重道远。

从控制变量估计结果来看，结果显示，企业规模的一次项对制造业企
业成长具有显著的负向影响，表明中国制造业企业规模与成长之间并不遵
循吉布莱特定律，企业规模的二次项对企业成长的影响具有显著的正向影
响；企业年龄的一次项对企业成长具有显著的负向影响，其二次项对企业
成长具有显著的正向影响或影响效应不显著；企业规模与企业年龄的交互
项对企业成长具有显著的正向影响或影响效应不显著。在控制了其他变量
后，企业规模和年龄对企业成长率的边际影响效应分别可以用 $E_{EMP} =$
$\partial \ln EMPRATE_{it} / \partial \ln EMP_{it-1}$ 和 $E_{AGE} = \partial \ln EMPRATE_{it} / \partial \ln AGE_{it-1}$ 来衡量，如表
7 - 4 所示。在样本均值处，企业规模与企业年龄对企业成长均具有负向
影响效应，显示出中国制造业企业成长具有显著的"规模依赖"和"年
龄依赖"特征，即企业规模越大企业成长率越低，企业年龄越大企业成长

表 7 - 3　对外直接投资与制造业企业成长：OLS 回归结果

变量	(1)	(2)	(3)	(4)	(5)	(6)	(7)	(8)
G_i	0.068*** (7.503)	0.072*** (7.802)	0.068*** (7.505)	0.071*** (7.655)	0.119*** (8.227)	0.136*** (9.555)	0.137*** (7.449)	0.120*** (6.642)
D_t			-0.022** (-2.088)	-0.054*** (-5.152)			0.023 (1.562)	-0.021 (-1.417)
$G_i \times D_t$					-0.068*** (-4.519)	-0.085*** (-5.880)	-0.091*** (-4.300)	-0.065*** (-3.164)
$\ln EMP(t-1)$		-0.216*** (-9.536)		-0.222*** (-9.812)		-0.217*** (-9.601)		-0.219*** (-9.675)
$(\ln EMP(t-1))^2$		0.014*** (7.107)		0.014*** (7.353)		0.014*** (7.190)		0.014*** (7.257)
$\ln AGE(t-1)$		-0.086*** (-3.526)		-0.085*** (-3.476)		-0.081*** (-3.314)		-0.082*** (-3.344)
$(\ln AGE(t-1))^2$		0.008* (1.668)		0.007 (1.500)		0.007 (1.493)		0.007 (1.469)
$\ln EMP(t-1) \times \ln AGE(t-1)$		0.007 (1.598)		0.007* (1.658)		0.007 (1.546)		0.007 (1.581)

续表

变量	(1)	(2)	(3)	(4)	(5)	(6)	(7)	(8)
lnTFP(t)		0.079*** (14.818)		0.082*** (15.377)		0.081*** (15.251)		0.082*** (15.317)
lnKL(t)		-0.053*** (-11.659)		-0.053*** (-11.655)		-0.053*** (-11.594)		-0.053*** (-11.606)
ROS(t)		0.001*** (3.096)		0.001*** (2.911)		0.001*** (2.839)		0.001*** (2.829)
D_EX		0.069*** (6.168)		0.068*** (6.149)		0.068*** (6.131)		0.068*** (6.132)
D_OWN		-0.019 (-1.035)		-0.032* (-1.746)		-0.025 (-1.350)		-0.028 (-1.540)
D_REG		-0.019 (-1.111)		-0.020 (-1.199)		-0.019 (-1.126)		-0.020 (-1.156)
IND	no	yes	no	yes	no	yes	no	yes
常数项	0.017*** (2.714)	0.560*** (5.595)	0.034*** (3.328)	0.600*** (5.980)	0.017*** (2.718)	0.543*** (5.433)	-0.000 (-0.017)	0.563*** (5.576)
观测值	6784	6784	6784	6784	6784	6784	6784	6784
R^2	0.008	0.094	0.009	0.098	0.011	0.099	0.012	0.099

注：①括号内是各自估计系数的 t 统计值，***、** 和 * 分别表示 1%、5% 和 10% 的显著性水平；②均值回归模型的拟合优度是 Adj R^2。

率越低。这一结果与约万诺维奇（Jovanovic，1982）的"学习"理论模型的预测是一致的，显示了市场选择对中国制造业企业成长影响的重要性。此外，生产率与盈利能力对企业成长均具有显著的正向影响，说明提高企业技术进步与提升企业盈利能力可以成为推进中国制造业企业成长的重要途径，推动制造业企业成长不仅需要技术创新也需要一定的竞争优势。资本劳动比的增加对企业成长具有显著的负向影响，说明资本密度增加会降低企业的就业增长率，资本与劳动之间存在替代关系。出口需求对企业成长具有显著的正向影响，反映出中国制造业企业具有出口导向的特征，推动出口也可以成为推动中国制造业企业成长的一个重要途径。企业的国有性质对企业成长具有负向影响或影响效应不显著，这一结果说明，虽然国有企业具有国家财税金融相关政策支持等方面的优势对于国有企业成长具有正向效应，但是非国有企业在产权特征上对制造业企业成长也具有相对有利的地位，特别是民营企业在产权特征上更具自主性和灵活性，更可能通过市场机制来推动民营制造业企业成长。东部地区对制造业企业成长的影响不显著，反映出虽然东部地区具有较高的经济技术发展水平对于制造业企业成长具有有利影响，但是随着东部地区经济的发展，由于对土地和劳动力等生产要素需求的提高，使得生产要素成本上升，也可能对制造业企业成长带来不利影响；而中、西部地区制造业企业虽然会受到较低的经济技术发展水平的制约，但是其土地和劳动力等生产要素成本相对较低，对于发展制造业也就具有某种相对的优势。从而地区差异对中国制造业企业成长的影响不显著，这一现象也可以反映出随着中国东部地区产业转型升级，东部地区制造业企业在向中、西部地区转移的现实情况。

表7－4　　　　　在均值处企业规模与企业年龄对制造业
企业成长影响的边际效应

变量	(1)	(2)	(3)	(4)	(5)	(6)	(7)	(8)
$\ln EMP(t-1)$ (mean)	5.782	5.782	5.782	5.782	5.782	5.782	5.782	5.782
$\ln AGE(t-1)$ (mean)	2.083	2.083	2.083	2.083	2.083	2.083	2.083	2.083
E_{EMP}	—	-0.040	—	-0.046	—	-0.041	—	-0.043
E_{AGE}	—	-0.012	—	-0.015	—	-0.011	—	-0.012

注：①$\ln EMP(t-1)$ (mean) 和 $\ln AGE(t-1)$ (mean) 分别表示 $\ln EMP(t-1)$ 和 $\ln AGE(t-1)$ 的均值；②在控制了其他变量后，企业规模和年龄对企业成长率影响的边际效应分别可以用 $E_{EMP} = (\partial \ln EMPRATE_{it}/\partial \ln EMP_{it-1})$ 和 $E_{AGE} = (\partial \ln EMPRATE_{it}/\partial \ln AGE_{it-1})$ 来表示。

（2）考察对外直接投资影响企业成长的非对称效应。对模型（7-4）采用分位数回归，结果如表7-5所示。这里我们主要关注对外直接投资影响制造业企业成长的政策效应，即实验组虚拟变量与实验期虚拟变量交互项估计的系数。回归结果显示，在5%与95%分位数，实验组虚拟变量与实验期虚拟变量交互项的估计系数不显著，说明对外直接投资对低成长率与高成长率制造业企业成长的影响不显著；而在25%、50%和75%分位数，实验组虚拟变量与实验期虚拟变量交互项的估计系数显著为负，说明对外直接投资对于中等成长率的制造业企业成长具有显著负向效应。这一结果表明对外直接投资对高成长率的企业成长和低成长率的企业成长的负向影响较小，而对于中等及偏上成长率的企业成长的负向影响较大。分位数回归结果显示出对外直接投资对中国制造业企业成长的影响具有非对称性效应，这一结果支持本文的研究假说2。在控制变量方面，企业规模的一次项在不同分位数对企业成长率均具有负向影响，企业规模的二次项在不同分位数对企业成长均具有正向效应。企业年龄的一次项在5%、25%和50%分位数对企业成长的影响不显著，在75%与95%分位数对企业成长均具有显著负向效应，其二次项在5%、50%与75%分位数对企业成长的影响不显著，在25%分位数对企业成长具有负向效应，在95%分位数对企业成长还具有显著的正向影响。企业规模与企业年龄的交互项对企业成长的影响除在75%分位数具有显著正向效应以外，在其他分位数对企业成长的影响均不显著。在控制了其他变量后，如表7-6所示，企业规模在5%和25%分位数对企业成长的边际影响效应均为负，而在50%、75%和95%分位数对企业成长的影响效应均为正，且显示出企业成长率越高企业规模对企业成长的负向影响效应越小；企业年龄在95%分位数对企业成长率的边际影响效应为正，而在其他分位数均具有负向影响效应，且显示出企业成长率较高的情况下企业年龄也会对企业成长带来正向效应。这一结果反映出成长率不同的制造业企业成长随企业规模与企业年龄变动的不同特征事实。此外，企业的生产率、盈利能力与出口需求在不同分位数对制造业企业成长均具有显著的正向效应，仍然显示出提高企业生产率或技术进步、出口需求以及盈利能力可以成为推动制造业企业成长的重要途径。资本劳动比的增加在不同分位数对制造业企业成长均具有显著的负向效应，仍然显示出资本与劳动之间的替代关系。企业的国有性质与地区差异在不同分位数对制造业企业成长的影响均不显著。分位数回归与OLS估计的结果具有相似性也具有一定的差异。

表7-5　　　　　对外直接投资与制造业企业成长：分位数回归结果

变量	(1)	(2)	(3)	(4)	(5)
	q5	q25	q50	q75	q95
G_i	0.131 (1.643)	0.044 *** (3.298)	0.058 *** (10.443)	0.106 *** (4.757)	0.089 (1.401)
D_t	-0.026 (-0.406)	0.000 (0.038)	-0.005 (-1.104)	-0.034 * (-1.894)	-0.038 (-0.729)
$G_i \times D_t$	-0.056 (-0.620)	-0.026 * (-1.735)	-0.053 *** (-8.408)	-0.063 ** (-2.529)	0.002 (0.032)
$\ln EMP(t-1)$	-0.367 *** (-3.670)	-0.064 *** (-3.883)	-0.021 *** (-3.071)	-0.183 *** (-6.570)	-0.358 *** (-4.486)
$(\ln EMP(t-1))^2$	0.023 *** (2.662)	0.004 *** (3.005)	0.002 *** (2.798)	0.012 *** (4.874)	0.025 *** (3.641)
$\ln AGE(t-1)$	-0.081 (-0.749)	0.002 (0.135)	0.003 (0.425)	-0.127 *** (-4.221)	-0.210 ** (-2.427)
$(\ln AGE(t-1))^2$	0.008 (0.398)	-0.008 ** (-2.292)	-0.002 (-1.265)	0.006 (1.006)	0.035 ** (2.147)
$\ln EMP(t-1) \times$ $\ln AGE(t-1)$	0.016 (0.834)	0.004 (1.319)	0.000 (0.042)	0.010 * (1.819)	-0.002 (-0.131)
$\ln TFP(t)$	0.106 *** (4.471)	0.028 *** (7.080)	0.008 *** (5.019)	0.051 *** (7.767)	0.147 *** (7.756)
$\ln KL(t)$	-0.079 *** (-3.926)	-0.012 *** (-3.679)	-0.006 *** (-4.352)	-0.035 *** (-6.293)	-0.095 *** (-5.936)
$ROS(t)$	0.001 (0.268)	0.001 *** (3.285)	0.001 *** (6.584)	0.001 ** (2.143)	0.000 (0.230)
D_EX	0.108 ** (2.188)	0.015 * (1.840)	0.008 ** (2.236)	0.052 *** (3.770)	0.096 ** (2.450)
D_OWN	-0.043 (-0.535)	0.002 (0.113)	-0.003 (-0.512)	0.003 (0.131)	-0.043 (-0.670)
D_REG	-0.100 (-1.325)	-0.011 (-0.878)	-0.005 (-0.925)	0.006 (0.281)	0.081 (1.342)
IND	yes	yes	yes	yes	yes

续表

变量	(1)	(2)	(3)	(4)	(5)
	q5	q25	q50	q75	q95
常数项	0.368 (0.973)	0.005 (0.086)	0.041 (1.558)	0.677 *** (6.442)	1.436 *** (4.764)
观测值	6784	6784	6784	6784	6784
R^2	0.0839	0.0220	0.0073	0.0598	0.1357

注：①括号内是各自估计系数的 t 统计值，***、** 和 * 分别表示 1%、5% 和 10% 的显著性水平；②q1 表示 1% 分位数，q5、q25、q50、q75、q95 和 q99 具有相似的表达，下同；③分位数回归模型的拟合优度是 Pseudo R^2。

表 7 - 6　　　　　　在不同分位数处企业规模与企业年龄对

制造业企业成长影响的边际效应

变量	(1)	(2)	(3)	(4)	(5)
	q5	q25	q50	q75	q95
$\ln EMP(t-1)$ (percentile)	3.871	4.745	5.591	6.646	8.355
$\ln AGE(t-1)$ (percentile)	0.693	1.609	2.079	2.565	3.584
E_{EMP}	-0.178	-0.020	0.001	0.002	0.053
E_{AGE}	-0.008	-0.005	-0.005	-0.030	0.024

注：①$\ln EMP(t-1)$ (percentile) 和 $\ln AGE(t-1)$ (percentile) 分别表示 $\ln EMP(t-1)$ 和 $\ln AGE(t-1)$ 的不同分位数值；②在控制了其他变量后，企业规模和年龄对企业成长率影响的边际效应分别可以用 $E_{EMP} = (\partial \ln EMPRATE_{it} / \partial \ln EMP_{it-1})$ 和 $E_{AGE} = (\partial \ln EMPRATE_{it} / \partial \ln AGE_{it-1})$ 来表示。

二、稳健性检验

本章从三个方面进行了稳健性检验，第一，检验对外直接投资影响制造业企业成长的动态效应；第二，采用各主要变量的替代变量进行估计；第三，按对外直接投资东道国经济发展水平划分为发达国家（OECD 国家）和发展中国家或欠发达国家（非 OECD 国家）进行估计。

（一）检验对外直接投资影响制造业企业成长的动态效应

为考察对外直接投资影响制造业企业成长的动态效应，本章设立各年份虚拟变量及其与实验组虚拟变量的交互项来估计，估计结果如表 7 - 7 所示。其中，OLS 估计结果显示：平均来看，在 2005 年之后年份虚拟变量与实验组虚拟变量的交互项估计的系数显著为负，说明对外直接投资对制造业企业成长的负向影响具有动态效应。分位数估计结果显示：在 25%、50% 与 75% 分位数在 2004 年之后的年份虚拟变量与实验组虚拟变量的交互项估计的系数显著为负，说明对外直接投资对中等成长率的制造业企业成长具有显著的负向动态影响效应；而在 5% 与 95% 分位数年份虚拟变量与实验组虚拟变量的交互项估计的系数均不显著，说明对外直接投资对低成长率与高成长率的制造业企业成长的影响及其动态效应不显著。其余变量的结果与基本模型估计的结果也是一致的，说明本章的结果是稳健的。[①]

表 7 −7　　　　　　　　对外直接投资影响制造业企业成长的动态效应

变量	(1) OLS	(2) q5	(3) q25	(4) q50	(5) q75	(6) q95
G_i	0. 120 *** (6. 651)	0. 092 (1. 278)	0. 042 *** (3. 473)	0. 058 *** (9. 925)	0. 111 *** (4. 781)	0. 103 (1. 546)
$G_i \times D_{2004}$	−0. 040 (−1. 359)	−0. 076 (−0. 651)	0. 059 *** (3. 005)	0. 027 *** (2. 880)	−0. 018 (−0. 489)	0. 043 (0. 395)
$G_i \times D_{2005}$	−0. 044 (−1. 628)	−0. 022 (−0. 203)	−0. 031 * (−1. 705)	−0. 053 *** (−6. 162)	−0. 075 ** (−2. 167)	0. 012 (0. 117)
$G_i \times D_{2006}$	−0. 071 *** (−2. 752)	−0. 063 (−0. 608)	−0. 032 * (−1. 799)	−0. 054 *** (−6. 512)	−0. 088 *** (−2. 631)	0. 008 (0. 084)
$G_i \times D_{2007}$	−0. 092 *** (−3. 595)	−0. 020 (−0. 193)	−0. 039 ** (−2. 273)	−0. 056 *** (−6. 824)	−0. 096 *** (−2. 914)	−0. 028 (−0. 297)
D_{2002}	0. 052 ** (2. 180)	0. 180 * (1. 885)	0. 033 ** (2. 077)	0. 010 (1. 307)	0. 029 (0. 962)	−0. 040 (−0. 450)
D_{2003}	0. 035 (1. 539)	0. 116 (1. 284)	0. 028 * (1. 859)	0. 019 ** (2. 548)	0. 042 (1. 441)	0. 003 (0. 033)
D_{2004}	0. 004 (0. 148)	−0. 152 (−1. 442)	−0. 065 *** (−3. 651)	0. 008 (1. 002)	0. 060 * (1. 766)	−0. 010 (−0. 100)
D_{2005}	0. 030 (1. 201)	0. 156 (1. 557)	0. 041 ** (2. 448)	0. 007 (0. 829)	−0. 014 (−0. 436)	0. 022 (0. 236)

---

① 限于篇幅，相关控制变量的结果均不再列示也不再分析，下同。

续表

变量	（1）	（2）	（3）	（4）	（5）	（6）
	OLS	q5	q25	q50	q75	q95
D_{2006}	0.010 （0.398）	0.181 * （1.831）	0.034 ** （2.019）	0.006 （0.730）	−0.026 （−0.807）	−0.096 （−1.049）
D_{2007}	0.002 （0.097）	0.112 （1.143）	0.033 ** （1.979）	0.006 （0.723）	−0.019 （−0.618）	−0.072 （−0.794）
控制变量	是	是	是	是	是	是
常数项	0.459 *** （5.296）	0.174 （0.503）	−0.031 （−0.538）	0.028 （1.004）	0.564 *** （5.064）	1.480 *** （4.614）
观测值	6784	6784	6784	6784	6784	6784
R^2	0.1023	0.1025	0.0272	0.0116	0.0689	0.1403

注：括号内是各自估计系数的 t 统计值，*** 、** 和 * 分别表示 1% 、5% 和 10% 的显著性水平。

（二）采用替代变量进行检验

采用各主要变量的替代变量进行检验。其中，企业成长率用企业营业总收入增长率（$\ln REVENUERATE_{it}$）和资产总额增长率（$\ln TTASTRATE_{it}$）来衡量；企业规模采用企业营业总收入（$\ln REVENUE_{it-1}$）与资产总额（$\ln TTAST_{it-1}$）来衡量；企业的盈利能力采用总资产净利润率（ROA_{it}）来衡量；企业的生产率采用了 LP 法估计的生产率 $\ln TFP\_LP_{it}$ 来衡量；分别采用 OLS 和分位数回归估计模型（7-3）和模型（7-4），结果如表 7-8 与表 7-9 所示。表 7-8 结果显示出：OFDI 对制造业企业平均营业总收入增长率呈现显著负向效应；在 5% 、75% 和 95% 分位数对外直接投资对制造业企业营业总收入增长率影响不显著，而在 25% 和 50% 分位数对外直接投资对制造业企业营业总收入增长率的影响显著为负。同样，表 7-9 的结果显示出：对外直接投资对制造业企业平均资产总额增长率呈现显著负向效应；在 95% 分位数对外直接投资对制造业企业资产总额增长率影响不显著，而在其他分位数对外直接投资对制造业企业资产总额增长率影响显著为负。上述结果与本章的结论基本一致，再次验证了研究假说 1 和假说 2。其余变量的结果与以企业就业人数增长率 $\ln EMPRATE_{it}$ 衡量的企业成长率估计的结果基本一致，这也说明本章的结果具有稳健性。

表 7 – 8　　　　　　　被解释变量为 ln*REVENUERATE* 的估计结果

变量	(1)	(2)	(3)	(4)	(5)	(6)
	OLS	q5	q25	q50	q75	q95
G_i	0. 114 *** (5. 032)	0. 158 ** (2. 140)	0. 088 *** (4. 746)	0. 097 *** (5. 807)	0. 079 *** (3. 414)	0. 061 (0. 846)
D_t	0. 042 ** (2. 304)	− 0. 013 (− 0. 209)	0. 019 (1. 269)	0. 045 *** (3. 367)	0. 035 * (1. 860)	0. 055 (0. 939)
$G_i \times D_t$	− 0. 060 ** (− 2. 337)	− 0. 058 (− 0. 697)	− 0. 067 *** (− 3. 186)	− 0. 079 *** (− 4. 192)	− 0. 034 (− 1. 279)	− 0. 006 (− 0. 072)
控制变量	是	是	是	是	是	是
常数项	2. 610 *** (12. 116)	2. 219 *** (3. 321)	0. 635 *** (3. 808)	1. 277 *** (8. 506)	2. 658 *** (12. 719)	5. 315 *** (8. 196)
观测值	6784	6784	6784	6784	6784	6784
R^2	0. 1244	0. 0591	0. 0354	0. 0485	0. 0860	0. 1975

注：括号内是各自估计系数的 t 统计值，*** 、** 和 * 分别表示 1% 、5% 和 10% 的显著性水平。

表 7 – 9　　　　　　　被解释变量为 ln*TTASTRATE* 的估计结果

变量	(1)	(2)	(3)	(4)	(5)	(6)
	OLS	q5	q25	q50	q75	q95
G_i	0. 158 *** (8. 740)	0. 203 *** (3. 361)	0. 099 *** (8. 387)	0. 118 *** (8. 206)	0. 141 *** (6. 997)	0. 183 *** (2. 945)
D_t	0. 011 (0. 724)	0. 025 (0. 500)	− 0. 001 (− 0. 087)	− 0. 001 (− 0. 078)	0. 014 (0. 863)	0. 053 (1. 038)
$G_i \times D_t$	− 0. 081 *** (− 3. 963)	− 0. 120 * (− 1. 748)	− 0. 054 *** (− 4. 059)	− 0. 063 *** (− 3. 841)	− 0. 075 *** (− 3. 281)	− 0. 101 (− 1. 440)
控制变量	是	是	是	是	是	是
常数项	0. 891 *** (6. 149)	0. 812 * (1. 733)	0. 282 *** (3. 094)	0. 297 *** (2. 658)	0. 921 *** (5. 881)	2. 425 *** (5. 037)
观测值	6769	6769	6769	6769	6769	6769
R^2	0. 086	0. 0608	0. 0366	0. 0249	0. 0407	0. 1064

注：括号内是各自估计系数的 t 统计值，*** 、** 和 * 分别表示 1% 、5% 和 10% 的显著性水平。

（三）东道国异质性检验

对不同经济发展水平国家的直接投资的动机或目的具有差异。通常来说，对经济发展水平较高的发达国家投资具有寻求战略资产与效率寻求等技术寻求动机，而对于经济发展水平较低的发展中国家或欠发达国家投资具有寻求市场与资源的目的。由于对外直接投资动机或目的具有差异，因此对不同经济发展水平国家的直接投资对企业成长的影响并不完全相同。鉴于此，以下分 OECD 国家（代表发达国家）样本和非 OECD 国家（代表发展中国家或欠发达国家）样本进行估计以考察异质性对外直接投资对中国制造业企业成长的影响，来检验估计结果是否稳健。[①]

（1）比较对发达国家投资企业与非对外直接投资企业的估计结果。以对 OECD 国家投资的企业为实验组，以非对外直接投资企业为控制组，采用 OLS 和分位数回归分别估计模型（7-3）和模型（7-4），估计结果如表 7-10 所示。结果显示，对发达国家直接投资对制造业企业平均成长率呈现显著负向效应；而且，对发达国家投资在低分位数和高分位数对制造业企业成长率的影响不显著；而在 50% 与 75% 分位数对制造业企业成长具有显著的负向效应。

表 7-10　　　　　　　　　基于发达国家样本估计的结果

变量	(1) OLS	(2) q5	(3) q25	(4) q50	(5) q75	(6) q95
G_i	0.110 *** (4.688)	0.055 (0.420)	0.036 * (1.928)	0.067 *** (11.157)	0.112 *** (3.885)	0.104 (1.226)
D_t	-0.018 (-1.231)	-0.040 (-0.493)	0.001 (0.093)	-0.003 (-0.832)	-0.037 ** (-2.061)	-0.020 (-0.384)
$G_i \times D_t$	-0.052 ** (-1.975)	0.020 (0.135)	-0.014 (-0.674)	-0.063 *** (-9.186)	-0.065 ** (-1.997)	0.025 (0.261)
控制变量	是	是	是	是	是	是
常数项	0.564 *** (4.500)	0.750 (1.316)	0.100 (1.218)	0.025 (0.943)	0.632 *** (5.047)	1.405 *** (3.808)

[①]　需要指出的是，本章主要关心的是对外直接投资对制造业企业成长的影响，以下相关控制变量的结果均不再分析，而且限于篇幅其结果均不再列示，且 OLS 估计的结果也仅作为比较，也不再进行分析。

续表

变量	(1)	(2)	(3)	(4)	(5)	(6)
	OLS	q5	q25	q50	q75	q95
观测值	4793	4793	4793	4793	4793	4793
R^2	0.094	0.0855	0.0232	0.0048	0.0568	0.1305

注：括号内是各自估计系数的 t 统计值，***、** 和 * 分别表示 1%、5% 和 10% 的显著性水平。

（2）比较对发展中国家或欠发达国家直接投资企业和非对外直接投资企业的估计结果。以对非 OECD 国家投资的企业为实验组，以非对外直接投资企业为控制组，同样采用 OLS 和分位数回归分别估计模型（7-3）和模型（7-4），估计结果如表 7-11 所示。结果显示，对发展中国家或欠发达国家投资对制造业平均企业成长率呈现显著负向影响效应；而且，对发展中国家或欠发达国家投资在低分位数和高分位数对制造业企业成长率的影响不显著；而在 25%、50% 和 75% 分位数对制造业企业成长还具有显著的负向影响效应。

表 7-11　　　　　　基于发展中国家样本的估计结果

变量	(1)	(2)	(3)	(4)	(5)	(6)
	OLS	q5	q25	q50	q75	q95
G_i	0.128 *** (6.244)	0.148 * (1.661)	0.055 *** (3.762)	0.054 *** (10.464)	0.097 *** (3.888)	0.126 * (1.884)
D_t	-0.019 (-1.317)	-0.028 (-0.442)	0.003 (0.256)	-0.004 (-1.076)	-0.032 * (-1.782)	-0.007 (-0.145)
$G_i \times D_t$	-0.077 *** (-3.294)	-0.055 (-0.542)	-0.040 ** (-2.435)	-0.050 *** (-8.638)	-0.059 ** (-2.086)	-0.029 (-0.383)
控制变量	是	是	是	是	是	是
常数项	0.556 *** (5.339)	0.372 (0.915)	0.034 (0.507)	0.036 (1.549)	0.599 *** (5.249)	1.494 *** (4.883)
观测值	5383	5383	5383	5383	5383	5383
R^2	0.097	0.0915	0.0248	0.0051	0.0554	0.1346

注：括号内是各自估计系数的 t 统计值，***、** 和 * 分别表示 1%、5% 和 10% 的显著性水平。

（3）比较对发达国家投资和对发展中国家或欠发达国家直接投资的估计结果。以对 OECD 国家投资的企业为实验组，以对非 OECD 国家投资的企业为控制组，采用 OLS 和分位数回归分别进行估计模型（7－3）和模型（7－4），估计结果如表 7－12 所示。OLS 估计结果显示，平均来看，对发达国家投资比对发展中国家或欠发达国家投资对制造业企业成长影响更大，其影响系数为 3.1%；分位数回归结果显示，在 5%、25% 与 95%分位数，对发达国家投资比对发展中国家投资更有利于制造业企业成长，其影响系数分别为 10.6%、1.5% 与 8.3%；而在 50% 与 75% 分位数，对不同经济发展水平国家的投资对于制造业企业成长的影响没有显著差异。

表 7－12   发达国家与发展中国家之间的比较

变量	(1)	(2)	(3)	(4)	(5)	(6)
	OLS	q5	q25	q50	q75	q95
G_i	-0.032 ** (-2.086)	-0.106 *** (-4.505)	-0.012 (-1.609)	0.002 (0.305)	-0.010 (-0.683)	-0.099 *** (-3.634)
D_t	-0.098 *** (-4.469)	-0.156 *** (-9.046)	-0.028 *** (-4.995)	-0.057 *** (-11.930)	-0.094 *** (-8.350)	-0.114 *** (-5.663)
$G_i \times D_t$	0.031 * (1.845)	0.106 *** (3.971)	0.015 * (1.743)	0.001 (0.163)	0.011 (0.614)	0.083 *** (2.668)
控制变量	是	是	是	是	是	是
常数项	0.797 *** (5.510)	-0.115 (-1.002)	0.001 (0.040)	0.170 *** (5.420)	0.823 *** (11.082)	2.102 *** (15.819)
观测值	3392	3392	3392	3392	3392	3392
R^2	0.109	0.1033	0.0176	0.0189	0.0718	0.1648

注：括号内是各自估计系数的 t 统计值，***、** 和 * 分别表示 1%、5% 和 10% 的显著性水平。

表 7－10 与表 7－11 的估计结果显示对不同经济发展水平国家投资对制造业企业成长的影响不显著或具有负向影响，且对于高成长率或低成长率企业成长的影响不显著，对中等成长率企业的成长呈负向影响，此结果与本章的研究假说 1 和假说 2 是一致的。而表 7－12 的结果还显示出，虽然对不同经济发展水平国家的投资对于制造业企业的成长影响不显著或具有负向影响，但是对于对发达国家的直接投资对制造业企业成长相对来说

更为有利，而且呈现出非对称效应，这一结果支持本章的研究假说3。

第六节　影响机制实证检验

从对外直接投资影响制造业企业成长的机制来看，对外直接投资可以通过对制造业企业生产率、出口以及盈利能力等方面来影响制造业企业成长。为考察对外直接投资影响制造业企业成长的渠道或途径，本章以下将以企业生产率增长率（技术进步率）、出口强度以及盈利能力等变量作为被解释变量[①]，设立如下计量模型实证检验：

$$\ln TFPRATE_{it} = \gamma_0 + \gamma_1 G_i + \gamma_2 D_t + \gamma_3 G_i \times D_t + X'\Gamma + \mu_i + \varepsilon_{it} \quad (7-6)$$

$$EX_{it} = \gamma_0 + \gamma_1 G_i + \gamma_2 D_t + \gamma_3 G_i \times D_t + X'\Gamma + \mu_i + \varepsilon_{it} \quad (7-7)$$

$$ROS_{it} = \gamma_0 + \gamma_1 G_i + \gamma_2 D_t + \gamma_3 G_i \times D_t + X'\Gamma + \mu_i + \varepsilon_{it} \quad (7-8)$$

其中，模型（7-6）、模型（7-7）和模型（7-8）的被解释变量分别为 $\ln TFPRATE_{it}$、EX_{it} 和 ROS_{it}，分别表示企业生产率增长率、出口强度以及企业的盈利能力变量。主要解释变量为实验组虚拟变量 G_i、实验期虚拟变量 D_t 及其交互项 $G_i \times D_t$。同样，本章主要关注 $G_i \times D_t$ 估计的系数以考察对外直接投资对制造业企业生产率增长率、出口强度以及盈利能力的净效应。X 为一组相关控制变量构成的向量。相关控制变量如同模型（7-4），μ_i 为不可观测或难以观测的企业个体效应，ε_{it} 为随机扰动项。相应地，分位数回归模型设立为：

$$\ln TFPRATE_{it} = \gamma_0^q + \gamma_1^q G_i + \gamma_2^q D_t + \gamma_3^q G_i \times D_t + X'\Gamma^q + \mu_i^q + \varepsilon_{it}^q \quad (7-9)$$

$$EX_{it} = \gamma_0^q + \gamma_1^q G_i + \gamma_2^q D_t + \gamma_3^q G_i \times D_t + X'\Gamma^q + \mu_i^q + \varepsilon_{it}^q \quad (7-10)$$

$$ROS_{it} = \gamma_0^q + \gamma_1^q G_i + \gamma_2^q D_t + \gamma_3^q G_i \times D_t + X'\Gamma^q + \mu_i^q + \varepsilon_{it}^q \quad (7-11)$$

其中，上标 q 表示被解释变量 $\ln TFPRATE_{it}$、EX_{it} 和 ROS_{it} 跨企业分布的分位数，在模型（7-9）、模型（7-10）和模型（7-11）的框架下，用 γ^q 表示的解释变量对被解释变量的边际效应可以随着被解释变量在其分布中位置 q 的变化而变化。

---

① 其中，在企业生产率方面，用企业生产率 $\ln TFP$ 作为被解释变量估计与用企业生产率增长率 $\ln TFPRATE$ 作为被解释变量估计的结果也是一致的，依然显示出对外直接投资对企业生产率的影响不显著；在企业出口方面，以出口规模的对数 $\ln EX$ 作为被解释变量采用匹配前的数据估计的结果是显著的而采用匹配后的数据估计的结果不显著，本书中仅给出以出口强度变量 EX 作为被解释变量进行估计的结果。

（1）在估计模型之前从被解释变量均值变动趋势进行分析。第一，关于企业生产率增长率变动，如图 7 - 5 所示，2004 年之前，对外直接投资企业生产率的增长率并不显著高于非对外直接投资企业生产率的增长率，而在 2004 年之后，对外直接投资企业生产率的增长率相对低于非对外直接投资企业生产率的增长率，且其变动趋势较为相似。第二，关于企业出口强度变动，如图 7 - 6 所示，2004 年之前，对外直接投资企业出口强度与非对外直接投资企业出口强度变动趋势基本相似，且对外直接投资企业出口强度明显高于非对外直接投资企业出口强度；而在 2004 年之后，虽然对外直接投资企业出口强度明显高于非对外直接投资企业出口强度，但是对外直接投资企业出口强度与非对外直接投资企业出口强度变动趋势开始出现差异。第三，关于企业利润率变动，如图 7 - 7 所示，虽然在 2001~2007 年对外直接投资企业利润率均显著高于非对外直接投资企业利润率，但是，对外直接投资企业利润率一直呈下降趋势变动，而非对外直接投资企业利润率一直呈上升趋势变动，且在 2004 年之前后具有显著的差异。对外直接投资对制造业企业生产率增长率、出口强度以及盈利能力会带来什么样的影响，以下将给出实证结果。

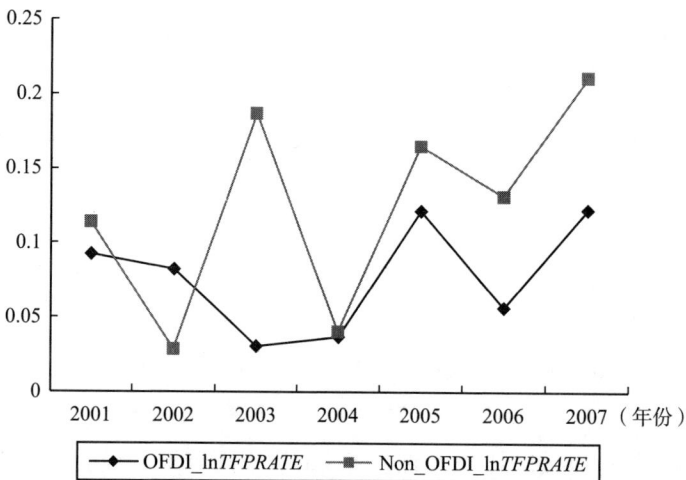

图 7 - 5   2001~2007 年中国制造业企业生产率增长率均值变动

注：OFDI_ln*TFPRATE* 表示对外直接投资企业的生产率增长率的均值，Non_OFDI_ln*TFPRATE* 表示非对外直接投资企业的生产率增长率的均值。

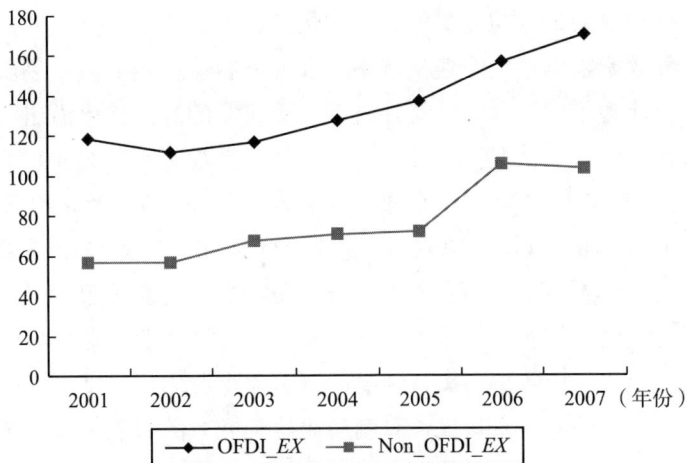

图 7 – 6　2001～2007 年中国制造业企业出口强度均值变动

注：图中，OFDI_EX 表示对外直接投资企业的出口强度的均值，Non_OFDI_EX 表示非对外直接投资企业的出口强度的均值。

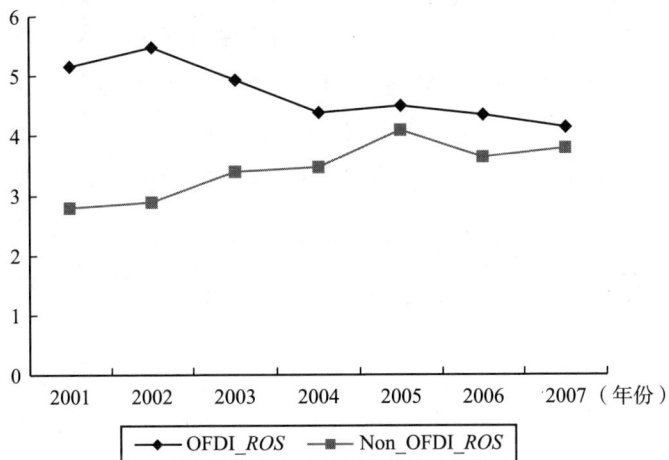

图 7 – 7　2001～2007 年中国制造业企业利润率均值变动

注：图中，OFDI_ROS 表示对外直接投资企业的销售净利润率的均值，Non_OFDI_ROS 表示非对外直接投资企业的销售净利润率的均值。

（2）对回归结果进行分析。OLS 回归结果与分位数回归结果如表 7 – 13 至表 7 – 15 所示。需要说明的是，这里本章关心的主要是对外直接投资对企业的生产率增长率、出口强度以及企业的盈利能力的政策效应，实验组虚拟变量与实验期虚拟变量估计的结果不再分析，且相关控制变量的结果也均不再分析且其结果均不再列示。第一，关于对外直接投资对制造业企业生产率的影响。如表 7 – 13 所示，OLS 与分位数回归结果均显示，实验组虚拟变量与试验期虚拟变量的交互项估计的系数不显著，说明对外直接投资没有显著影响制造业企业生产率，反映出制造业企业自主创新能力以及技术吸收能力不强，其实施对外直接投资获取的逆向技术溢出对其生产率的影响较小的现实情况。第二，关于对外直接投资对制造业企业出口强度的影响。如表7－14所示，在样本均值处以及在5%、25%与95%分位数实验组虚拟变量与试验期虚拟变量的交互项估计的系数不显著，而在50%与75%分位数实验组虚拟变量与实验期虚拟变量的交互项估计的系数显著为正，说明平均意义上来看对外直接投资对制造业企业出口强度的影响不明显，而对于中等偏上出口强度的制造业企业出口强度可以带来正向效应。第三，关于对外直接投资对制造业盈利能力的影响。如表7－15所示，OLS估计结果显示，实验组虚拟变量与试验期虚拟变量的交互项估计的系数显著为负；分位数回归结果显示，在75%与95%分位数实验组虚拟变量与试验期虚拟变量的交互项估计的系数不显著，而在5%、25%和50%分位数实验组虚拟变量与试验期虚拟变量的交互项估计的系数显著为负。这一结果可以说明：在开放经济条件下制造业企业实施"走出去"发展战略，面临的竞争性也较高，较高的竞争性会降低制造业企业的利润率或盈利能力，尤其是，对于中等及偏下盈利能力的制造业企业的利润率或盈利能力负向影响更为明显。本章的实证结论与现实情况是一致的。

表 7 – 13　　　　　　　被解释变量为 ln*TFPRATE* 的估计结果

变量	(1)	(2)	(3)	(4)	(5)	(6)
	OLS	q5	q25	q50	q75	q95
G_i	－ 0. 129 (－ 0. 550)	－ 0. 155 (－ 0. 199)	－ 0. 139 (－ 0. 535)	－ 0. 016 (－ 0. 080)	0. 064 (0. 239)	－ 0. 409 (－ 0. 516)
D_t	－ 0. 070 (－ 0. 280)	0. 197 (0. 239)	－ 0. 038 (－ 0. 139)	0. 058 (0. 275)	0. 074 (0. 262)	－ 0. 523 (－ 0. 623)
$G_i \times D_t$	0. 129 (0. 514)	－ 0. 267 (－ 0. 321)	0. 046 (0. 167)	－ 0. 025 (－ 0. 116)	0. 034 (0. 119)	0. 656 (0. 776)
控制变量	是	是	是	是	是	是
常数项	－ 0. 080 (－ 0. 200)	－ 2. 228 * (－ 1. 865)	－ 0. 428 (－ 1. 071)	－ 0. 137 (－ 0. 443)	0. 180 (0. 437)	2. 081 * (1. 711)
观测值	2403	2403	2403	2403	2403	2403
R^2	0. 015	0. 0840	0. 0186	0. 0130	0. 0190	0. 0622

　　注：括号内是各自估计系数的 t 统计值，***、** 和 * 分别表示1%、5%和10%的显著性水平。

表 7 - 14 被解释变量为 *EX* 的估计结果

变量	(1)	(2)	(3)	(4)	(5)	(6)
	OLS	q5	q25	q50	q75	q95
G_i	16.874 (1.456)	0.000 (0.000)	0.553 (0.253)	15.190 ** (2.387)	17.553 (1.270)	-9.085 (-0.251)
D_t	5.555 (0.588)	0.000 (0.000)	0.416 (0.234)	1.215 (0.234)	0.417 (0.037)	7.247 (0.245)
$G_i \times D_t$	15.632 (1.192)	0.000 (0.000)	-0.022 (-0.009)	21.946 *** (3.048)	42.709 *** (2.732)	67.356 (1.642)
控制变量	是	是	是	是	是	是
常数项	-548.095 *** (-8.479)	0.000 (0.000)	47.973 *** (4.651)	-81.437 *** (-2.710)	-358.311 *** (-5.492)	-633.830 *** (-3.703)
观测值	6784	6784	6784	6784	6784	6784
R^2	0.128	-0.0000	0.0198	0.0964	0.1253	0.2182

注：括号内是各自估计系数的 t 统计值，***、** 和 * 分别表示 1%、5% 和 10% 的显著性水平。

表 7 - 15 被解释变量为 ROS 的估计结果

变量	(1)	(2)	(3)	(4)	(5)	(6)
	OLS	q5	q25	q50	q75	q95
G_i	1.136 ** (2.350)	2.638 ** (2.256)	0.639 *** (4.257)	0.746 *** (3.092)	0.734 * (1.850)	0.215 (0.189)
D_t	-0.238 (-0.606)	0.797 (0.838)	-0.355 *** (-2.908)	-0.402 ** (-2.049)	-0.363 (-1.122)	-0.608 (-0.657)
$G_i \times D_t$	-1.182 ** (-2.164)	-2.360 * (-1.787)	-0.279 * (-1.645)	-0.564 ** (-2.071)	-0.731 (-1.630)	-0.534 (-0.416)
控制变量	是	是	是	是	是	是
常数项	-14.791 *** (-5.483)	-14.358 *** (-2.604)	-6.631 *** (-9.363)	-9.628 *** (-8.463)	-10.860 *** (-5.800)	-13.977 *** (-2.605)
观测值	6784	6784	6784	6784	6784	6784
R^2	0.062	0.1149	0.0396	0.0639	0.0784	0.0813

注：括号内是各自估计系数的 t 统计值，***、** 和 * 分别表示 1%、5% 和 10% 的显著性水平。

综合以上分析可见，对外直接投资对中国制造业企业出口强度具有显著的正向影响，但是对外直接投资对中国制作业企业的生产率或技术进步的影响不显著，而且由于对外直接投资面临竞争性的加大会对制造业企业的盈利能力带来负向效应且这种负向效应对于中等及偏下盈利能力的制造业企业更为明显。因此，总体来看，实施对外直接投资对制造业企业成长的影响不显著或具有负向效应而且具有非对称性。

第七节　小结与政策建议

在探讨对外直接投资影响中国制造业企业成长内在机制的基础上，利用 2000～2007 年中国制造业企业相关数据，基于吉布莱特定律的实证分析框架，对此进行实证研究。OLS 回归结果表明：对外直接投资对制造业企业平均成长率的影响呈现负向效应。分位数回归结果显示：对外直接投资对低成长率的企业成长和高成长率企业成长的影响不显著，对中等成长率企业成长还产生了显著负向效应。同时，结果还显示出：制造业企业成长具有"规模依赖"和"年龄依赖"特征，企业的盈利能力、技术水平以及出口需求对制造业企业成长具有积极正向效应，资本与劳动力配置也会影响到制造业企业成长。从对外直接投资影响制造业企业成长的途径来看，对外直接投资对制造业企业出口强度具有显著的正向影响，但是对外直接投资对制造业企业生产率的影响还不显著，而且由于对外直接投资面临竞争性的加大会对制造业企业的盈利能力带来不利影响。因此，总体上来看，实施对外直接投资对制造业企业成长的影响不显著或具有负向效应。而且，相对来说对发达国家投资比对发展中国家或欠发达国家投资更能够促进制造业企业成长。由本章的研究结论，提出如下相关政策建议。

（1）研究结果表明，实施对外直接投资对制造业企业成长的影响不明显，尤其是对于成长率处于中等程度的制造业企业成长还呈现出显著负向影响。然而，实施对外直接投资对于制造业企业出口具有显著的正向效应，而且出口对于制造业企业成长具有积极正向影响效应。因此，实施对外直接投资可以作为促进制造业企业出口带动制造业企业成长的重要途径。在政策层面上，应积极实施市场拓展型或商贸服务型对外直接投资，以拓宽市场范围，拉动制造业企业出口，带动制造业企业成长。

（2）研究结果反映出总体上实施对外直接投资不能够推动制造业企业

成长的一个重要原因在于实施对外直接投资获取逆向技术溢出的效应不显著。究其原因来说，可能在于中国制造业企业自主创新能力不强、技术吸收能力不够，而结果显示出生产率的提高对于制造业企业成长具有显著的正向影响。因此，推动制造业企业成长，应积极推动制造业企业科技进步，提升自主创新能力，增强技术吸收能力，提高对外投资技术竞争优势，积极获取逆向技术溢出。

（3）研究结果显示企业盈利能力的提升对制造业企业成长具有显著的正向影响效应，但实施对外直接投资对制造业企业盈利能力具有显著的负向影响。结果表明制造业企业海外投资成本较高、收益较小，从而不利于制造业企业的成长。因此，在海外投资中，应积极加强风险管控，应对海外投资风险，降低海外投资成本，提高海外投资效益，以此推动制造业企业成长。

（4）从制造业企业成长的演进规律来看，企业规模越大企业成长率越低，企业年龄越大企业成长率越低。因此，推动制造业发展，应促进新企业的形成，推动中小企业成长，同时也应关注大、中型企业的成长，以此来推动制造业的发展。从政策层面上，应培育有利于大、中、小型企业成长的生态环境，促使企业规模结构合理化，形成大、中、小型企业适配的市场结构，发挥市场机制调配资源的重要作用，提高制造业企业的竞争力，削减企业成长对其规模与年龄的依赖，推动制造业企业成长以及整体制造业发展。

（5）由于成长率不同的企业实施对外直接投资对制造业企业成长的影响具有非对称效应，其中，低成长率和高成长率对外直接投资企业实施对外直接投资对企业成长具有相对优势，而中等成长率的企业实施对外直接投资对企业成长的不利影响更大。对于能够通过海外投资来推动企业成长的高成长性或较低成长性的企业，可以在产业、财税、金融等方面采取激励措施鼓励企业实施对外直接投资来推动企业成长。而对于不能够通过海外投资来推动企业成长的中等成长率的企业，应鼓励在国内发展来推动企业成长。

（6）由于制造业企业在不同经济发展水平国家的投资对于企业成长的影响具有差异性，相对来说，对发达国家进行投资更为有利。因此，应充分考虑东道国经济发展水平的异质性对企业成长带来的差异性影响，积极向经济技术发展水平较高的国家投资以获得更大技术溢出提高制造业技术创新水平与产品质量以更大限度地促进制造业产业转型升级与企业成长。

（7）由于异质性企业实施对外直接投资对其企业成长影响的非对称效应具有差异。因此，不同成长率的企业对外直接投资需要考虑企业自身的规模、年龄、生产率等特征。对于能够通过"走出去"带动制造业企业成长的企业，应采取相应激励措施来推动企业实施对外直接投资发展战略；而对于实施"走出去"还不能够带动制造业企业成长的企业，应寻找原因以规避对外直接投资对企业成长的不利影响。

第八章　融资约束与制造业企业规模分布

现实中，企业成长面临的一个重要问题就是融资约束问题，由于资金缺乏导致资金链断裂制约企业成长。从整体上看，融资约束也会影响企业规模分布状况。因此，解决企业融资问题是促进企业成长以及推动企业规模结构合理化的一个关键。本章从企业规模分布的"融资约束"理论出发，基于企业规模与成长关系的分析框架，利用中国制造业上市公司数据对此进行实证研究。结果表明，中国制造业上市公司企业规模分布存在"年龄依赖"和"规模依赖"，并非完全遵循吉布莱特定律；融资约束制约中国制造业上市公司企业成长，尤其显著影响了中国制造业上市公司中小企业的成长率；从总体上看，融资约束并不能决定中国制造业上市公司整体企业规模分布状况，然而融资约束却显著影响了中国制造业上市公司中小企业规模分布。此外，研究还发现，融资约束、企业规模对企业成长的影响具有动态演进的特征。本章结果对于深入理解中国金融市场的有效性与中国企业规模结构之间的内在联系提供了经验依据。研究认为，建立高度发达、信息透明和完善的金融市场体系，削减企业融资约束，特别是减缓中国制造业中小企业融资约束，可以进一步推动中国制造业企业健康成长，也可以促进中国制造业企业规模结构合理化和产业结构优化。

第一节　问题提出

企业规模分布的研究涉及企业进入退出、成长及其波动性、市场结构乃至于产业结构的演进等方面的内容，是产业组织研究者所关注的重要领域，与此相关的问题也是对市场结构进行规制的政策制定者所密切关注的问题。关于企业规模分布的研究可以追溯到 1931 年由吉布莱特提出的吉布莱特定律。吉布莱特定律把企业的规模与成长和产业结构联系在了一起，探求了企业规模与成长规律及其企业规模分布状况，吉布莱特定律主要说明：第一，不同规模的企业，其成长率并不因为各自的规模不同而有所差异（这一观点又被称为吉布莱特的比例效应定律或LPE）；第二，企业的成长是一个随机过程，企业规模分布近似呈对数正态分布。早期的哈特和普莱斯（Hart and Prais，1956）、西蒙和博尼尼（Simon and Bonini，1958）、伊吉里和西蒙（Ijiri and Simon，1964）等对英国、美国企业规模与成长之间关系的研究表明企业的成长独立于其初始规模，企业规模分布趋于稳定状态，满足吉布莱特定律或修正的吉布莱特定律①。传统的企业规模理论，或称Marshall-Viner的供给理论（Viner，1932），采用静态或比较静态的分析方法以U型长期平均成本曲线来解释企业规模分布。基于市场有效性假设，传统的企业规模理论认为在经济处于竞争均衡状态时，每一家企业都在其长期平均成本的最低点进行生产，产品需求量引起的生产由企业的进入退出来调整，此时企业规模处于稳定状态。鉴于传统的企业规模理论既不能解释吉布莱特定律，也不能反映现实中企业成长动态的状况。卢卡斯（Lucas，1967，1978）在Marshall-Viner的供给理论基础上把企业的目标利润最大化并与吉布莱特定律统一起来，在极值问题中加入动态因素构建了一个"调整成本"理论，赋予吉布莱特定律以经济含义，认为在完全竞争市场经济条件下的均衡点上，企业规模分布渐进趋向稳定状态，吉布莱特定律成立。

然而，曼斯菲尔德（Mansfield，1962）的研究发现小企业的成长率和波动性均高于大企业，杜立兹（Du Rietz，1975）用瑞典的企业样本同样发现，小企业比大企业的成长率更高，但存活率较低。埃文斯（Evans，1987a）、霍尔（Hall，1987）、邓恩等（Dunne et al.，1989）众多研究基于更全面的数据也发现企业成长率与企业规模负相关。对于企业规模与成长并不遵循吉布莱特定律的现实状况，基于市场有效性假设，西方经济学者从理论上对此进行了多方面的解释。

（1）约万诺维奇（Jovanovic，1982）提出的"噪音"选择模型（又称"学习"理论），揭示了在市场信息不对称、不完全以及资本市场不完全的经济条件下，企业的规模与成长偏离吉布莱特定律的内在机制。约万

---

① 西蒙和博尼尼（Simon and Bonini，1958）、伊吉里和西蒙（Ijiri and Simon，1964）等在吉布莱特定律的前提假设下，修改了吉布莱特定律的某些前提假设，提出企业规模分布服从特定的分布函数（或模型），即修正的吉布莱特定律。西蒙和博尼尼（Simon and Bonini，1958）提出企业规模分布服从尤尔分布模型，伊吉里和西蒙（Ijiri and Simon，1964）提出了与尤尔分布近似的又一均衡模型。

诺维奇（Jovanovic，1982）的"学习"理论假设当一个企业开始进入一个产业时，相对于其估计的产业内平均生产能力，企业的建立者通常会选择以更低的生产能力来决定企业的初始规模。然后，通过观察他的成本，按照贝叶斯学习过程进行修改他对产业内平均生产能力的估计，一些企业的管理者就会发现它们比另一些企业更加有效率，从而就会以更高的生产能力进行生产以此提高企业的成长率。约万诺维奇的"学习"理论强调了市场选择的重要性，认为由于市场选择机制，有效率的企业将会成长和幸存下来，无效率的企业将会衰落或退出，并且有效率的企业将以更快的速度成长，向最优效率规模逼近。因此，新进入的企业通常具有较低的存活率，然而能够幸存下来的企业由于效率较高反而能够以更快的速度成长。

（2）迪克西（Dixit，1989）、霍本哈因（Hopenhayn，1992）、卡布拉尔（Cabral，1995）等从沉淀成本角度对企业规模与成长之间的负相关关系进行了解释。迪克西（Dixit，1989）、霍本哈因（Hopenhayn，1992）等构建的理论模型分析了企业进入后受到产业内沉淀成本影响的效应，研究表明沉淀成本对企业影响程度越大，越会减少企业退出的可能性或降低幸存企业的成长率。卡布拉尔（Cabral，1995）提出"沉淀成本"理论来解释为什么企业规模与成长呈负相关，吉布莱特定律不成立。卡布拉尔（Cabral，1995）认为大企业在进入后，在未来时期其退出率较低，在极端情况下，假设大企业退出的概率为0，对于大企业来说，企业投资的最优选择在初期和未来时期是无差异的，那么大企业通常就会选择在初期就以其最优的生产能力进行投资。相反，对于小企业，企业进入后退出的可能性较大，因为初始的投资存在沉淀成本，所以相对于长期生产能力，在初期小企业通常投资较少，而在接下来的时间里，企业就会逐渐调整其生产能力达到其长期的水平，就会产生额外的超常的成长率。因此，存在沉淀成本的情况下，幸存下来的小企业将会比大企业有更快的成长率。

（3）科利和卡德罗尼（Colley and Quadrini，2001）认为约万诺维奇的"学习"理论与迪克西（Dixit，1989）、霍本哈因（Hopenhayn，1992）以及卡布拉尔（Cabral，1995）的"沉淀成本"理论不能同时解释企业动态（dynamics of firms）（企业的进入退出、成长及其波动性等）的"年龄依赖"（age dependence）（在企业规模给定的条件下，企业动态与企业年龄之间的关系）和"规模依赖"（size dependence）（在企业年龄给定的条件下，企业动态与企业规模之间的关系）。约万诺维奇（Jovanovic）的"学习"理论只考察了在企业规模给定的条件下，企业年龄与企业动态之间的关系。而迪克西（Dixit，1989）、霍本哈因（Hopenhayn，1992）以及卡布拉尔（Cabral，1995）的沉淀成本理论也只考察了在企业年龄给定的条件下，企业规模与企业动态之间的关系。科利和卡德罗尼（Colley and Quadrini，2001）引入融资摩擦和持续冲击建立了一个包含融资摩擦的理论模型进行分析融资摩擦与企业动态之间的关系，认为在没有融资摩擦的完全市场经济条件下，求解企业的目标利润最大化函数可以得到唯一的均衡解，在均衡条件下吉布莱特定律成立，而存在融资摩擦的经济条件下，吉布莱特定律不成立。科利和卡德罗尼（Colley and Quadrini，2001）建立的包含融资摩擦和持续冲击的企业动态模型可以同时解释企业动态的"年龄依赖"和"规模依赖"。基于金融市场的不完善对企业融资行为和成长动态的影响，格列门蒂和霍本哈因（Glementi and Hopenhayn，2006）在非均衡信息条件下构造了一个带有多期借贷关系的"融资约束"理论对企业年龄和规模与企业动态之间的关系做了进一步的解释。

针对现实经济中企业成长率与企业规模之间的负相关关系，约万诺维奇（Jovanovic，1982）的"学习"理论、迪克西（Dixit，1989）、霍本哈因（Hopenhayn，1992）以及卡布拉尔（Cabral，1995）等提出的"沉淀成本"理论以及科利和卡德罗尼（Colley and Quadrini，2001）以及格列门蒂和霍本哈因（Glementi and Hopenhayn，2006）等构建"融资约束"理论把市场有效性与此进行联系，揭示了由于信息的不对称和不完善、资本市场或金融市场的不完善使得企业成长依赖于其规模，吉布莱特定律不成立。如果吉布莱特定律不成立，企业规模分布将会偏离竞争均衡状态。经验研究发现的企业成长动态与企业年龄和企业规模之间的关系反映了企业规模分布随时间的演化过程，从这一方面进行推理，如果企业成长不是随机性的，企业成长过程不是一个随机过程，那么企业规模分布也就与吉布莱特定律所预言的企业规模呈对数正态分布将不会完全一致。

卡布拉尔和马塔（Cabral and Mata，2003）通过对葡萄牙制造业企业规模分布的考察，发现企业规模分布并非完全服从对数正态分布，而是存在由初始向右偏，然后逐渐向对数正态分布逼近的"特征事实"（stylized facts）。卡布拉尔和马塔（Cabral and Mata，2003）从"融资约束"视角对企业规模分布演进的这一"特征事实"进行了理论上的阐释。卡布拉尔和马塔（Cabral and Mata，2003）的研究结论认为企业融资约束对企业规模分布产生了重要影响，市场选择并不能很好地解释企业规模分布的有偏性，卡布拉尔和马塔（Cabral and Mata，2003）的"融资约束"理论较好地匹配了葡萄牙制造业企业规模分布的"特征事实"。然而，最近的研究却发现融资约束对企业规模分布的影响可能是有限的。首先，因为融资约束只是影响企业成长的因素之一。其次，融资约束对于平均企业规模和企业规模分布有偏性的影响方向可能是不确定的：放松融资约束可能允许现存的企业成长更快，但与此同时也会允许更多新企业的进入，二者对企业规模分布的影响是相反的。而且企业受到的融资约束通常又不能被直接观测到，对融资约束的识别通常是把企业的规模和年龄作为代理变量，但这些代理变量本身又和企业规模分布相联系，因此融资约束对企业规模分布的影响很难确定。基于此，安吉利尼和加纳若（Angelini and Generale，2008）根据意大利企业的调查数据直接测量企业融资约束，定量研究了融资约束和企业规模分布之间的关系。安吉利尼和加纳若（Angelini and Generale，2008）的研究不仅佐证了融资约束对企业成长与企业规模分布的影响，而且他们的研究还发现融资约束影响企业成长与规模分布的程度与国家或地区的金融发展程度密切相关，即金融系统越发达，融资约束对企业规模分布影响的相对重要性就越小。因此，对于发达国家来说融资约束对于企业规模分布有偏性的影响作用较小，而对于发展中国家来说，由于发展中国家的金融体系不发达，融资约束对于企业成长和企业规模分布的影响作用就更大。

　　那么，作为最大的发展中国家，中国的企业规模分布如何？一方面，自2001年以来，随着中国市场体制改革的不断深化，市场体制不断完善，市场体系渐趋形成；另一方面，随着中国加入世界贸易组织，中国市场体系在市场规则、运行机制、法律制度等方面也逐渐与国际市场接轨。中国企业规模分布遵循成熟市场经济国家的企业规模分布规律吗？融资约束对中国企业规模分布会产生什么样的影响？根据本章对现有文献的回顾发现，国内关于企业规模分布的研究还不多见，傅红岩（1998）评述了关于吉布莱特定律以及相关企业成长理论的研究文献。赵桂芹和周晶晗（2007）利用2000~2004年中国非寿险公司的数据研究了中国非寿险业是否遵循吉布莱特定律，结果发现，中国非寿险业遵循吉布莱特定律。方明月（2010）综述了两种检验企业规模分布的规律——吉布莱特定律和齐夫定律①的经验研究文献，并从齐夫定律视角探求了中国工业企业规模分布的特征事实：中国工业企业总体规模分布偏离了齐夫定律，其中国有企业

---

　　①　齐夫定律由1949年齐夫（Zipf）提出，齐夫定律可以简单地表述为：企业规模至少在上尾服从帕累托分布（Paleto distribution），或幂律法则，特殊地，其幂指数为1。

是导致偏离的主要原因。西方关于企业规模分布的经济理论对于企业规模分布偏离竞争均衡状态的情形给予了经济意义上的阐释，认为由于信息的不对称和不完全、资本市场或金融市场的不完全导致企业规模分布偏离竞争均衡状态，这对于推行市场化改革的中国经济来说具有一定的借鉴意义。虽然自改革开放以来，中国市场经济得到了长足的发展，但分析一下中国市场经济的特征，不难发现中国的市场经济中产品市场发展较早，相对较为成熟，然而在要素市场上，特别是在资本市场或金融市场上，企业融资渠道狭窄、进入制度较为严格、规范化程度不高、银行垄断和信贷配给的抑制等诸多资本市场或金融市场的不完善，中小企业融资难、借贷难一直是制约企业成长乃至中国经济发展的难题。中国的融资约束政策在资金供给、资金价格、资金流动等方面已对中国企业的融资能力产生了不利影响（周业安，1999）。而企业规模分布状况反映了企业规模结构、市场结构以及产业结构的状况，是经济发展的重要组成部分，因此，分析中国的企业融资问题及其对企业规模分布的影响对于促进中国企业规模结构合理化和产业结构优化具有很重要的意义。出于这种动机，本章利用中国制造业上市公司数据分析了中国企业规模分布的"特征事实"，并从"融资约束"理论视角进行探求企业融资约束对中国企业成长动态和规模分布的影响。

对于中国企业受到融资约束的现实状况，国内学者已从不同侧面不同角度研究了企业融资约束对于企业行为的影响。郑江淮等（2001）、魏峰和刘星（2004）、李延喜等（2007）等利用中国上市公司数据分析了企业融资约束对企业投资行为产生的不良影响；李科和徐龙炳（2009，2011）等也采用了中国上市公司数据探究了融资约束对公司行业竞争策略与公司价值的负面影响。虽然他们的研究为中国上市公司受到融资约束的现实提供了经验证据，但是这些研究还没有涉及融资约束对企业成长动态和规模分布影响的分析。就融资约束对经济发展影响的研究而言，国内学者大多从融资约束影响企业的融资行为入手来探求金融发展影响经济增长的微观机理（郑江淮等，2001；魏峰和刘星，2004；李延喜等，2007；李科和徐龙炳，2009，2011），进而分析金融发展与经济增长之间的关系（谈儒勇，1999；沈坤荣和张成，2004；曹啸和吴军，2002；康季军等，2005）。虽然分析融资约束对于企业行为（企业的投资行为、竞争行为等）的影响，为发展金融市场促进经济增长提供了经验证据。但是，经济增长只是经济发展的一个方面，经济发展不仅包括经济增长，还包括企业规模分布合理

化和产业结构优化等。关于企业规模分布的"融资约束"理论（Colley
and Quadrini，2001；Cabral and Mata，2003；Glementi and Hopenhayn，
2006）认为由于市场存在融资摩擦，企业会受到融资约束，影响企业成长
动态，从而影响企业规模分布和产业结构，致使企业规模分布产生有偏性
和不稳定。从企业规模分布的角度来分析企业的融资约束行为，可以为发
展金融市场促进中国经济结构优化提供经验依据，本章的研究为理解中国
金融市场发展与经济发展之间的关系，从结构的视角提供了一种新的
思路。

第二节　中国制造业上市公司企业规模分布遵循吉布莱特定律吗？

本节通过对企业规模分布的重要定律——吉布莱特定律的检验来揭示
中国制造业上市公司企业规模与成长之间的关系，进而分析中国制造业上
市公司企业规模分布的特征事实。

一、变量与数据

衡量企业规模大小通常采用企业的营业总收入、资产总额或员工总数
来度量。但是企业的营业总收入或资产总额由于会受到物价指数以及贴现
率等因素的影响，使分析的问题趋于复杂，因此本章采用企业的员工总数
来度量企业规模，其数据均来自 Wind 数据库。根据 Wind 数据库证监会行
业类数据（截至 2010 年 12 月 31 日），沪深两市中国制造业上市公司总数
1480 家。本章在选取样本时首先剔除 B 股上市公司 63 家，然后剔除 ST
和 * ST 的上市公司共 101 家、再剔除数据连续年份少于 3 年的 215 家和 1
家数据异常的企业（浪莎股份）。数据的描述性统计如表 8 - 1 所示，样本
总体为 1100 家，并选择 2001 ~ 2010 年的年度数据为研究对象。数据显
示，2001 ~ 2007 年中国制造业上市公司企业数目逐年增加，至 2007 年以
后逐渐趋于稳定。如果用企业员工总数的对数（$\ln EMP$）来衡量企业的规
模大小，2001 ~ 2010 年中国制造业上市公司平均企业规模呈现先下降后上
升的趋势。如果用企业员工总数的对数的方差来衡量产业集中度（Chesh-
er，1979），可以看出中国制造业上市公司产业集中度呈先上升而后又下
降趋势变动，因此中国制造业上市公司市场结构决定了中国制造业上市公

司企业规模变动趋势。

表 8 - 1　　　　　　　　　　**数据的描述性统计**

变量	观测点	均值	标准差	最小值	最大值
ln*EMP*2001	481	7.660139	0.977724	3.931826	10.73516
ln*EMP*2002	517	7.62868	1.009034	3.583519	10.74004
ln*EMP*2003	629	7.54551	1.061281	2.995732	10.73068
ln*EMP*2004	675	7.556672	1.076386	3.135494	11.08782
ln*EMP*2005	728	7.553113	1.094343	3.178054	11.0899
ln*EMP*2006	824	7.50033	1.178698	3.218876	11.38514
ln*EMP*2007	998	7.391378	1.218847	3.178054	11.45391
ln*EMP*2008	1099	7.373382	1.234383	3.367296	11.72901
ln*EMP*2009	1096	7.467357	1.205386	3.367296	11.58832
ln*EMP*2010	1095	7.582104	1.19372	2.397895	12.11897

注：① 样本总体为 1100 家，由于存在缺失数据，各年的观测值都少于 1100 家；②ln*EMP*2001表示 2001 年企业规模的对数，其他年份具有相似的表述，下同。

二、检验吉布莱特定律

根据切斯尔（Chesher，1979）、辛格和惠廷顿（Singh and Whittington，1975）[1]，检验吉布莱特定律可以采用横截面数据对公式（8-1）进行估计：

$$Z_{it} = \beta Z_{it-1} + \varepsilon_{it} \qquad (8-1)$$

其中，$Z_{it} = \ln S_{it} - E(\ln s_{it} \mid \varepsilon_{it})$，$S_{it}$是第 t 期企业 i 的规模，β 是要估计的参数，ε_{it}是随机冲击，如果 β 的估计值 $\hat{\beta}$ 接近于 1，满足吉布莱特定律成立的条件，则有理由认为吉布莱特定律可能会成立。对公式（8-1）两边同时取指数，可以得到公式（8-2）：

$$S_{it} - S_{it-1} = [\exp(\varepsilon_{it}) S_{it-1}^{\beta-1} - 1] S_{it-1} = G_{it} S_{it-1} \qquad (8-2)$$

其中，$G_{it} = \{\exp(\varepsilon_{it}) S_{it-1}^{\beta-1} - 1\}$，是吉布莱特定律中的比例效应，即企业规模的成长率。明显地，假如 $\beta \neq 1$，那么 G_{it} 和 S_{it-1} 就不是独立分布的，吉布莱特定律不成立，因此，$\beta = 1$ 是吉布莱特定律成立的必要条件。然而，

① 切斯尔（Chesher，1979）和辛格和惠廷顿（Singh and Whittington，1975）所采用的方法现已被很多研究所采用。

即使 $\beta = 1$，如果 ε_{it} 存在序列相关性，那么 G_{it} 和 S_{it-1} 仍然不独立，吉布莱特定律仍不能成立。因此，仅当 $\beta = 1$ 且 ε_{it} 不存在序列相关性时，吉布莱特定律成立。

当 $\beta \neq 1$ 时，企业的规模会偏离其规模的均值，例如，当 $\beta < 1$ 时，企业越大其预期的成长率越低，企业越小其预期的成长率越高。G_{it} 存在序列相关性可能来自促使企业出现异常成长因素持续影响的作用。因此，当 $\beta \neq 1$ 时，可以视为"企业的规模增进或抑制成长"；而 G_{it} 存在序列相关性，可以视为"企业的成长增进或抑制成长"。

假设公式（8-1）中的随机冲击项 ε_{it} 存在序列相关性，即便是使用横截面数据，标准的 OLS 对公式（8-1）中 β 的估计也可能是不一致的，为了检验吉布莱特定律是否成立，切斯尔（Chesher，1979）、辛格和惠廷顿（Singh and Whittington，1975）建议采用：

$$Z_{it} = \beta Z_{it-1} + \varepsilon_{it} \tag{8-3}$$

$$\varepsilon_{it} = \rho \varepsilon_{it-1} + \mu_{it} \tag{8-4}$$

对 β 和 ρ 进行估计，将公式（8-4）代入公式（8-3）可以得到：

$$Z_{it} = \gamma_1 Z_{it-1} + \gamma_2 Z_{it-2} + \mu_{it} \tag{8-5}$$

其中，$\gamma_1 = \beta + \rho$，$\gamma_2 = -\beta\rho$，对公式（8-5）采用截面数据进行 OLS 估计可以得到 γ_1 和 γ_2 的一致估计值 $\hat{\gamma_1}$ 和 $\hat{\gamma_2}$，从而可以得到 β 和 ρ 的"估计值"：

$$(\tilde{\beta}, \tilde{\rho}) = \frac{1}{2} \left[\hat{\gamma_1} \pm (\hat{\gamma_1}^2 + 4\hat{\gamma_2})^{1/2} \right] \tag{8-6}$$

切斯尔（Chesher，1979）认为单独从样本信息中并不能判断公式（8-6）右边的哪一个估计值是 $\tilde{\beta}$，哪一个是 $\tilde{\rho}$。根据关于企业规模和成长的随机理论研究文献对 $\tilde{\beta}$ 和 $\tilde{\rho}$ 的识别问题的解决方法，即使吉布莱特定律不成立，通常认为 $\tilde{\beta}$ 接近于 1，因此，对于公式（8-6）右边的估计值，接近于 1 的是 $\tilde{\beta}$，另外一个是 $\tilde{\rho}$。不管 $\tilde{\beta}$ 和 $\tilde{\rho}$ 的识别问题是否解决，检验吉布莱特定律成立的零假设和备择假设可以设定为：

$$H_0 : (\gamma_1, \gamma_2) = (1, 0) \tag{8-7}$$

$$H_1 : (\gamma_1, \gamma_2) \neq (1, 0) \tag{8-8}$$

若接受 H_0，则吉布莱特定律成立，反之，不成立。

检验结果如表 8-2 所示，结果表明，在 2003～2006 年吉布莱特定律均被拒绝，而在 2007～2010 年除 2010 年外其余年份吉布莱特定律并没有被拒绝。估计的 $\tilde{\beta}$ 的系数均小于 1，说明中国制造业上市公司企业规模越大，企业成长得越慢。同时估计的 $\tilde{\rho}$ 的系数均大于 0，说明中国制造业上市公司企业的成长具有持续性，企业的前期成长能够推动企业的当期成长。

表 8 - 2　　　　　　　　　　吉布莱特定律检验结果

年份	样本数（N）	$\hat{\gamma}_1$	$\hat{\gamma}_2$	$\tilde{\beta}$	$\tilde{\rho}$	R^2	$F(2,\ N-3)$
2001 ~ 2003	480	1. 080605 (0. 05345)	- 0. 14828 *** (0. 05498)	0. 91931	0. 16129	0. 833	1193. 80
2002 ~ 2004	517	1. 034195 (0. 03735)	- 0. 07788 ** (0. 03856)	0. 95242	0. 08176	0. 89	2096. 98
2003 ~ 2005	626	1. 084326 *** (0. 02889)	- 0. 08956 *** (0. 02932)	0. 99425	0. 09007	0. 952	6179. 60
2004 ~ 2006	672	1. 0772 (0. 04851)	- 0. 10344 ** (0. 04918)	0. 97073	0. 10655	0. 922	3976. 65
2005 ~ 2007	720	0. 962138 (0. 04311)	- 0. 01687 (0. 04374)	0. 944268	0. 017871	0. 9	3251. 37
2006 ~ 2008	821	1. 000842 (0. 02819)	- 0. 02529 (0. 02779)	0. 974904	0. 025938	0. 947	7385. 66
2007 ~ 2009	994	0. 966232 (0. 04026)	- 0. 02214 (0. 03955)	0. 942743	0. 023488	0. 921	5827. 91
2008 ~ 2010	1091	1. 022915 (0. 02764)	- 0. 06343 ** (0. 02696)	0. 956605	0. 06631	0. 94	8520. 87

注：①对原假设 $H_0:(\gamma_1,\gamma_2)=(1,0)$ 进行 t 检验；② * 、 ** 、 *** 分别表示在 10% 、5% 和 1% 的显著性水平下拒绝原假设；③ $\hat{\gamma}_1$ 和 $\hat{\gamma}_2$ 系数下面括号中的值是各自的标准误。

同时，为检验上述结果是否稳健，本章采用 Kolmogorov-Smirnov（KS）检验和 Lilliefors 检验进一步分析 2001 ~ 2010 年中国制造业上市公司企业规模分布的分布特性。

首先，本章使用 KS 检验对各年中国制造业上市公司企业规模变量的对数两两之间是否服从同分布进行检验，KS 检验统计量为：

$$D_{nn'} = \sup_x \mid F_{1n}(x) - F_{1n'}(x) \mid \qquad (8-9)$$

其中，$F_{1n}(x)$ 和 $F_{1n'}(x)$ 分别是第一、第二个样本的经验分布函数。KS 检验结果如表 8 - 3 所示，在 2001 ~ 2006 年中国制造业上市公司企业规模变量的对数两两之间服从同分布，而在 2007 ~ 2010 年各变量两两之间服从同分布，这和前面的 OLS 估计的结果是一致的。

表 8 – 3 KS 检验结果

变量	2010 年	2009 年	2008 年	2007 年	2006 年	2005 年	2004 年	2003 年	2002 年	2001 年
lnEMP2010	1.00	0.1258	0.0016	0.0168	0.6696	0.3539	0.2337	0.2610	0.0049	0.0010
lnEMP2009		1.00	0.3807	0.9268	0.0905	0.0039	0.0021	0.0037	0.0000	0.0000
lnEMP2008			1.00	0.5950	0.0033	0.0000	0.0000	0.0000	0.0000	0.0000
lnEMP2007				1.00	0.0472	0.0012	0.0000	0.0000	0.0000	0.0000
lnEMP2006					1.00	0.6016	0.0858	0.1505	0.0020	0.0000
lnEMP2005						1.00	0.9164	0.8338	0.0997	0.0116
lnEMP2004							1.00	0.9742	0.2717	0.0853
lnEMP2003								1.00	0.4632	0.1199
lnEMP2002									1.00	0.9296
lnEMP2001										1.00

注：表中的数据是 KS 检验的 p 值，p 值越大两变量之间越服从同分布，通常选择在 5% 的显著性水平下拒绝两变量之间服从同分布的原假设。

其次，使用 Lilliefors 检验对各年中国制造业上市公司企业规模变量的对数是否服从正态分布进行检验，Lilliefors 检验的统计值与 KS 检验的统计值相似，其检验统计量为：

$$D_{nn'} = \sup_x \left| SCDF_{1n}(x) - CDF_{1n'}(x) \right| \qquad (8-10)$$

其中，$SCDF_{1n}(x)$ 是从样本中估计的经验累积分布函数，$CDF_{1n'}(x)$ 是以均值为样本的均值和标准差为样本的标准差的正态分布函数。Lilliefors 检验结果表明，在 2001 ~ 2005 年除 2001 年外各年中国制造业上市公司企业规模的对数均不服从正态分布，而在 2006 ~ 2010 年除 2010 年外各年企业规模的对数在 5% 的显著性水平下均服从正态分布，如表 8 – 4 所示，这和前面 OLS 估计的结果也是一致的。

表 8 – 4 Lilliefors 检验结果

变量	h	p	KS
lnEMP2010	1	0.0377	0.0282
lnEMP2009	0	0.0978	0.0252
lnEMP2008	0	0.1190	0.0245
lnEMP2007	0	0.5000	0.0187
lnEMP2006	0	0.0751	0.0300

变量	h	p	KS
ln*EMP*2005	1	0.0107	0.0388
ln*EMP*2004	1	0.0382	0.0358
ln*EMP*2003	1	0.0489	0.0361
ln*EMP*2002	1	0.0162	0.0443
ln*EMP*2001	0	0.0654	0.0398

注：表中 KS 表示 Lilliefors 检验统计值，KS 统计值越大，变量越偏离正态分布；p 表示 Lilliefors 检验的 p 值，通常选择在 5% 的显著性水平下拒绝变量服从正态分布的原假设；h 表示 Lilliefors 检验的结果，h 为 0 表示在 5% 的显著性水平下变量服从正态分布，否则为 1。

对吉布莱特定律的检验结果表明，中国制造业上市公司企业规模与成长之间有向遵循吉布莱特定律演进的趋势，但并没有完全遵循吉布莱特定律。鉴于中国金融市场不完善的现实，本章将从企业"融资约束"理论视角分析中国制造业上市公司企业成长动态和企业规模分布的状况。

第三节 中国制造业上市公司企业规模分布的"特征事实"

基于"融资约束"理论，联系中国资本市场或金融市场不完善的现实，本节从企业规模分布的"年龄依赖"和"规模依赖"两个方面进行分析中国制造业上市公司企业规模分布的"特征事实"，并选取 2004 年、2007 年和 2010 年进行阐述。

一、"年龄依赖"与中国制造业上市公司企业规模分布

"年龄依赖"（age dependence）是指在企业规模给定的条件下，企业进入退出、成长及其波动性等企业动态与企业年龄之间的依赖关系（Colley and Quadrini，2001）。企业规模分布的"融资约束"理论认为企业动态与企业年龄之间呈负相关关系。因为，新进入的企业（即年幼的企业）通常投资较多、债务较高、企业分红较少；另外，年幼的企业面临的市场风险也较大。所以，在金融市场上，金融中介很不愿意对新进入的企业进行借贷，由于金融市场的不完善，年幼的企业受到融资约束的影响较大。新企业进入一个产业后，由于受到融资约束，其生存常常受到威胁，极易

死亡，或退出该产业；同时由于行业利润的刺激，又会使大量企业进入。因此，企业年龄越小，企业进入退出越频繁。然而，能够生存下来的新进入企业（也即效率较高的企业或不受融资约束的企业），能够以更快的速度成长。所以，能够幸存下来的企业年龄较小，企业的成长和成长的波动性也较高（Colley and Quadrini，2001）。年幼的企业频繁进入退出以及较高的成长波动性使得年幼企业的规模分布显著向右偏。相对而言，年龄较长企业的成长通常进入稳定的增长状态，受融资约束的限制也较小，其存活性较高，波动性较小，进入退出的可能性也较小，这种稳定的生存状态使得年长企业的规模分布更易趋向正态（均称）分布（Cabral and Mata，2003）。卡布拉尔和马塔（Cabral and Mata，2003）、安吉利尼和加纳若（Angelini and Generale，2008）分别利用葡萄牙和意大利的数据都验证了企业规模分布的这种"特征事实"。

为探究"年龄依赖"与中国企业规模分布之间的关系，本章借鉴卡布拉尔和马塔（Cabral and Mata，2003）与安吉利尼和加纳若（Angelini and Generale，2008）的研究方法，对 2004 年、2007 年和 2010 年中国制造业上市公司按年龄分为：小于等于 5 年、6 ~ 12 年、13 ~ 17 年和大于等于 18 年四组。本章分别对各组企业规模的对数进行了核密度估计、KS 检验和 Lilliefors 检验，如表 8 – 5、图 8 – 1 所示。

表 8 – 5　　按年龄分组的 Lilliefors 正态分布与 KS 同分布检验结果

Lilliefors 检验正态分布 p 值				KS 检验同分布 p 值			
类别	ln*EMP*2010	ln*EMP*2007	ln*EMP*2004	类别	ln*EMP*2010	ln*EMP*2007	ln*EMP*2004
(a)年龄小于等于 5 年	0.0504 [280]	0.1846 [208]	0.5000 [116]	(a) = (b)	0.0000	0.0000	0.0000
(b)年龄为 6 ~ 12 年	0.0018 [335]	0.0322 [470]	0.0058 [457]	(b) = (c)	0.0000	0.0014	0.6180
(c)年龄为 13 ~ 17 年	0.2261 [254]	0.0345 [236]	0.5000 [75]	(c) = (d)	0.3261	0.0000	0.1162
(d)年龄大于等于 18 年	0.1034 [226]	0.5000 [84]	0.4816 [27]	—	—	—	—

注：表中［　］中为观测值个数。

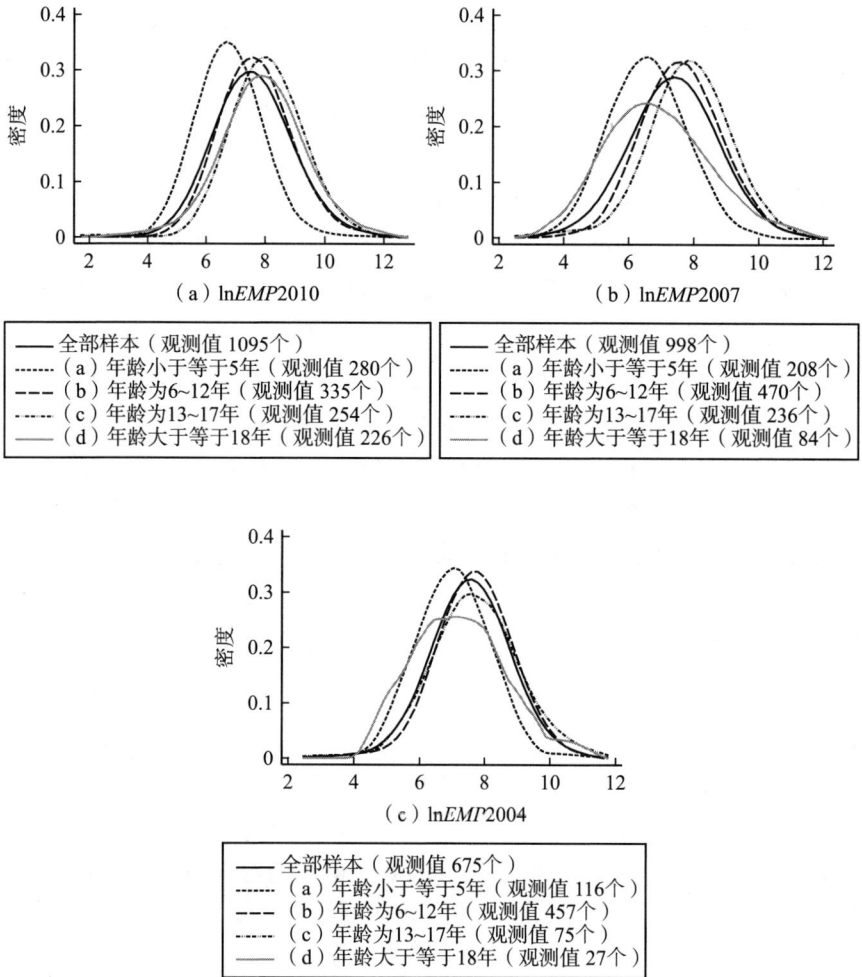

（a）ln*EMP*2010

> —— 全部样本（观测值 1095 个）
> ……… （a）年龄小于等于5年（观测值 280 个）
> — — 年龄为6~12年（观测值 335 个）
> —·—·（c）年龄为13~17年（观测值 254 个）
> ——— （d）年龄大于等于18年（观测值 226 个）

（b）ln*EMP*2007

> —— 全部样本（观测值 998 个）
> ……… （a）年龄小于等于5年（观测值 208 个）
> — — 年龄为6~12年（观测值 470 个）
> —·—·（c）年龄为13~17年（观测值 236 个）
> ——— （d）年龄大于等于18年（观测值 84 个）

（c）ln*EMP*2004

> —— 全部样本（观测值 675 个）
> ……… （a）年龄小于等于5年（观测值 116 个）
> — — 年龄为6~12年（观测值 457 个）
> —·—·（c）年龄为13~17年（观测值 75 个）
> ——— （d）年龄大于等于18年（观测值 27 个）

图 8-1 "年龄依赖"与中国制造业上市公司企业规模分布

根据 KS 检验和 Lilliefors 检验的 p 值进行判断，2010 年中国制造业上市公司企业年龄小于等于 5 年、6~12 年、13~17 年的三组企业规模的对数两两均不服从同分布；企业年龄为 13~17 年和大于等于 18 年两组企业规模的对数之间服从同分布；企业年龄小于等于 5 年、6~12 年两组的企业规模的对数在 10% 的显著性水平下均不服从正态分布，而企业年龄为 13~17 年和大于等于 18 年两组的企业规模的对数在 10% 的显著性水平下均服从正态分布。同样可以根据 KS 检验和 Lilliefors 检验的 p 值进行判断 2004 年和 2007 年各组企业规模分布特性。通过 KS 检验和 Lilliefors 检验的 p 值进行判断，发现 2004 年中国制造业上市公司企业规模分布与卡布拉尔

和马塔 (Cabral and Mata, 2003) 发现的企业规模分布演进的"特征事实"并不相吻合,表明这一期间中国企业规模分布的"年龄依赖"较弱,而 2007 年到 2010 年中国制造业上市公司企业规模分布的"年龄依赖"逐渐增强,符合卡布拉尔和马塔 (Cabral and Mata, 2003) 发现的企业规模分布演进的"特征事实":企业年龄越小,企业规模分布越偏离对数正态分布,企业年龄越大,企业规模分布越趋向对数正态分布。

二、"规模依赖"与中国制造业上市公司企业规模分布

"规模依赖"(size dependence) 是指在企业年龄给定的条件下,企业进入退出、成长及其波动性等企业动态与企业规模之间的依赖关系 (Colley and Quadrini, 2001)。企业规模分布的"融资约束"理论认为企业动态与企业规模之间呈负相关关系。通常规模较小的企业的经济行为表现为:第一,小企业对现金流量的敏感性较强,小企业的 Tobin's Q 值较高,具有较高的投资率;第二,小企业的财务杠杆较高,具有更高的违约的可能性;第三,小企业分红较少,更倾向于债务融资 (Colley and Quadrini, 2001)。所以,小企业面临生存的风险较大,受到的融资约束也较大,企业退出或死亡的可能性也较大;然而,小企业通常具有较高的规模报酬率,因而能够幸存下来的企业的成长率也较高;相对而言,大企业受融资约束的程度较小,其成长波动性较为稳定,由于存在规模报酬递减,其成长率也较小。因此,"融资约束"理论认为企业的规模越小,企业受到的融资约束也越大,企业规模分布的有偏性也越大。

为了揭示"规模依赖"与中国企业规模分布之间的"特征事实",本章参照 2011 年 6 月 18 日,工业和信息化部、国家统计局、国家发展和改革委员会、财政部联合印发的《关于印发中小企业划型标准规定的通知》对工业企业划分标准的规定,对 2004 年、2007 年和 2010 年中国制造业上市公司按从业人员人数分为大、中、小三组:1000 人及以上、300 人及以上 1000 人以下、300 人以下。本章分别对各组企业规模的对数进行了核密度估计、KS 检验和 Lilliefors 检验。由图 8-2 核密度图中可以清楚地辨别在 2004 年、2007 年和 2010 年企业规模在 300 人以下的小企业的核密度估计图形往右偏。同样,可以根据 KS 检验的 p 值和 Lilliefors 检验的 p 值与 KS 统计值进行判断,如表 8-6 所示。KS 检验表明,2004 年、2007 年和 2010 年时 1000 人及以上、300 人及以上 1000 人以下、300 人以下的大、中、小型企业的规模分布两两之间均不相同。根据 Lilliefors 检验的 p 值和

KS 统计值进行判断 2004 年、2007 年和 2010 年间 1000 人及以上、300 人及以上 1000 人以下、300 人以下的大、中、小型企业规模的对数分布均不服从正态分布，Lilliefors 检验的 KS 统计值显示 2004 年、2007 年和 2010 年小于 300 人的小型企业的规模分布更偏离对数正态分布。因此，从 2004 年、2007 年和 2010 年中国制造业上市公司企业规模分布随企业规模的演进来看，中国制造业上市公司企业规模分布存在"规模依赖"性较强：企业规模越小，企业规模分布越偏离对数正态分布，企业规模越大，企业规模分布越趋向对数正态分布。

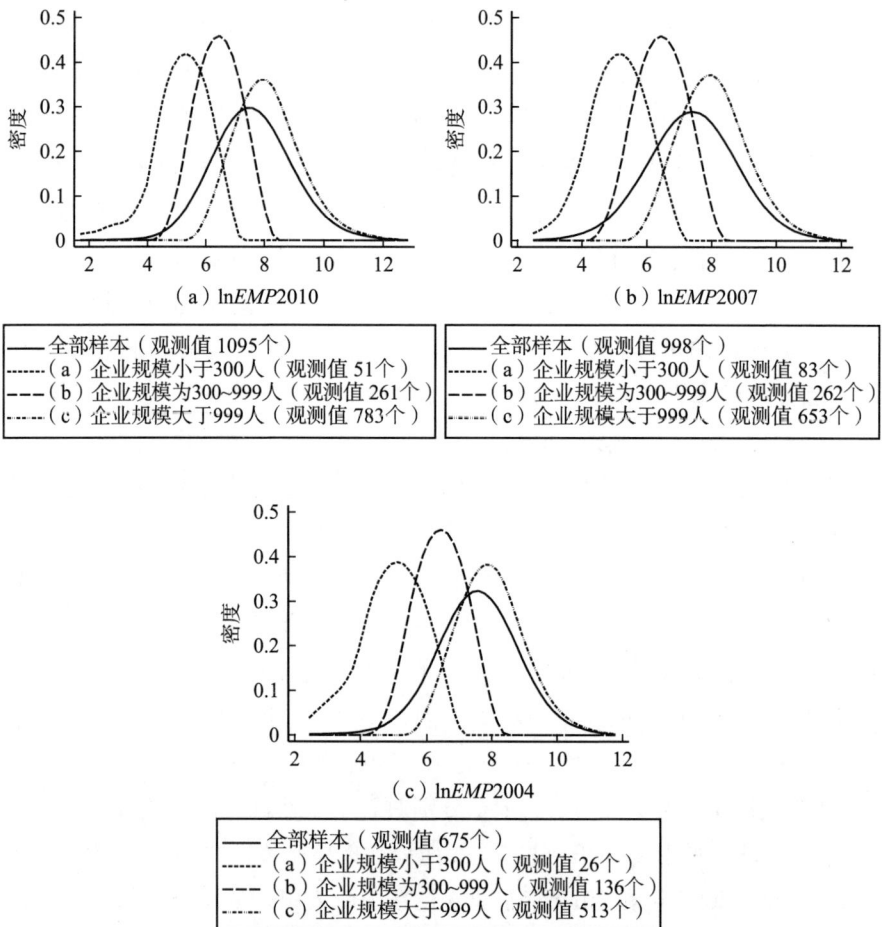

（a）ln*EMP*2010

全部样本（观测值 1095 个）
------（a）企业规模小于 300 人（观测值 51 个）
- - - （b）企业规模为 300~999 人（观测值 261 个）
-·-·-（c）企业规模大于 999 人（观测值 783 个）

（b）ln*EMP*2007

全部样本（观测值 998 个）
------（a）企业规模小于 300 人（观测值 83 个）
- - - （b）企业规模为 300~999 人（观测值 262 个）
-·-·-（c）企业规模大于 999 人（观测值 653 个）

（c）ln*EMP*2004

全部样本（观测值 675 个）
------（a）企业规模小于 300 人（观测值 26 个）
- - - （b）企业规模为 300~999 人（观测值 136 个）
-·-·-（c）企业规模大于 999 人（观测值 513 个）

图 8－2 "规模依赖"与中国制造业上市公司企业规模分布

表8-6　按企业规模分组的 Lilliefors 正态分布与 KS 同分布检验结果

Lilliefors 检验正态分布 p 值				KS 检验同分布 p 值			
类别	ln*EMP*2010	ln*EMP*2007	ln*EMP*2004	类别	ln*EMP*2010	ln*EMP*2007	ln*EMP*2004
(a)企业规模 小于300人	0.0000 [51]	0.0000 [83]	0.0000 [26]	(a)=(b)	0.0000	0.0000	0.0000
(b)企业规模为 300~999人	0.0000 [261]	0.0000 [262]	0.00160 [136]	(b)=(c)	0.0000	0.0000	0.0000
(c)企业规模 大于999人	0.0000 [783]	0.0000 [653]	0.0000 [513]	—	—	—	—

注：表中［ ］中为观测值个数。

综合以上分析，中国制造业上市公司企业规模分布同时存在"年龄依赖"和"规模依赖"，这反映了融资约束对中国企业规模分布产生的影响，也反映了中国中小企业受到融资约束的现实。

第四节　融资约束对中国制造业上市公司企业成长和规模分布的影响

本节基于"融资约束"理论，首先定义了受融资约束的企业和不受融资约束的企业，然后检验融资约束对中国制造业上市公司企业成长动态和企业规模分布的影响，最后根据回归结果来模拟融资约束对中国制造业上市公司企业规模分布的影响效应。

一、受融资约束企业的定义、变量与数据

（一）受融资约束企业的定义

检验"融资约束"理论，关键是如何区分企业是否受融资约束。卡布拉尔和马塔（Cabral and Mata，2003）的研究认为企业家的年龄可以较好地作为企业受融资约束的代理变量，而安吉利尼和加纳若（Angelini and Generale，2008）认为通过代理变量来定义受融资约束的企业可能产生自相关问题。因此，安吉利尼和加纳若（Angelini and Generale，2008）通过问卷的形式直接定义了受融资约束的企业，并采用企业固定资产率和财务

支出占财务支出与净利润之和的比两个融资约束的代理变量来检验估计结果的稳健性。国内学者李科和徐龙炳（2011）、吴育辉等（2009）、张玲和曾维火（2004）等许多文献研究发现修正后的 Altman 的 Z 值①能够较好地预测企业的信用等级，并采用企业的信用等级来判断企业存在融资约束的程度。基于他们的研究成果，本章也采用这一指标来评价企业的信用等级，进而衡量企业受到融资约束的程度。追随李科和徐龙炳（2011）对受融资约束企业的定义：第一步计算修正后的 Altman 的 Z 值；第二步根据修正后的 Altman 的 Z 值在任何一年区分信用等级高的组和信用等级低的组，信用等级低的企业定义为受融资约束的企业，高信用等级组定义为不受融资约束企业的样本组。具体来说，本章定义在给定的一年计算的修正后的 Altman 的 Z 值（Zvalue）低于 25% 分位数的企业为受融资约束企业，其余为不受融资约束企业。

此外，本章还采用了安吉利尼和加纳若（Angelini and Generale，2008）使用的其他两个变量作为企业受到融资约束的代理变量。一是固定资产率（FXDASSETRATE），等于企业的固定资产的账面价值与总资产的账面价值的比值，用来度量企业固定资产的比重。拉詹津和加莱斯（Rajan and Zingales，2001）、詹内蒂（Giannetti，2003）的理论和经验研究表明利用固定资产作为抵押品可以使外源融资更加容易，因此固定资产率越高企业受到的融资约束可能就越小。本章定义给定每一年固定资产率低于25% 分位数的企业为受融资约束的企业。二是财务支出占财务支出与净利润之和的比（FCEXPFTRATE），用来衡量企业偿还债务的能力（Whited，1992），其比值越小偿还债务的能力就越强。本章定义财务支出占财务支出与净利润之和的比高于每一年75% 分位数的企业为受融资约束的企业。

卡布拉尔和马塔（Cabral and Mata，2003）的研究认为企业家的年龄可以较好地作为企业受融资约束的代理变量，企业家的年龄之所以可以很好地作为企业受融资约束的代理变量，卡布拉尔和马塔（Cabral and Mata，

---

① 对于上市公司来说，不管是直接从银行贷款进行融资，还是从股票市场或债券市场上发行股票或债券进行融资，信用等级越高的公司，其受到的融资约束越少。本章选择修正后 Altman 的 Z 值作为融资约束的代理变量。具体而言，对于修正后的 Altman 的 Z 值的计算，本章采用张玲和曾维火（2004）的模型计算得出，修正后的 Altman 的 Z 值越大，表明公司的信用等级越高，公司受融资约束的程度越小。其计算公式为：$Z = -8.751 + 6.3X_1 + 0.761X_6 + 1.295X_{21} + 0.412X_{23} + 0.015X_{24} + 0.105X_{31} - 21.164X_{32}$，其中 X_1 是资产净利润率，X_6 是每股经营现金流，X_{21} 是 LOG（固定资产总额），X_{23} 是主营业务收入增长率，X_{24} 是留成利润比率，X_{31} 是流通股市值负债比，X_{32} 是股本账面值/股本市值。

2003）认为企业家年龄越长，企业家的市场经验和个人财富也会随之增加，因此企业受到的融资约束就越少。基于卡布拉尔和马塔（Cabral and Mata，2003）的研究，本章收集了 2001～2010 年 Wind 数据库和 CSMAR 数据库中有关中国制造业上市公司企业高管年龄（P_AGE）的数据，计算出 2001～2010 年各年中国制造业上市公司每一家企业高管年龄的平均值，作为中国制造业上市公司受融资约束的代理变量。与用企业固定资产率和财务支出占财务支出与净利润之和的比两个融资约束的代理变量定义受融资约束企业相似，本章定义 2001～2010 年各年企业高管的平均年龄低于 25% 分位数的企业为受融资约束的企业。本章使用这三个代理变量来检验利用修正后的 Altman 的 Z 值作为融资约束的代理变量估计结果的稳健性。

（二）变量与数据

本章中除企业规模之外，还考察了企业年龄（lnAGE）、金融市场化指数（广义货币 M2 与 GDP 的比值）、企业业绩（用公司的 ROA 来衡量）对企业成长动态或企业规模分布的影响。企业的成长率（lnEMPRATE）用企业规模的变化率来表示，企业的年龄根据 2001～2010 年上市公司每年的报告期与企业的成立日期计算得到，企业业绩用企业的 ROA 来表示，并定义 ROA 为息税前利润（EBIT）除以企业总资产的账面价值。本章数据均来自 Wind 数据库和 CSMAR 数据库，其中用来计算修正后的 Altman 的 Z 值的企业财务数据，除企业的留存收益率数据来自 CSMAR 数据库，其余均来自 Wind 数据库；用来衡量企业业绩的企业的 ROA、用来计算企业年龄的上市公司的成立日期以及计算固定资产率、财务支出占财务支出与净利润之和的比的数据均来自 Wind 数据库；用来计算金融市场化指数（FCMKTINDEX）的每年的广义货币 M2 与 GDP 数据取自 CSMAR 数据库；中国制造业上市公司企业高管年龄的相关数据主要来自 CSMAR 数据库，其中部分公司部分年份的缺失数据（包括企业高管年龄的出生年份、任职日期和离职日期等）本章从 Wind 数据库深度资料数据库中收集整理得到。

表 8-7 列出了全部样本以及根据修正后的 Altman 的 Z 值进行划分的受融资约束企业样本组和不受融资约束企业样本组数据的描述性统计。从各变量的均值分析来看，受融资约束企业样本组、不受融资约束企业样本组与全部企业样本组的均值相比，在企业规模和成长性方面，受融资约束企业样本组的企业规模的对数为 7.268、成长率为 1.3%，低于全部企业样本组，更低于不受融资约束企业样本组，不受融资约束企业样本组的企业规模的对数为 7.898、成长率为 9.8%；在企业的经营业绩方面，受融

资约束企业样本组企业的 ROA 为 3.081%，也低于全部企业样本组和不受融资约束企业样本组，不受融资约束企业样本组的 ROA 为 6.452%；在企业固定资产的比重方面，受融资约束企业样本组的固定资产率为 23.3%，同样低于全部企业样本组和不受融资约束企业样本组，不受融资约束企业样本组的固定资产率为 32.1%；在企业偿还债务的能力方面，受融资约束企业样本组的偿还债务的能力也较低，财务支出占财务支出与净利润之和的比为 34.1%，高于全部企业样本组，更高于不受融资约束企业样本组，不受融资约束企业样本组的财务支出占财务支出与净利润之和的比为 16.9%；就企业高管年龄而言，受融资约束企业样本组的企业高管年龄为 46.688 岁，低于全部企业样本组的企业高管年龄 46.769 岁，也低于不受融资约束企业样本组的企业高管年龄 47.069 岁。从均值比较来看，受融资约束企业样本组与不受融资约束企业样本组在规模和成长性、企业的业绩、固定资产比重、偿债能力以及企业高管年龄等方面具有显著的差异，而在企业年龄方面，二者并没有表现出显著的差异。

表 8 - 7　　　　　　　　　　数据的描述性统计

变量	全样本			受融资约束企业样本			不受融资约束企业样本		
	观测值	平均值	标准差	观测值	平均值	标准差	观测值	平均值	标准差
ln*EMPRATE*	7025	0.074	0.320	1172	0.013 ***	0.335	3524	0.098	0.325
ln*EMP*	8142	7.507	1.155	1301	7.268 ***	0.995	3903	7.898	1.070
ROA（%）	8534	6.182	9.213	1304	3.081 ***	3.762	3907	6.452	4.899
ln*AGE*	8863	1.988	0.753	1303	2.223	0.511	3903	2.222	0.478
FXDASSETRATE	8675	0.294	0.155	1304	0.233 ***	0.123	3907	0.321	0.164
Zvalue	5211	15.672	3.763	1304	12.72 ***	2.461	3907	16.657	3.604
FCEXPFTRATE	8683	0.240	9.139	1304	0.341 ***	0.521	3907	0.169	1.763
FCMKTINDEX	11000	1.603	0.109	1304	1.623	0.115	3907	1.623	0.115
P_AGE	7882	46.769	3.383	1304	46.688 ***	3.126	3907	47.069	3.278

注：*** 、** 和 * 分别表示 1%、5% 和 10% 的显著性水平。

二、检验"融资约束"对中国制造业上市公司企业成长动态的影响

（一）计量模型

本章采用安吉利尼和加纳若（Angelini and Generale，2008）的研究方法，计量模型设立为：

$$
\begin{aligned}
\ln EMPRATE_{it} = {} & \alpha_0 + \alpha_1 D_{it}^{fc} + \alpha_2 D_{it}^{fc} D_{it}^{small} + \alpha_3 D_{it}^{fc} D_{it}^{young} + \alpha_4 \ln AEG_{it} \\
& + \alpha_4 ROA_{it-1} + \alpha_6 FCMKTINDEX_{it} + \beta D_{it}^{year} \\
& + \sum_j \gamma_j D_{ijt}^{sector} + \varepsilon_{it} \quad\quad\quad\quad\quad\quad\quad\quad (8-11)
\end{aligned}
$$

模型中各变量下标 i 表示企业，t 表示时间。其中，D_{it}^{fc} 是受融资约束企业的哑变量，当企业受融资约束时，D_{it}^{fc} 为 1，否则为 0；当企业员工总数少于 1000 人与企业的年龄小于等于 5 年时，D_{it}^{small} 和 D_{it}^{young} 分别为 1，否则为 0。在模型中加入了几个影响企业规模分布的潜在控制变量：企业年龄的对数（$\ln AGE_{it}$）、资产收益率（ROA_{it-1}）、金融市场化指数（$FCMK$-$TINDEX_{it}$）以及时间和产业效应（按 Wind 数据库证监会行业—制造业次类行业划分）——哑变量 D_{it}^{year} 和 D_{ijt}^{sector}。同时用企业员工总数的变化率（$\ln EMPRATE_{it}$）作为被解释变量。与安吉利尼和加纳若（Angelini and Generale，2008）的模型不同的是本章在模型中加入了一个衡量金融市场化程度的宏观经济变量——金融市场化指数，用广义货币（M2）与国内生产总值（GDP）的比值来度量。现有的研究表明提高金融发展的水平能够促进企业的成长和企业规模的扩张（李斌和江伟，2006）。从而在宏观层面上表现为金融发展推动了中国的经济发展，很多经验研究表明中国金融发展与经济增长之间有显著的正向关系（谈儒勇，1999；沈坤荣和张成，2004；曹啸和吴军，2002；康季军等，2005）。在模型中加入金融市场化指数这一变量用于考察金融发展对中国企业规模与企业成长动态的影响。

（二）结果分析

表 8-8 中（a）列为用修正后的 Altman 的 Z 值作为融资约束的代理变量对方程（8-11）进行 GLS 估计的结果，结果表明：第一，融资约束对企业成长率产生了显著的负向影响，在其他条件相同的情况下（控制企业年龄、业绩、金融市场化程度等因素），受融资约束企业的成长率比不受融资约束企业的成长率平均至少低 4.9 个百分点。第二，受融资约束且规模小于 1000 人的中小企业的成长率比不受融资约束企业的成长率平均低 13.8 个百分点，比受到融资约束的大企业的成长率平均低 8.9 个百分点，说明融资约束对企业的成长率的负向影响效应主要来自企业规模小于 1000 人的中小企业，这反映了中小企业受到融资约束的影响更为严重的现实。第三，受融资约束且年龄小于等于 5 年的企业的哑变量系数不显著，在本章进行的稳健性检验的回归结果中其估计的系数在多数情况下也都不显著。第四，ROA 的系数显著为正，业绩较好的企业显示出具有更快的成长率。第五，企业年龄的自然对数 $\ln AGE$ 的系数为负，说明中国制造

表8-8　　检验融资约束对中国制造业上市公司企业成长动态的影响

变量	GLS				GMM			
	(a) Zvalue	(b) FXDASSETRATE	(c) FCEXPFTRATE	(d) P_AGE	(aa) Zvalue	(bb) FXDASSETRATE	(cc) FCEXPFTRATE	(dd) P_AGE
D^{fc}	-0.049*** (0.013)	0.0328** (0.014)	-0.0120 (0.0099)	0.0573*** (0.0113)	-0.044*** (0.0134)	0.0238* (0.0136)	-0.0153 (0.0106)	0.0358*** (0.0118)
$D^{fc}D^{small}$	-0.089*** (0.027)	-0.133*** (0.026)	-0.101*** (0.0245)	-0.115*** (0.020)	-0.104*** (0.0326)	-0.123*** (0.0282)	-0.128*** (0.028)	-0.085*** (0.022)
$D^{fc}D^{young}$	0.0308 (0.029)	0.0529** (0.021)	0.0215 (0.0308)	0.0514** (0.02)	0.00401 (0.0337)	0.0379 (0.0260)	0.0356 (0.029)	0.0656*** (0.025)
l.lnEMP					-0.030*** (0.0075)	-0.0279*** (0.0066)	-0.027*** (0.006)	-0.022*** (0.007)
l.lnEMPRATE					-0.0149 (0.0248)	0.00337 (0.0228)	-0.0044 (0.021)	0.00295 (0.022)
l.ROA	0.0034** (0.001)	0.0047*** (0.001)	0.00421*** (0.001)	0.0047*** (0.001)	0.00299* (0.0018)	0.00157 (0.0015)	0.00194 (0.002)	0.00143 (0.001)
lnAGE	-0.0218 (0.014)	-0.029*** (0.008)	-0.026*** (0.0076)	-0.023*** (0.008)	-0.0113 (0.0163)	-0.0383*** (0.0109)	-0.031*** (0.012)	-0.035*** (0.011)

续表

变量	GLS				GMM			
	(a) Zvalue	(b) FXDASSETRATE	(c) FCEXPFTRATE	(d) P_AGE	(aa) Zvalue	(bb) FXDASSETRATE	(cc) FCEXPFTRATE	(dd) P_AGE
FCMKTINDEX	0.0709*** (0.024)	0.0681*** (0.015)	0.0704*** (0.0148)	0.0523*** (0.015)	-0.0339 (0.0437)	0.0932*** (0.0341)	0.0764** (0.032)	0.110*** (0.033)
D^{year}	yes	yes	yes	yes	no	no	no	no
D^{sector}	yes	yes	yes	yes	no	no	no	no
常数项	no	no	no	no	yes	yes	yes	yes
R^2	0.0353	0.0456	0.0416	0.0449				
Wald chi2	694.12	977.71	1006.65	941.30	61.96	117.79	189.87	143.39
AR(1)					0.000	0.000	0.000	0.000
AR(2)					0.498	0.590	0.620	0.570
Hansen test					0.161	0.000	0.000	0.001
样本数	4686	6880	6880	6754	3147	5815	5815	5693

注：①yes 表示包含常数项、时间虚拟变量或产业虚拟变量；no 表示不包含常数项、时间虚拟变量或产业虚拟变量；②括号中的值是估计参数的标准差。***、**和*分别表示 1%、5% 和 10% 的显著性水平。

业上市公司企业成长动态存在年龄依赖，实证结果支持"融资约束"理论的基本命题：企业年龄越长，企业成长率越小；其系数为 - 0.0218，但是在10%的显著性水平下都不显著，说明中国制造业上市公司企业成长动态并不显著依赖于企业的年龄。第六，金融市场化程度对企业成长具有显著的正向影响，说明金融发展能够促进企业的成长和规模的扩张（李斌和江伟，2006）。

（三）稳健性检验

（1）利用额外三个代理变量：固定资产率、财务支出占财务支出与净利润和的比和企业高管年龄再次对方程（8 - 11）进行了 GLS 估计，用于检验对修正后的 Altman 的 Z 值作为融资约束代理变量的回归结果的稳健性。估计结果分别列在表8 - 8 中的（b）（c）（d）列，结果表明：第一，利用财务支出占财务支出与净利润和的比作为融资约束的代理变量进行的估计结果与用修正后的 Altman 的 Z 值作为融资约束的代理变量所进行的估计结果除估计的系数大小存在差异外，其影响效应完全一致。第二，利用固定资产率作为融资约束的代理变量进行估计的结果显示除 D^{fc} 的系数估计不一致外，其余结果基本一致。D^{fc} 的系数估计不一致可能是因为，一方面，固定资产作为抵押品可以使外源融资更加容易，因而企业的固定资产率越高，企业受到的融资约束越小，从而有利于企业的成长；另一方面，由于资产存在报酬递减，固定资产率越高，固定资产的报酬越低，反而不利于企业的成长，这两种作用是相反的。然而融资约束对于中小企业的成长率却具有显著的更大的负向影响，其系数为 - 13.3%，高于用修正后的 Altman 的 Z 值作为融资约束的代理变量估计的系数 - 8.9% 和财务支出占财务支出与净利润之和的比作为融资约束的代理变量估计的系数 - 10.1%。第三，利用企业高管年龄作为融资约束的代理变量进行估计的结果与用企业固定资产率作为融资约束的代理变量进行估计的结果较为一致。与用企业固定资产率作为融资约束的代理变量进行估计的结果一样，同样显示 D^{fc} 系数的估计值与利用修正后的 Altman 的 Z 值作为"融资约束"的代理变量估计的系数不一致，不一致的原因可能是因为，虽然企业高管年龄越长企业受到的融资约束可能越小，但是上市公司企业高管年龄年轻化可能更有利于公司的成长；同样显示融资约束对中小企业的成长率具有显著的更大的负向影响，其系数为 - 11.5%；其他结论与用修正后的 Altman 的 Z 值和财务支出占财务支出与净利润之和的比作为融资约束的代理变量的估计结果基本一致。这说明用修正后的 Altman 的 Z 值可以作为一个较好的融资约束的代理变量，其回归的结果是稳健的，尤其说明融资约束对中小企业的成长率显示出显著的负向影响。

（2）如同安吉利尼和加纳若（Angelini and Generale，2008）所指出的用 OLS（GLS）对方程（8-11）进行估计，会存在两个潜在问题。第一，假如存在一个不可观测的企业效应，OLS（GLS）估计将会是不一致的。不一致可能来自在回归因子中对规模缺少控制，因为大企业倾向于成长得较慢已被证实为企业成长动态的"特征事实"（Hall，1987；Cooley and Quadrini，2001）。第二，回归因子中的一些变量，特别是融资约束的代理变量可能具有内生性。为了解决这些问题，本章采用了由阿雷亚诺和博弗（Arellano and Bover，1995）和布伦德尔和邦德（Blundell and Bond，1998）开创的动态面板数据的系统 GMM 估计，再次利用修正后的 Altman 的 Z 值、固定资产率、财务支出占财务支出与净利润之和的比以及企业高管年龄四个融资约束的代理变量，对在方程（8-11）中加入因变量的一阶滞后项（l. ln$EMPRATE$）和企业规模对数的一阶滞后项（l. lnEMP）的模型进行了估计。估计结果列示在表 8-8 中的（aa）（bb）（cc）（dd）列，动态面板数据模型的系统 GMM 估计结果与 GLS 估计的结果是一致的。并且企业规模对企业成长具有显著的并且一致的负向影响，实证结果支持"融资约束"理论的基本命题：企业规模越大，企业成长率越小，这与采用横截面数据进行检验吉布莱特定律的结果也是一致的。

（3）根据对吉布莱特定律进行检验的结果把 2001～2010 年这一期间分成 2001～2006 年和 2007～2010 年两个阶段，分别用修正后的 Altman 的 Z 值、固定资产率、财务支出占财务支出与净利润之和的比和企业高管年龄四个融资约束的代理变量对模型（8-11）与在模型（8-11）中加入因变量的一阶滞后项和企业规模对数的一阶滞后项的模型进行了 GLS 和动态面板数据系统 GMM 估计。从 GLS 估计和动态面板数据的系统 GMM 估计结果来看，发现两个相对一致的结果：第一，金融市场化指数的系数显示出金融发展程度在 2007～2010 年比 2001～2006 年对企业成长率有更大的正向影响；第二，融资约束显示在 2007～2010 年对中小企业成长率的影响小于在 2001～2006 年对中小企业成长率的影响。这一结果显示融资约束制约企业成长，而金融发展能够削减企业融资约束，促进企业的成长。其余结果没有发现这两个阶段有什么明显的差异。总体上来看，这两个阶段与 2001～2010 年估计的结果除估计的系数大小有差异外，其影响效应仍是一致的，如表 8-9 和表 8-10 所示。

表 8-9　分阶段检验融资约束对企业成长动态影响的 GLS 估计结果

变量	Zvalue		FXDASSETRATE		FCEXPFTRATE		P_AGE	
	(1) 2001~2006年	(2) 2007~2010年	(1) 2001~2006年	(2) 2007~2010年	(1) 2001~2006年	(2) 2007~2010年	(1) 2001~2006年	(2) 2007~2010年
D^{fc}	-0.0284 (0.0181)	-0.0650*** (0.0186)	0.0222 (0.0190)	0.0462** (0.0199)	-0.00630 (0.0155)	-0.0151 (0.0130)	0.0637*** (0.0172)	0.0540*** (0.0157)
$D^{fc}D^{small}$	-0.114*** (0.0393)	-0.0665** (0.0331)	-0.182*** (0.0374)	-0.0883*** (0.0292)	-0.0958** (0.0415)	-0.102*** (0.0252)	-0.158*** (0.0345)	-0.0830*** (0.0205)
$D^{fc}D^{young}$	-0.0236 (0.0452)	0.0666* (0.0351)	0.0825** (0.0344)	0.0105 (0.0271)	0.0161 (0.0478)	0.0117 (0.0267)	0.0696** (0.0351)	0.0322 (0.0238)
l.ROA	0.00420*** (0.00140)	0.00164 (0.00296)	0.00465*** (0.00135)	0.00442*** (0.00111)	0.00461*** (0.00136)	0.00385*** (0.00115)	0.00494*** (0.00134)	0.00444*** (0.00116)
lnAGE	-0.0191 (0.0257)	-0.0303 (0.0255)	-0.0301 (0.0213)	-0.0317*** (0.00828)	-0.0314 (0.0203)	-0.0261*** (0.00925)	-0.0219 (0.0214)	-0.0255*** (0.00950)
FCMKTINDEX	0.323 (0.262)	8.076* (4.634)	0.356 (0.248)	10.81*** (3.052)	0.362 (0.252)	11.10*** (3.043)	0.385 (0.249)	11.02*** (3.114)
D^{year}	yes	yes	yes	yes	yes	yes	yes	yes

续表

变量	Zvalue		FXDASSE TRATE		FCEXPF TRATE		P_AGE	
	2001~2006年	2007~2010年	2001~2006年	2007~2010年	2001~2006年	2007~2010年	2001~2006年	2007~2010年
	(1)	(2)	(1)	(2)	(1)	(2)	(1)	(2)
D^{sector}	yes	yes	yes	yes	yes	yes	yes	yes
常数项	yes	yes	yes	yes	yes	yes	yes	yes
R^2	0.0368	0.0265	0.0470	0.0421	0.0331	0.0432	0.0411	0.0435
Wald chi2	64.02	99.60	76.84	249.36	66.65	265.04	93.13	255.28
样本数	2562	2124	2960	3920	2960	3920	2937	3817

注：①yes 表示包含常数项、时间虚拟变量或产业虚拟变量；no 表示不包含常数项、时间虚拟变量或产业虚拟变量；②括号中的值是估计参数的标准差。
***、** 和 * 分别表示 1%、5% 和 10% 的显著性水平。

表8-10　分阶段检验融资约束对企业成长动态影响的GMM估计结果

变量	Zvalue		FXDASSETRATE		FCEXPFTRATE		P_AGE	
	2001~2006年 (1)	2007~2010年 (2)	2001~2006年 (1)	2007~2010年 (2)	2001~2006年 (1)	2007~2010年 (2)	2001~2006年 (1)	2007~2010年 (2)
D^{fc}	-0.0289 (0.0176)	-0.0568*** (0.0185)	0.0237 (0.0181)	0.0302* (0.0159)	-0.00846 (0.0128)	-0.0220 (0.0139)	0.0521*** (0.0153)	0.0318** (0.0146)
$D^{fc}D^{small}$	-0.0986** (0.0466)	-0.0593* (0.0303)	-0.205*** (0.0449)	-0.0823*** (0.0309)	-0.128*** (0.0386)	-0.106*** (0.0268)	-0.109** (0.0438)	-0.0701*** (0.0238)
$D^{fc}D^{young}$	-0.0575 (0.0457)	0.0226 (0.0464)	0.0421 (0.0468)	0.00884 (0.0297)	0.0752 (0.0483)	-0.00853 (0.0328)	0.0317 (0.0448)	0.0755*** (0.0281)
l.lnEMP	-0.0204** (0.0097)	-0.0240*** (0.0089)	-0.0293*** (0.0093)	-0.0218*** (0.0073)	-0.0280*** (0.0083)	-0.0178*** (0.0066)	-0.0179* (0.0101)	-0.0199*** (0.0074)
l.lnEMPRATE	0.0296 (0.0448)	-0.0191 (0.0296)	-0.00128 (0.0421)	-0.00058 (0.0236)	0.0167 (0.0348)	-0.0128 (0.0215)	-0.00869 (0.0454)	-0.0123 (0.0222)
l.ROA	0.000348 (0.0030)	0.00213 (0.0020)	0.00210 (0.0013)	0.000888 (0.0019)	0.00335*** (0.0011)	0.000527 (0.0019)	0.00310** (0.0012)	0.000246 (0.0019)
lnAGE	-0.0449* (0.0271)	-0.0299 (0.0217)	-0.0532** (0.0226)	-0.0441*** (0.0127)	-0.0201 (0.0205)	-0.0460*** (0.0132)	-0.0405* (0.0230)	-0.0394*** (0.0135)

续表

变量	Zvalue		FXDASSE TRATE		FCEXPF TRATE		P_AGE	
	2001~2006年 (1)	2007~2010年 (2)	2001~2006年 (1)	2007~2010年 (2)	2001~2006年 (1)	2007~2010年 (2)	2001~2006年 (1)	2007~2010年 (2)
$FCMKTINDEX$	−0.340 (0.497)	−0.0527 (0.0463)	−0.406 (0.421)	0.0768** (0.0339)	−0.585 (0.480)	0.0762** (0.0329)	0.0436 (0.453)	0.0711** (0.0324)
D^{year}	no	no	no	no	no	no	no	no
D^{sector}	no	no	no	no	no	no	no	no
常数项	yes	yes	yes	yes	yes	yes	yes	yes
Wald chi2	26.77	42.00	53.35	108.46	40.80	159.97	38.29	120.66
AR(1)	0.000	0.017	0.000	0.000	0.000	0.000	0.000	0.000
AR(2)	0.975	0.618	0.827	0.659	0.302	0.766	0.631	0.724
Hansen test	0.193	0.309	0.054	0.003	0.133	0.001	0.082	0.002
样本数	1795	1352	2280	3535	2280	3535	2258	3435

注：①yes 表示包含常数项、时间虚拟变量或产业虚拟变量；no 表示不包含常数项、时间虚拟变量或产业虚拟变量；②括号中的值是估计参数的标准差。
***，** 和 * 分别表示 1%、5% 和 10% 的显著性水平。

三、检验"融资约束"对中国制造业上市公司企业规模分布的影响

（1）根据修正后的 Altman 的 Z 值划分的 2004 年、2007 年和 2010 年间中国制造业上市公司"受融资约束企业样本""不受融资约束企业样本""全部企业样本"的企业规模的对数进行了核密度估计，如图 8－3 所示。从图形上观察可见受融资约束企业规模的均值和标准差均小于不受融资约束企业与全部样本企业的均值和标准差，说明受融资约束企业的规模较小、离散度也较小。

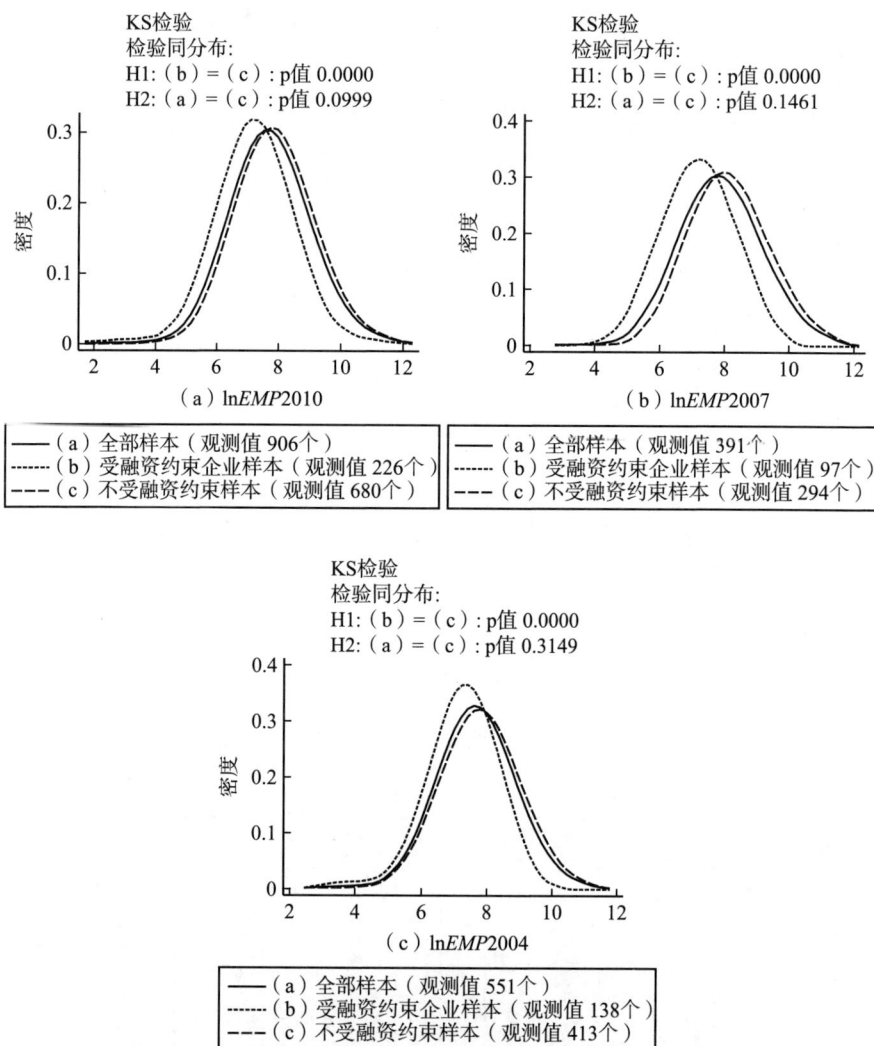

KS检验
检验同分布：
H1:（b）=（c）：p值 0.0000
H2:（a）=（c）：p值 0.0999

（a）ln*EMP*2010

――（a）全部样本（观测值 906 个）
……（b）受融资约束企业样本（观测值 226 个）
－－－（c）不受融资约束样本（观测值 680 个）

KS检验
检验同分布：
H1:（b）=（c）：p值 0.0000
H2:（a）=（c）：p值 0.1461

（b）ln*EMP*2007

――（a）全部样本（观测值 391 个）
……（b）受融资约束企业样本（观测值 97 个）
－－－（c）不受融资约束样本（观测值 294 个）

KS检验
检验同分布：
H1:（b）=（c）：p值 0.0000
H2:（a）=（c）：p值 0.3149

（c）ln*EMP*2004

――（a）全部样本（观测值 551 个）
……（b）受融资约束企业样本（观测值 138 个）
－－－（c）不受融资约束样本（观测值 413 个）

图 8－3　"融资约束"与中国制造业上市公司企业规模分布

为了进一步检验融资约束对于中国制造业上市公司企业规模分布的影响，借鉴安吉利尼和加纳若（Angelini and Generale，2008）的检验方法，本章采用 KS 检验对以下两个原假设进行检验：

H1：受融资约束企业样本组与不受融资约束企业样本组的企业规模分布服从同分布；

H2：不受融资约束企业样本组与全部企业样本组的企业规模分布服从同分布。

拒绝原假设 H1 是融资约束对企业规模分布产生影响的必要条件，若要证明融资约束对企业规模分布产生重要影响，同时还需要拒绝原假设 H2，如果不能拒绝原假设 H2，融资约束即使对于企业规模分布产生影响，其影响也是不重要的（Angelini and Generale，2008）。分别对 2004 年、2007 年和 2010 年中国制造业上市公司企业规模分布进行 KS 检验。结果表明，在 2004 年、2007 年和 2010 年对于中国制造业上市公司企业规模分布的 KS 检验全部拒绝原假设 H1，即受到融资约束的企业和不受融资约束的企业的规模分布显著不同，说明融资约束对于中国制造业上市公司中小企业规模分布产生了显著影响。但是这三年的检验结果在 5% 的显著性水平下均不能拒绝原假设 H2，这说明融资约束对于中国制造业上市公司整体企业规模分布虽然产生了影响，但这种影响并不能决定整体企业规模分布的状况。从对原假设 H2 进行检验的 p 值来看，结果显示融资约束对 2010 年企业规模分布的影响更为严重[①]。

（2）根据固定资产率、财务支出占财务支出与净利润之和的比和企业高管年龄三个融资约束的代理变量划分的 2004 年、2007 年和 2010 年时中国制造业上市公司"受融资约束企业样本组""不受融资约束企业样本组"和"全部企业样本组"分别对原假设 H1 和原假设 H2 进行检验。KS 检验结果如表 8 - 11 所示，检验结果表明在 2004 年、2007 年和 2010 年对于中国制造业上市公司企业规模分布的 KS 检验全部拒绝原假设 H1，但是这三年全部在 5% 的显著性水平下不能拒绝原假设 H2，同样显示 2010 年对原假设 H2 检验的 p 值最小。此结果与用修正的 Altman 的 Z 值作为融资约束的代理变量检验的结果是一致的。

---

① 2010 年对 H2 进行检验的 p 值最小，反映了 2007 年后由于受到世界金融危机的影响，企业受到的融资约束更为严重的现实。

表 8 – 11　检验融资约束对中国制造业上市公司企业规模分布的影响

变量	年份	假设	h	p 值	KS
FXDASSETRATE	2010	H1	1	0.0000	0.2263
		H2	0	0.0933	0.0568
	2007	H1	1	0.0000	0.1965
		H2	0	0.2596	0.0485
	2004	H1	1	0.0000	0.2153
		H2	0	0.3713	0.0536
FCEXPFTRATE	2010	H1	1	0.0000	0.2006
		H2	0	0.1858	0.05
	2007	H1	1	0.0000	0.2137
		H2	0	0.1581	0.0542
	2004	H1	1	0.0000	0.1763
		H2	0	0.5274	0.0478
P_AGE	2010	H1	1	0.0000	0.2073
		H2	0	0.1597	0.0519
	2007	H1	1	0.0000	0.1699
		H2	0	0.5236	0.0422
	2004	H1	1	0.0015	0.1750
		H2	0	0.7379	0.0407

　　注：KS 表示 KS 检验的 KS 统计值；p 表示 KS 检验的 p 值；h 表示 KS 检验的结果，H 表示原假设，h 为 1 表示拒绝两个变量服从同分布的原假设，h 为 0 表示接受两个变量服从同分布的原假设。

　　（3）把回归结果与核密度估计及 KS 检验相联系，模拟融资约束对中国制造业上市公司企业规模分布的影响。第一，根据表 8 – 8 回归结果（a），对企业规模强加融资约束效应，把 2004 年、2007 年和 2010 年样本中各年中国制造业上市公司受融资约束的企业规模减少 4.9%，再把受融资约束且企业规模人数小于 1000 人的企业规模减少 8.9%，重新组成包含对企业规模强加融资约束的企业样本，重新进行了上述检验。如图 8 – 4 所示，检验结果显示出与上述结果基本一致，同时根据对原假设 H1 和原假设 H2 进行检验的 p 值进行判断，均拒绝原假设 H1 而接受原假设 H2，而且对原假设 H2 检验的 p 值均下降，说明给企业规模强加融资约束，融资约束对整体企业规模分布的影响就会加强。第二，比较了削减融资约束效应对中国制造业上市公司企业规模分布的影响。同样把 2004 年、2007 年和 2010 年样本中各年中国制造业上市公司受融资约束的企业规模增加 4.9%，再把受融资约束且企业规模人数小于 1000 人的企业规模增加 8.9%，重新组成包含对企业规模削减融资约束的企业样本，重新进行了上述检验。如图 8 – 5 所示，检验结果仍然显示出与上述结果是一致的，检验结果均拒绝原假设 H1 而接受原假设 H2，而且对原假设 H2 检验的 p 值均上升，说明给企业规模削减融资约束，融资约束对整体企业规模分布的影响就会减弱。

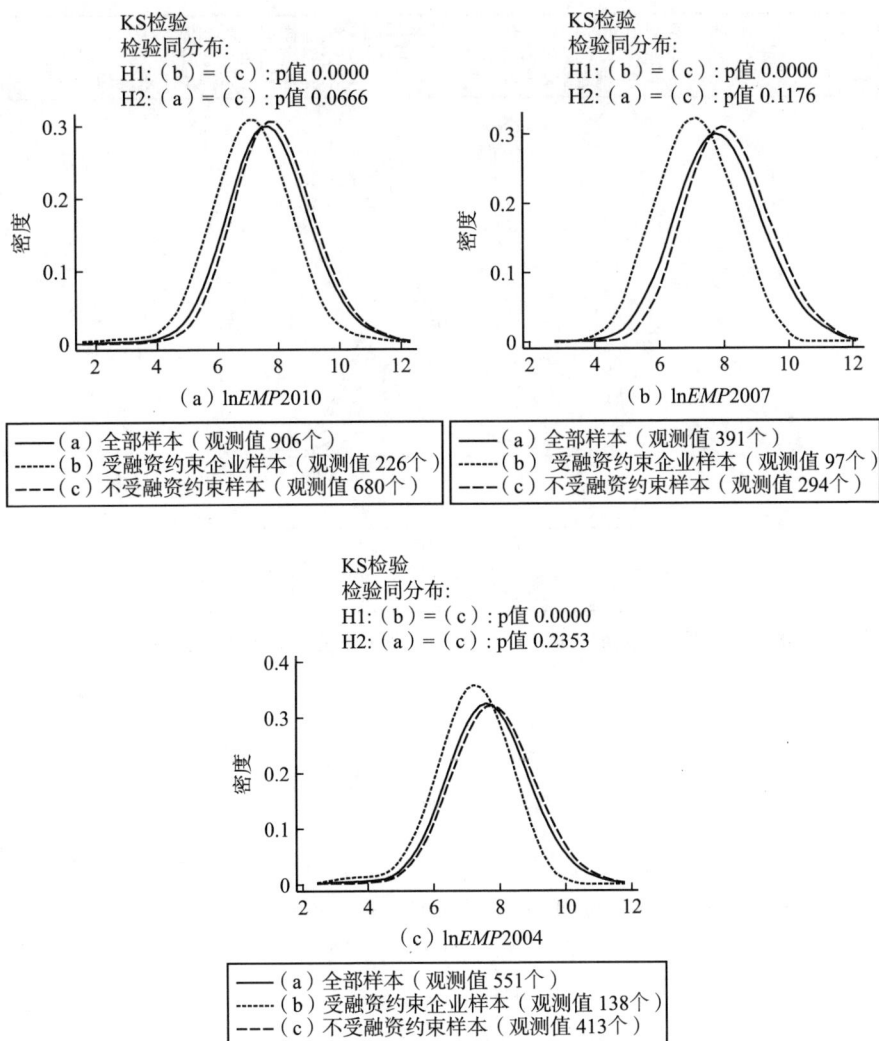

KS检验
检验同分布:
H1:（b）=（c）: p值 0.0000
H2:（a）=（c）: p值 0.0666

KS检验
检验同分布:
H1:（b）=（c）: p值 0.0000
H2:（a）=（c）: p值 0.1176

（a）lnEMP2010

——（a）全部样本（观测值 906 个）
……（b）受融资约束企业样本（观测值 226 个）
---（c）不受融资约束样本（观测值 680 个）

（b）lnEMP2007

——（a）全部样本（观测值 391 个）
……（b）受融资约束企业样本（观测值 97 个）
---（c）不受融资约束样本（观测值 294 个）

KS检验
检验同分布:
H1:（b）=（c）: p值 0.0000
H2:（a）=（c）: p值 0.2353

（c）lnEMP2004

——（a）全部样本（观测值 551 个）
……（b）受融资约束企业样本（观测值 138 个）
---（c）不受融资约束样本（观测值 413 个）

图 8 – 4　强加"融资约束"对中国制造业上市公司企业规模分布的影响

KS检验
检验同分布：
H1:（b）=（c）：p值 0.0000
H2:（a）=（c）：p值 0.1328

（a）lnEMP2010

—— （a）全部样本（观测值 906个）
------ （b）受融资约束企业样本（观测值 226个）
--- （c）不受融资约束样本（观测值 680个）

KS检验
检验同分布：
H1:（b）=（c）：p值 0.0000
H2:（a）=（c）：p值 0.1874

（b）lnEMP2007

—— （a）全部样本（观测值 391个）
------ （b）受融资约束企业样本（观测值 97个）
--- （c）不受融资约束样本（观测值 294个）

KS检验
检验同分布：
H1:（b）=（c）：p值 0.0000
H2:（a）=（c）：p值 0.3892

（c）lnEMP2004

—— （a）全部样本（观测值 551个）
------ （b）受融资约束企业样本（观测值 138个）
--- （c）不受融资约束样本（观测值 413个）

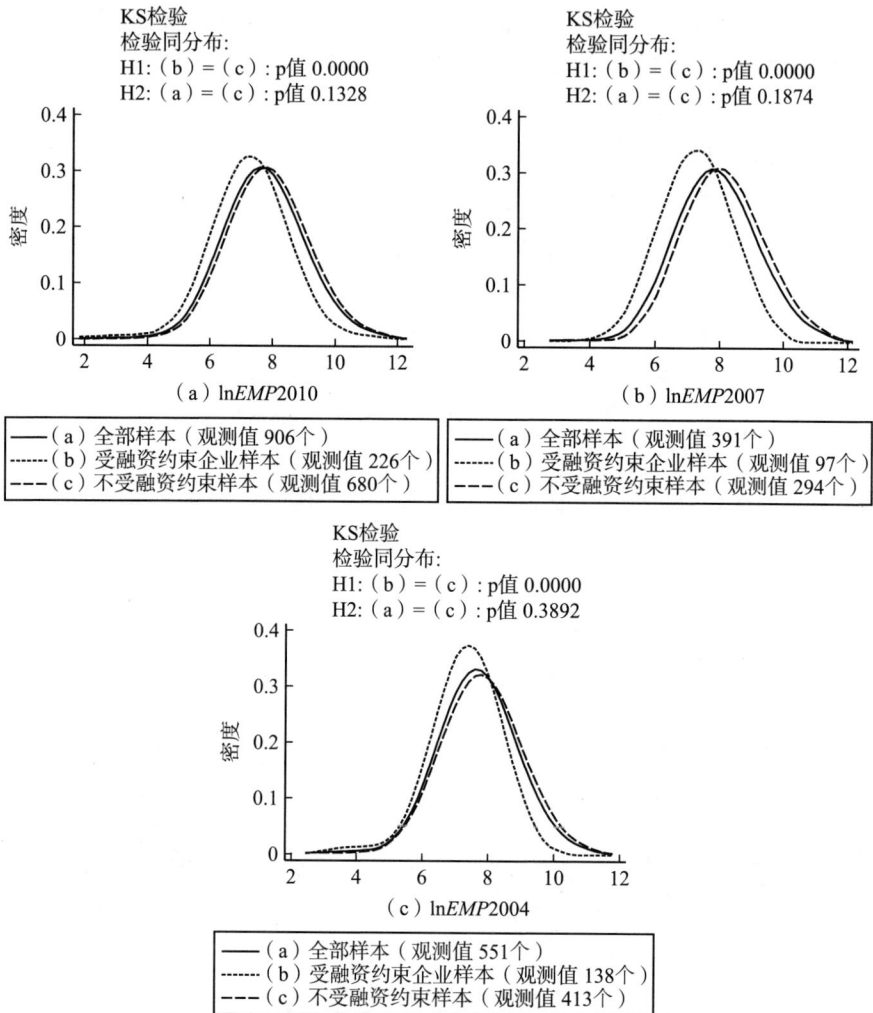

图8-5 削减"融资约束"对中国制造业上市公司企业规模分布的影响

第五节 融资约束、企业规模与成长动态

为考察融资约束、企业规模对企业成长动态的影响效应，本节采用拉乌（Love，2006）使用的面板数据 VAR 模型对此进行分析。面板数据 VAR 模型的优点在于其混合了传统的 VAR 模型，把模型中所有的变量都视为内生变量，可以通过正交化脉冲响应函数分离出一个内生变量的冲击给其他内生变量所带来的影响程度，同时又采用了面板数据，允许在模型中包含个体效应和时点效应变量分别捕捉个体差异性和不同截面受到的共

同冲击。

一、VAR 模型设立

在 VAR 模型中正确选择变量的滞后阶数对模型估计结果会产生一定影响，本节在变量滞后阶数的选择上，根据模型拟合结果与脉冲响应函数的收敛情况，选择了一阶的 VAR 模型。本节一阶面板数据 VAR 模型设立为：

$$y_{it} = \Gamma_0 + \Gamma_1 y_{it-1} + f_i + d_{it} + e_{it} \qquad (8-12)$$

其中，各变量下标 i 表示企业，t 表示时间。y_{it} 表示包含三变量的向量 $\{\ln EMPRATE_{it}, \ln EMP_{it}, \ln Z_{it}\}$，$\ln EMPRATE_{it}$ 表示企业的成长率，$\ln EMP_{it}$ 表示企业规模的对数，$\ln Z_{it}$ 表示企业融资约束。f_i 是包含异质企业的个体效应，d_{it} 表示产业特性（按 Wind 数据库证监会行业—制造业次类行业划分）的时点哑变量，在模型（8-12）中加入 d_{it} 用来捕捉基于产业特性的冲击可能对企业规模、企业成长和融资约束的影响。e_{it} 假设为一个服从正态分布的随机扰动项。

对于面板 VAR 模型的估计，为克服模型中时点效应和个体效应造成估计系数的偏差，本章使用截面均值差分来消除时点效应 d_{it}，使用向前均值差分，即 "Helmert 转换"（Arellano and Bover，1995）来消除个体效应 f_i，保证了转换后的变量与滞后变量正交，从而将滞后变量作为工具变量。然后，利用系统 GMM 方法来估计面板 VAR 模型的系数。对于脉冲响应函数的分析，需要估计它们的置信区间，本节根据面板 VAR 模型估计的系数进行构造脉冲响应函数矩阵，并计算脉冲响应函数的标准误，进而用蒙塔卡洛模拟产生置信区间。最后，利用方差分解进行分析面板数据 VAR 模型中的一个变量的新息冲击对另一个变量变化影响的大小，进一步评价不同冲击对各个变量影响的重要性。

二、变量的描述性统计

本节参照 2011 年 6 月 18 日工业和信息化部、国家统计局、国家发展和改革委员会、财政部联合印发的《关于印发中小企业划型标准规定的通知》对工业企业划型标准的规定，对 2001～2010 年中国制造业上市公司按从业人员人数分为 1000 人及以上、300 人及以上 1000 人以下、300 人以下等大、中、小三组进行了数据的描述性统计，如表 8-12 所示。

表 8 - 12 　　　　　　　　　数据的描述性统计

企业类型	统计量	lnEMPRATE	EMP	Z 值	FXDASSE TRATE	FCEXPF TRATE	P_AGE
大型	观测值	5161	5791	4139	6335	6343	5923
	均值	0.086077	4916.642	15.9074	0.312825	0.162838	46.99091
	标准差	0.307453	7953.883	3.806505	0.154099	3.232293	3.372039
	最小值	-1.89767	1000	-7.46704	0.020276	-173.912	31
	最大值	5.136001	183317	165.2345	2.868016	74.2421	66
中型	观测值	1520	1886	934	1882	1882	1639
	均值	0.057543	653.1379	14.88683	0.254337	0.529448	46.09444
	标准差	0.282399	192.5092	3.311688	0.146441	18.71181	3.276685
	最小值	-2.76477	300	3.522679	0.004895	-17.1192	33
	最大值	2.225316	999	52.33154	1.603571	811.1951	56.70588
小型	观测值	344	465	138	458	458	320
	均值	-0.03181	185.6301	13.92974	0.191981	0.110495	46.11741
	标准差	0.54907	77.1156	4.151069	0.129053	0.351228	3.595699
	最小值	-4.14458	11	-2.71471	4.58E-05	-3.31467	35.84615
	最大值	1.312912	299	30.25699	1.064236	1.822893	56.69444

从均值比较来看，员工总数在 1000 人及以上的大型企业样本组的企业规模为 4916.642 人，300 人及以上 1000 人以下的中型企业样本组的企业规模为 653.1379 人，300 人以下的小型企业样本组的企业规模为 185.6301 人。从企业成长率上来看，大型企业样本组的企业成长率为 8.61%，高于中小型企业的成长率，中、小型企业的成长率分别为 5.75% 和 -3.18%。从企业成长率的波动性上来看，小型企业成长率的波动性高于大中型企业，小型企业成长率的标准差为 0.55，而大、中型企业成长率的标准差分别为 0.28 和 0.31。通过比较三组企业受到的融资约束，本节发现计算修正后的 Altman 的 Z 值的均值，大型企业为 15.91，中、小型企业分别为 14.89 和 13.93，大型企业的信用等级明显高于中小型企业；大、中、小型企业的固定资产比率分别 0.31、0.25 和 0.19，大型企业的固定资产比率也高于中小型企业，说明大型企业固定资产的可抵押性高于中小型企业；大、中、小型企业的财务支出占财务支出与净利润之和的比分别为 0.16、0.53 和 0.11，反映了大型企业偿还债务的能力高于中型企业偿

还债务的能力，然而小型企业的财务支出占财务支出与净利润之和的比却较高（以往的研究发现不同类型的企业在投资—现金流量敏感性上存在差异，参见：Fazzarid et al. , 1988；Kaplan et al. , 1997）；大、中、小型企业的高管年龄（单位：岁）分别为 46. 99、46. 09 和 46. 12，大型企业也高于中小型企业，这些均反映了大型企业受到的融资约束低于中小型企业，这也反映了中国制造业上市公司中小型企业受到的融资约束较为严重的现实。

　　另外，本节还考察了中国制造业上市公司平均企业规模大小、企业成长率和融资约束（用修正后的 Altman 的 Z 值的对数来衡量）的变动轨迹及其波动性。本节计算了 2001～2010 年中国制造业上市公司各年企业规模对数的平均数、平均企业成长率和融资约束及其标准差（用各变量的标准差来衡量各变量的波动性）。从图 8 - 6 中可见，中国制造业上市公司平均企业规模在 2001～2008 年呈下降趋势，企业规模的对数在 2008 年处于最低水平，为 7. 373，而在 2008 年之后呈上升趋势；在 2001～2010 年中国制造业上市公司平均企业成长率却一直呈上升趋势，从 2002 年的平均增长率 1. 44% 上升到 2010 年的 11. 10%；衡量融资约束大小的 lnZ 在 2005 年之前呈下降趋势，而后呈上升趋势，2005 年最低值为 2. 54。

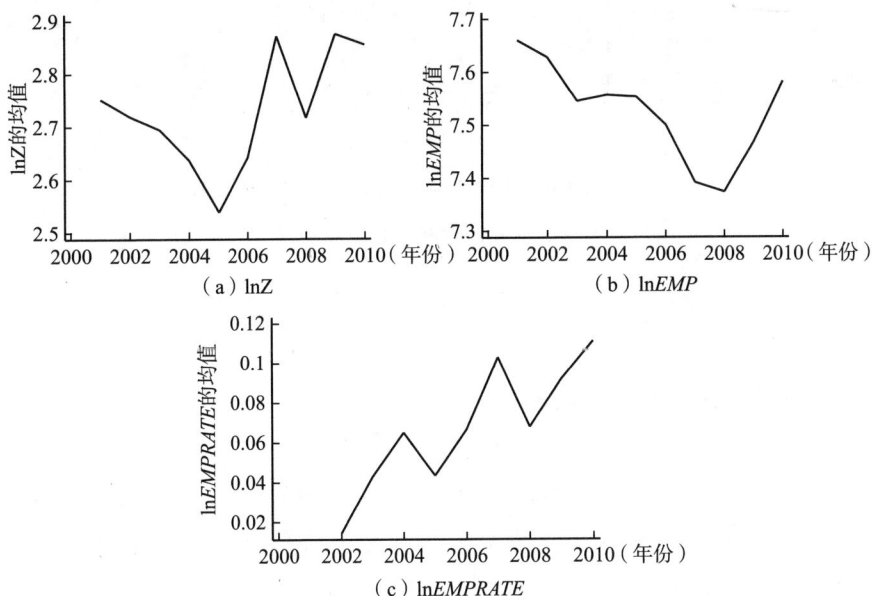

（a）lnZ　　　　　　　　（b）lnEMP

（c）lnEMPRATE

图 8 - 6　2001～2010 年中国制造业上市公司融资
约束、企业规模和成长率变动轨迹

　　图 8 - 7 描绘了 2001 ~ 2010 年中国制造业上市公司融资约束、企业规模和成长率的波动性。从波动性变动轨迹来看，中国制造业上市公司各年平均融资约束变动与融资约束的波动性呈同方向变动，企业融资约束增加时，融资约束的波动性也增加；企业规模与企业规模的波动性呈反方向变动，企业规模变小时企业规模的波动性增加，企业规模变大时企业规模的波动性减小；企业的成长率呈上升趋势，而企业成长率的波动性却呈下降趋势。

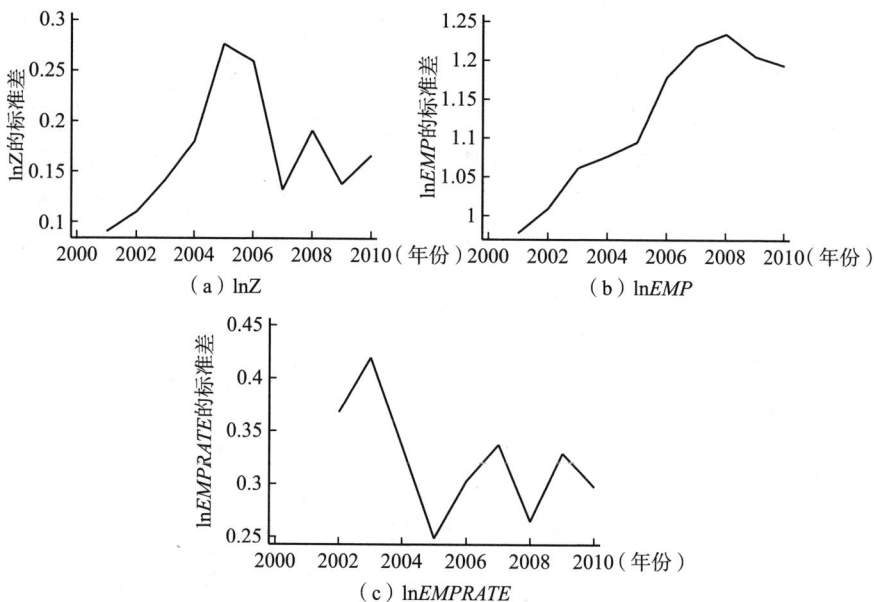

（a）lnZ　　　　　　　　　（b）ln*EMP*

（c）ln*EMPRATE*

图 8 - 7　2000 ~ 2010 年中国制造业上市公司融资

约束、企业规模和成长率波动性

三、变量的检验

（一）变量的单位根检验

　　面板数据 VAR 模型的估计要求各变量是平稳性数据，或各变量之间虽不是平稳的但具有协整关系。因此，在估计模型之前，本节对各变量进行了单位根检验。由于本节采用了非平衡面板数据，所以本节采用了 ADF-Fisher 和 PP-Fisher 检验对各变量进行单位根检验。ADF-Fisher 和 PP-Fisher 检验的原假设是所有的纵剖面时间序列都是单位根过程，备择假设是至少有一个纵剖面时间序列是平稳过程。单位根检验结果如表 8 - 13 所示，ADF-Fisher 和 PP-Fisher 检验的结果在 1% 的显著性水平下均拒绝原假设，两种方法检验的结果是一致的，结果显示各变量均是平稳的。

表 8－13 变量的单位根检验结果

变量	ADF-Fisher		PP-Fisher	
	统计值（Chi-stat）	p 值	统计值（Chi-stat）	p 值
ln*EMPRATE*	4476. 1350 ***	0. 0000	8148. 9119 ***	0. 0000
ln*EMP*	2999. 8565 ***	0. 0000	6336. 9466 ***	0. 0000
ln*Z*			1658. 4561 ***	0. 0000
ln*FXDASSETRATE*	3183. 1199 ***	0. 0000	4946. 6844 ***	0. 0000
ln*FCEXPFTRATE*			5807. 8525 ***	0. 0000
ln*P_AGE*	2683. 9612 ***	0. 0000	3575. 5319 ***	0. 0000

注：①对于 ADF-Fisher 和 PP-Fisher 检验的统计值，这里仅列出了 Inverse chi2 统计值（其他检验统计值检验的结果均是一致的，限于篇幅本节没有列出）；② *** 、** 和 * 分别表示 1%、5% 和 10% 的显著性水平拒绝原假设。

（二）变量的相关性检验

本节采用固定资产率（*FXDASSETRATE*）、财务支出占财务支出与净利润之和的比（*FCEXPFTRATE*）和企业高管年龄（*P_AGE*）作为融资约束的代理变量来检验用修正后的 Altman 的 Z 值作为融资约束代理变量所估计结果的稳健性。四个融资约束代理变量的相关系数矩阵如表 8－14 所示，其中，ln*FXDASSETRATE*、ln*P_AGE* 与 ln*Z* 呈正相关；ln*FCEXPFTRATE* 与 ln*Z* 呈负相关且相关性较高。对文中关于融资约束代理变量的分析表明，ln*FXDASSETRATE*、ln*P_AGE* 和 ln*Z* 值越大说明企业受到的融资约束越小，ln*FCEXPFTRATE* 值越大说明企业受到的融资约束越大。因此，四个融资约束代理变量的相关性检验结果与本节的分析是一致的。

表 8－14 变量的相关系数矩阵

变量	ln*Z*	ln*FXDASSETRATE*	ln*FCEXPFTRATE*	ln*P_AGE*
ln*Z*	1			
ln*FXDASSETRATE*	0. 208	1		
ln*FCEXPFTRATE*	－ 0. 2987	0. 1741	1	
ln*P_AGE*	0. 1442	0. 0368	－ 0. 0274	1

四、实证结果分析

(一) 回归结果分析

表 8 - 15 报告了包含 $\{\ln EMPRATE_{it}, \ln EMP_{it}, \ln Z_{it}\}$ 三变量一阶面板数据 VAR 模型的估计结果，见 Panel(A)。修正后的 Altman 的 Z 值作为代理变量所估计的结果表明：第一，企业的前期成长对当期成长产生显著的正向影响，其影响系数为 0.04；企业的前期规模与企业的当期成长率负相关；企业前期的信用等级越高其当期成长率也越高，说明企业受到的融资约束越小，企业成长得越快。第二，企业的前期规模和前期成长均能显著推动当期企业规模的扩张，其影响系数分别为 0.72 和 0.03；企业前期的信用等级与企业当期的规模之间呈正相关。第三，企业的规模越大，企业受到的融资约束越小，其影响系数为 0.13，且较为显著；企业的前期成长与当期的融资约束呈负相关关系，但并不显著；企业的前期融资约束越小，企业当期受到的融资约束也越小，企业前期信用等级对当期信用等级的影响系数为 0.55，且较为显著。

表 8 - 15　　　　　　　　　　面板数据 VAR 模型回归结果

变量	Panel(A)		
	$\ln EMPRATE(t)$	$\ln EMP(t)$	$\ln Z(t)$
$\ln EMPRATE(t-1)$	0.04084 (0.02145) *	0.028806 (0.01747) *	− 0.00129 (0.00757)
$\ln EMP(t-1)$	− 0.03306 (0.048586)	0.717918 (0.03997) ***	0.13276 (0.0161) ***
$\ln Z(t-1)$	0.047524 (0.080529)	0.035371 (0.067481)	0.545111 (0.03693) ***
观测值	2696		
变量	Panel(B)		
	$\ln EMPRATE(t)$	$\ln EMP(t)$	$\ln FXDASSETRATE(t)$
$\ln EMPRATE(t-1)$	0.03757 (0.02074) *	0.03461 (0.016753) **	− 0.02767 (0.019024)
$\ln EMP(t-1)$	0.031903 (0.038069)	0.68741 (0.030021) ***	− 0.25378 (0.04139) ***
$\ln FXDASSETARTE(t-1)$	− 0.00559 (0.046294)	− 0.04145 (0.036815)	0.529484 (0.05011) ***
观测值	4814		

续表

变量	Panel（C）		
	ln$EMPRATE(t)$	ln$EMP(t)$	ln$FCEXPFTRATE(t)$
ln$EMPRATE(t-1)$	0.03756 (0.01818)**	0.03265 (0.015068)**	0.011877 (0.033635)
ln$EMP(t-1)$	0.015213 (0.027734)	0.72967 (0.022366)***	−0.22265 (0.06897)***
ln$FCEXPFTRATE(t-1)$	−0.0178 (0.00900)**	−0.00519 (0.007351)	0.35927 (0.023404)***
观测值	3367		

变量	Panel（D）		
	ln$EMPRATE(t)$	ln$EMP(t)$	ln$P\_AGE(t)$
ln$EMPRATE(t-1)$	0.03669 (0.02071)*	0.034044 (0.01670)**	0.000533 (0.00127)
ln$EMP(t-1)$	−0.00427 (0.075551)	0.688504 (0.06200)***	−0.00277 (0.003831)
ln$P\_AGE(t-1)$	0.322458 (0.558237)	0.23856 (0.459502)	0.752842 (0.034369)***
观测值	4821		

注：括号中的值是估计参数的标准误，***、**和*分别表示1%、5%和10%的显著性水平。

（二）稳健性检验

表8-15同时列出了用固定资产率、财务支出占财务支出与净利润之和的比和企业高管年龄的对数作为融资约束的代理变量构建的三变量一阶面板数据VAR模型的估计结果，见Panel（B）~Panel（D）。这些结果用于检验用修正后的Altman的Z值作为代理变量所估计结果的稳健性。第一，用企业高管年龄作为融资约束的代理变量估计的结果与用修正后的Altman的Z值作为代理变量所估计的结果除估计的系数大小存在差异外，其影响效应基本一致。企业的前期成长对当期成长产生显著的正向影响，其影响系数为0.04；企业规模越大，企业成长率越小；企业受到的融资约束越小，企业成长得越快。企业的前期规模和前期成长均能显著推动当期企业规模的扩张，企业规模和企业成长率的影响系数分别为0.69和0.03；企业受到的融资约束越小，企业的规模越大。结果还显示企业的前期成长率越高，企业受到的融资约束越小；企业的前期融资约束越小，企业当期受到的融资约束也会越小。第二，用固定资产率作为融资约束的代理变量的

估计结果与用修正后的 Altman 的 Z 值作为代理变量所估计的结果相比，除融资约束对企业规模和成长的影响效应不相一致以外，其余结果基本一致。融资约束对企业规模和成长的影响效应不一致可能是因为，一方面，固定资产作为抵押品可以使外源融资更加容易，因而企业的固定资产率越高，企业受到的融资约束越小，从而有利于企业的成长；另一方面，由于资产存在报酬递减，固定资产率越高，固定资产的报酬越低，反而不利于企业的成长，这两种作用是相反的。因此，从回归结果来看，融资约束对企业规模和成长的影响效应均不显著。第三，用财务支出占财务支出与净利润之和的比作为融资约束的代理变量估计的结果与用修正后的 Altman 的 Z 值作为融资约束的代理变量所估计的结果基本一致，其中企业偿还债务的能力显著影响企业的成长率，财务支出占财务支出与净利润之和的比越高，其成长率越低，其影响系数为 -0.02，反映了企业偿还债务能力越低（融资约束越高），企业的成长率越低。稳健性检验的结果与四个融资约束代理变量相关性检验的结果也是一致的，其中修正后的 Altman 的 Z 值与财务支出占财务支出与净利润之和的比相关性较高，稳健性检验结果也显示二者估计的结果较为一致。这说明用修正后的 Altman 的 Z 值可以作为一个较好的融资约束的代理变量，且其估计的结果是稳健的。

综合以上分析，本节可以得到以下实证结论。融资约束会制约企业的成长和规模的扩张，同时企业规模越大企业受到的融资约束越小；企业的成长和规模的扩张都会引起企业规模的进一步扩大；企业的前期成长会推动企业当期的进一步成长；在其他条件相同的情况下，企业规模越大企业的成长率越低。为进一步分析企业融资约束、企业规模与成长动态之间的相互关系，下面本节用修正后的 Altman 的 Z 值作为融资约束的代理变量对各变量进行脉冲响应函数分析和方差分解分析。

（三）脉冲响应函数分析

脉冲响应函数描述了 VAR 模型中的一个内生变量的冲击给其他内生变量所带来的影响。图 8 – 8 报告了包含修正后的 Altman 的 Z 值作为融资约束的代理变量所构成的三变量一阶面板数据 VAR 模型所估计的正交化的脉冲响应函数图形以及根据蒙塔卡洛模拟 1000 次得到的各自 5% 标准误的偏离线（置信区间）。可以观察到：

（1）一个企业成长率的正冲击降低企业融资约束，在第 2 期趋于最大，其值为 0.05，然后逐渐回落；企业规模对企业成长率的正冲击在当期响应最大，其值为 0.25，而后逐渐下降并趋于消失；当期的企业成长率对企业成长率的正冲击也产生较大的正向响应。说明企业自身的成长会削减企业的融资约束，扩大企业的规模。

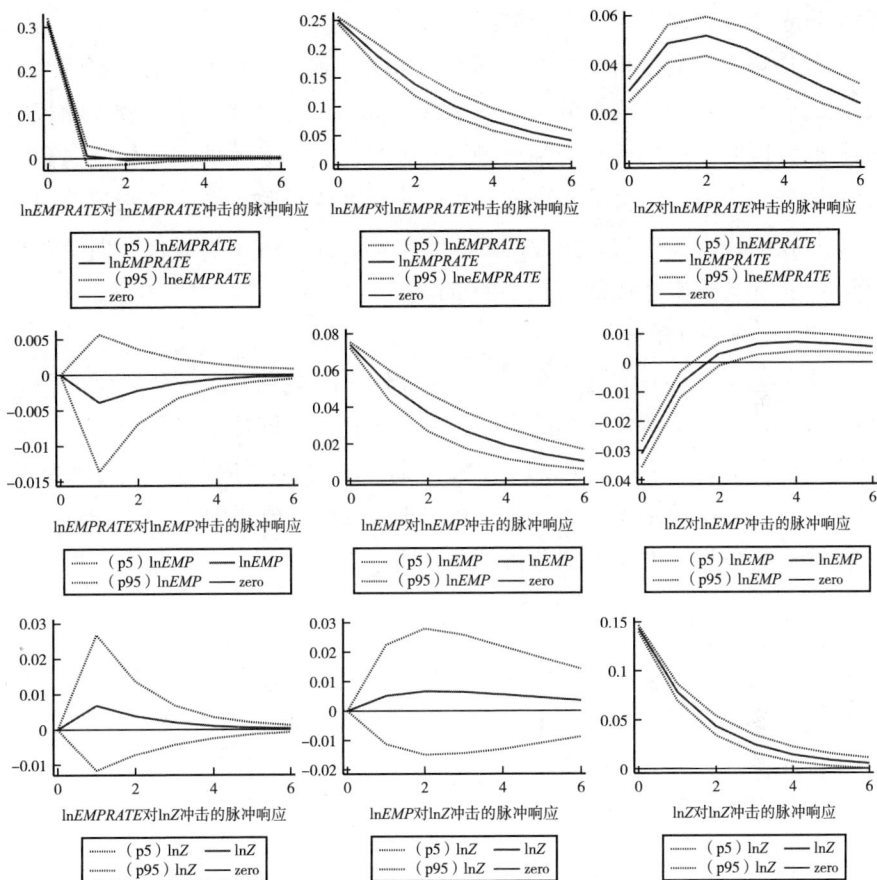

图 8－8　企业成长、企业规模和融资约束对融资约束冲击的脉冲响应

（2）一个企业规模的正冲击当期使融资约束急剧上升，lnZ 当期对 lnEMP 的正向冲击响应为 －0.03，然后逐渐减小，在第 2 期使融资约束由上升转为下降，并趋于稳定；当期企业规模对企业规模的正冲击产生较大的正向响应，然后影响效应逐渐消失；企业的成长率从第 2 期开始对企业规模的正冲击产生负向响应，其值为 －0.004，然后冲击效应趋于消失。说明企业规模扩张的过程中企业成长率下降，初期受到的融资约束较大，当企业规模扩大以后，企业受到的融资约束会减弱。

（3）一个减少融资约束的冲击当期就减少了融资约束的水平，并且在当期就达到最大，然后影响效应逐渐消失；减少融资约束的冲击对企业规模产生正向影响，并在第 2 期达到最大，其值为 0.007，而后影响效应逐渐消失；减少融资约束的冲击也对企业的成长产生正向影响，在第 1 期达到最大，其值为 0.007，然后影响效应逐渐减小。说明削减企业融资约束会促进企业规模的扩张和企业的成长。

脉冲响应函数分析与本节的回归结果是一致的。结果表明，融资约束会制约企业的成长和规模的扩张，削减融资约束会促进企业的成长和规模的扩张，同时企业的成长会削减融资约束，而企业规模扩张初始会遇到更大的融资约束，而后会减少融资约束；企业的成长和规模的扩张都会引起企业规模的进一步扩大；企业的成长会推动企业的进一步成长，而企业规模的扩张却会带来企业的成长率的下降。

（四）方差分解分析

本节利用方差分解进行分析面板数据 VAR 模型中的一个变量的新息冲击对另一个变量变化影响的大小，进一步评价不同冲击对各个变量影响的重要性。如图 8 - 9 所示，10 个预测期、20 个预测期以及 30 个预测期的方差分解分析的结果基本一样，本节选取 10 个预测期的方差分解分析的结果进行分析。方差分解分析结果表明：

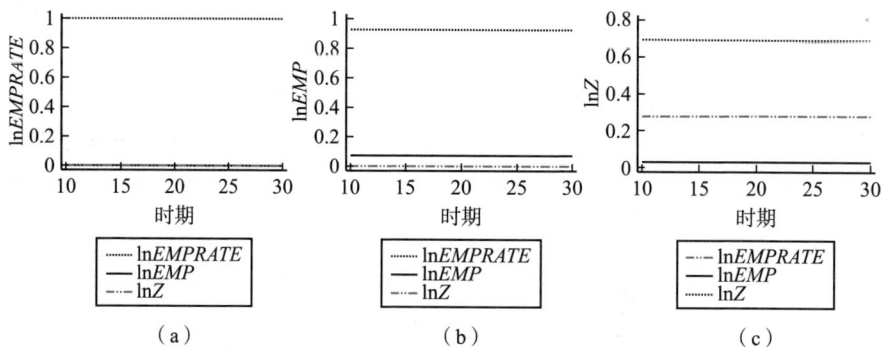

图 8 - 9　企业成长、企业规模和融资约束冲击的方差分解

（1）企业成长率的变化主要来自企业自身成长的影响，企业规模和融资约束对企业成长率变化的方差贡献率相对较小，其中企业规模的方差贡献率小于融资约束的方差贡献率，在第 10 期融资约束的方差贡献率为 0.07%，而企业规模的方差贡献率仅有 0.02%。

（2）企业规模的变化主要受到企业成长率的影响，企业成长率对企业规模变化的方差贡献率在第 10 期为 92.6%，其次是来自企业自身规模的影响，融资约束对企业规模变化的方差贡献率相对较小，在第 10 期为 0.1%。

（3）企业成长率对企业融资约束变化的影响程度较大，在第 10 期方差贡献率为 27.78%，而企业规模对企业融资约束变化的影响相对较小，在第 10 期方差贡献率为 2.89%。

从以上各变量的方差分解分析结果中可见，融资约束、企业规模和成长率的变化除受到自身的影响以外，还受到其他各变量不同程度的影响。

第六节　小结与政策建议

本章利用 2001~2010 年中国制造业上市公司相关数据，从关于企业规模分布的"融资约束"理论视角分析了融资约束对中国制造业上市公司企业的成长动态及企业规模分布的影响。通过研究可以得到以下结论：

（1）通过检验吉布莱特定律（LPE）发现，中国制造业上市公司企业成长率与企业规模之间呈显著的负相关关系；中国制造业上市公司企业的成长具有持续性，企业的前期成长能够推动企业的当期成长。对吉布莱特定律检验的结果表明，在 2001~2010 年中国制造业上市公司企业规模与成长之间有向遵循吉布莱特定律（LPE）演进的趋势，但并没有完全遵循吉布莱特定律；企业规模分布在从偏态分布向正态分布演化过程中仍有偏离正态分布演化的因素。

（2）使用修正后的 Altman 的 Z 值、固定资产率、财务支出占财务支出与净利润之和的比以及企业高管年龄等四个融资约束的代理变量构造计量模型，检验融资约束对中国制造业上市公司企业成长动态的影响。采用修正后的 Altman 的 Z 值进行检验的结果表明：融资约束显著影响了中国制造业上市公司企业的成长率，尤其是严重影响了中小企业的成长率；中国制造业上市公司年龄、规模与企业成长率负相关；金融发展能够促进企业的成长。这些结果与采用企业固定资产率、财务支出占财务支出和净利润之和的比以及企业高管年龄这三个融资约束的代理变量进行检验的结果基本一致。

（3）利用 KS 检验方法检验了融资约束对中国制造业上市公司企业规模分布的影响，结果显示虽然从总体上看融资约束对中国制造业上市公司整体企业规模分布没有产生重要影响，然而融资约束却显著影响了中国制造业上市公司中小企业的规模分布。通过模拟融资约束对企业规模分布的影响发现，削减融资约束对中国制造业上市公司企业成长的影响将有助于中国制造业上市公司企业规模结构向合理化演进。

（4）从融资约束、企业规模与成长动态的面板数据 VAR 模型估计结果来看，融资约束会制约企业的成长和规模的扩张，同时企业规模越大企业受到的融资约束越小；企业的成长和规模的扩张都会引起企业规模的进一步扩大；企业的前期成长会推动企业当期的进一步成长；在其他条件相同的情况下，企业规模越大企业的成长率越小。脉冲响应函数分析与方差分解分析均支持这一结论。

以上结论是基于中国制造业上市公司数据的分析。事实上，由于上市公司可以通过发行股票或发行债券等金融工具进行融资，上市公司受到的融资约束相对于非上市公司来说相对较小。但是，本章通过对中国制造业上市公司数据的研究发现，即使是制造业上市公司也存在融资约束，而且融资约束显著影响了中国制造业上市公司企业成长率，尤其是显著影响了中小制造业上市公司成长率，并且对中小制造业上市公司企业规模分布产生了显著影响。基于本章研究结果，还不能得出融资约束将决定中国制造业企业整体规模分布状况的结论。然而，如果要考虑非上市公司制造业企业，那么融资约束对于中国制造业企业的成长及其规模分布的影响将会更加严重。融资约束是否决定中国制造业企业整体规模分布还需要进一步的研究，这也是今后要深入研究的一个方向。

本章研究结论有助于进一步理解中国金融市场的有效性与中国企业规模结构之间的内在联系，同时也为推动中国金融市场发展，削减企业融资约束，尤其为解决中国制造业中小企业融资约束的难题，促使中国制造业企业规模结构合理化和产业结构优化，以此推动中国经济发展提供了经验证据。基于本章研究结论，可以提出以下能够促进中国制造业企业成长和企业规模结构合理化以及产业结构优化的几点建议。

（1）进一步加快中国社会主义市场化改革，构建健全完善、统一开放、规范有序的市场体系，为企业成长提供良好的市场环境。从中国企业规模变动及其成长规律来看，中国制造业企业成长存在"规模依赖"，基于市场有效性假设的西方企业规模分布理论预测了市场信息的不对称和不完善、资本市场或金融市场的不完善使得企业成长依赖于其规模的现实状况。从多年来中国实施市场化改革的实践上来看，高度发达的市场体制推动了中国经济的发展，也为中国企业成长提供了良好的成长环境。因此，进一步推动中国社会主义市场化改革，培育一个高度发达、信息完备、法制健全、运行良好的市场体系，尤其是推进要素市场化改革，有效发挥市场调节资源配置的功能，可以为中国制造业企业提供一个良好的发展环境。

（2）构建完备的现代金融体系，减少金融摩擦，推动企业健康持续成长。现实中，鉴于金融市场的不完善，金融市场存在融资摩擦，企业受到融资约束影响企业行为制约企业成长的现实。因此，构建完备的现代金融体系尤为必要，因为高度发达和信息完备的金融市场可以避免企业与金融中介之间的道德风险、逆向选择等不利影响，削减企业融资约束，可以推动企业的成长。针对中国制造业企业面临融资约束的现实，应继续深化金融体制改革，构建多元化的金融市场体系，进行金融法制化建设，加强金融监管，为企业投融资创造公平、透明、可信的金融环境，削减企业融资约束，以此推动中国制造业企业健康持续成长。

（3）解决中小企业融资难题，促进企业规模结构优化和产业结构合理化。实证研究结果表明中国制造业上市公司企业规模越大企业成长率越低，中小企业显示出较高的成长性。而数据显示，中国制造业上市公司中小企业受到的融资约束明显高于大型企业，严重制约了中国制造业上市公司中小企业的成长率；中小企业的成长率明显较低，其波动性明显较高，从总体上看融资约束明显影响了中国制造业上市公司中小企业整体规模分布。因此，对于中国制造业中小企业融资难题，建议采取拓宽中小企业融资渠道、放宽中小企业市场准入、规范化金融市场、健全金融信贷体制、发展中小金融机构、推进民间信用体系建设、促进金融同业竞争、提高金融效率等有效措施予以解决。这样，可以推动中国制造业中小企业成长，进而促使中国制造业企业规模结构合理化和产业结构优化，这也将有助于中国总体经济的持续快速发展。

（4）进入数字经济时代，数字金融成为金融创新和未来的发展方向。与传统金融不同，数字金融具有普惠和服务型特点，在获客方面，是扁平化、平台化的金融，在大数据的加持下，低成本也成为其显著优势。数字金融是在新一轮信息技术革命背景下，互联网、大数据等技术向金融业渗透过程中产生的一种新型金融业态。数字金融使银行通过"创新驱动""数据驱动"，为客户提供适销对路、个性化、智能化和定制化的金融服务。[①] 通过数字金融发展解决企业融资难题可以成为促进企业成长的重要途径。这一方面可以作为今后研究的一个方向。

---

① 中国人民银行武汉分行调查统计处分析师刘小二：《数字金融——未来金融新蓝海，清华金融评论速递》，https://www.sohu.com/a/303732511_550313，2019 年 3 月 25 日。

第九章　工业企业规模与成长关系：
DSGE 模型的分析

经验事实表明，在个体企业层面，中国工业企业规模与成长之间存在动态演进规律。那么，在总体行业层面，中国工业企业规模与成长之间是否呈现相似的特征？本章基于罗西－汉斯伯格和赖特（Rossi-Hansberg and Wright，2007）构建的动态随机一般均衡（DSGE）模型，利用 2003～2010 年中国工业行业数据对此进行实证研究。结果表明，中国工业企业规模对其成长率依然呈现显著负向影响，其中，轻工业企业规模对其成长的影响效应略高于重工业企业规模对其成长的影响效应。通过测算中国工业企业的物质资本份额、人力资本份额和劳动力份额，研究发现，物质资本份额在中国工业生产中仍然占据最大比例，人力资本份额高于劳动力份额，三者在轻重工业两部门之间没有显示出明显的差异。分析表明，中国工业企业粗放式的增长方式仍然没有得到彻底改观，较高的物质资本份额连同工业化转型过程中所要求的人力资本份额的提高，使得中国工业部门所容纳的劳动力份额偏低。由实证研究结论，本章提出相应政策建议。

第一节　问题提出

自 2003 年中共十六届三中全会作出《中共中央关于完善社会主义市场经济体制若干问题的决定》以来，中国经济体制改革进入了以科学发展观为指导、以完善社会主义市场经济体制为目标的新时期。伴随着中国改革的不断深入和市场体系的渐趋形成，中国经济实现了突飞猛进的发展，中国正从一个传统的农业大国向新型工业化大国转型。在中国经济高速发展和转型过程中中国的工业经济也发生了很大变化，已从单一的工业经济部门发展成为拥有 39 个工业大类、714 个工业中小类的行业比较齐全的工业体系。2010 年，中国规模以上工业企业个数增加至 452872 家，规模以上工业企业实现总产值增加至 698590.54 亿元。中国工业经济实现了巨大的总产值，同时也带来了较大的就业增加，中国规模以上工业企业就业人数也已从 2003 年的 5748.57 万人增加至 2010 年的 9544.71 万人。2003 年以来，中国改革进入深化阶段，在国有企业改革以及鼓励非公有制经济发展等强有力的政策和制度机制保障下，中国工业企业的综合素质不断提高，企业整体规模不断扩大。从工业总产值来看，2003 ~ 2010 年中国规模以上工业企业总产值年均增长率为 26.23%；从就业人数来看，2003 ~ 2010 年间中国规模以上工业企业就业人数年均增长率为 14.89%；从总资产来看，2003 ~ 2010 年中国规模以上工业企业总资产年均增长率为 19.17%。然而，一方面中国工业企业整体规模在不断扩大，另一方面中国工业企业整体规模增长率却呈下降趋势，如图 9 - 1 所示。以就业人数

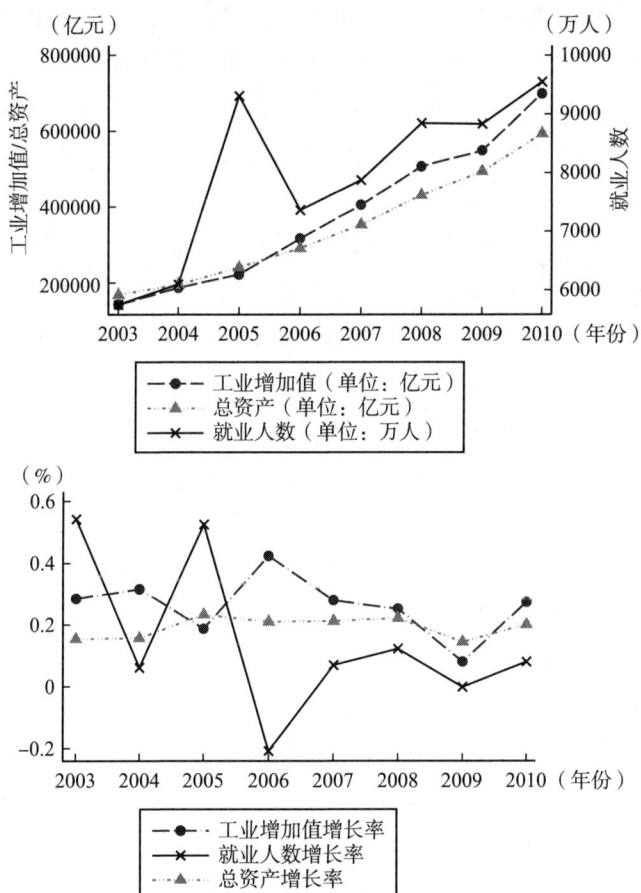

图 9 - 1　2003 ~ 2010 年中国工业企业整体规模及其增长率

衡量企业规模，2003 年中国规模以上工业企业整体就业人数增长率为
54.15%，2003～2010 年期间，除 2005 年有一个快速增长以外，其余年份
均处于较低水平，而且呈下降趋势变化。①

那么，在中国经济高速发展和工业化转型过程中，随着中国工业企业
规模的不断扩大其成长率为什么反而下降？进入 21 世纪以后，随着中国
工业化进程的加快，特别是工业内部结构向更高层次的演进，以机械电子
工业、石油化学工业、汽车制造业、航空航天业及建筑业为主体的重化工
业的加快发展，中国工业结构逐渐从消费加工主导型向重化工业主导型转
变。2003～2010 年中国工业结构在中国经济转型过程中逐步实现了从轻工
业为主到轻、重工业共同发展，从以劳动密集型工业为主导向劳动、资本
和技术密集型共同发展的转变。从中国规模以上工业企业的工业总产值的
比重来看，2003～2010 年中国轻工业总产值的比重在小幅下降，而重工业
总产值的比重在小幅上升，轻重工业总产值之比已从 2003 年的 55.02% 小
幅下降为 2010 年的 40.13%。从资产总量来看，轻工业的比重在此期间也
在小幅下降，2003～2010 年轻重工业总资产之比已从 2003 年的 41.05%
下降为 2010 年的 30.28%。从就业人数来看，2003 年中国规模以上工业
企业中轻重工业就业人数之比约为 72.65%，至 2010 年中国规模以上工
业企业中轻重工业就业人数之比小幅下降为 65.38%。2003～2010 年中国工
业结构进入微调状态，轻重工业关系逐步趋于协调。从企业个数来看，
2003～2010 年中国规模以上工业企业总数中，轻工业企业所占比例约为
40% 左右，大约 60% 的企业属于重工业企业。从就业人数来看，规模以上
轻工业企业就业人数占 40% 左右，重工业企业就业人数占近 60%。② 在中
国工业化进程中，轻工业和重工业部门之间企业规模与成长之间又有什么
样的差异？

利用中国规模以上工业企业 39 个工业大类和 714 个工业中小类相关
数据，本章对此实证分析。结果表明，在 2003～2010 年中国工业企业成
长率与其规模之间呈显著的负相关关系，这一结果与对中国工业企业规模
与成长的现实考察是一致的，并且轻重工业部门之间企业规模对其成长的
影响效应存在差异。在实证研究中，分别对中国规模以上轻重工业企业的
物质资本份额、人力资本份额和劳动力份额进行测算。研究发现，不管是
重工业部门还是轻工业部门，都具有较高的物质资本份额，其中重工业部

①② 数据来源：2012 年《中国统计年鉴》，并经相关计算得到。

门物质资本份额略高于轻工业部门，两部门的物质资本份额分别为
78.43%和77.46%，中国工业部门是典型的物质资本密集型产业部门，较
高的物质资本份额使得中国工业企业规模对其成长产生较大的影响效应。
通过人力资本份额的比较发现，中国轻工业部门的人力资本份额略高于中
国重工业部门人力资本份额，轻重工业两部门人力资本份额分别为
17.73%和16.59%。数字显示，伴随着中国重化工业的快速发展，中国工
业企业的技术含量也在不断提高，高新技术企业也获得了快速发展，中国
工业企业人力资本份额比重有所上升。两部门较高的资本份额使得劳动力
份额在中国工业生产中的比重很低，轻重工业两部门劳动力份额分别为
4.81%和4.98%，说明随着中国工业化的进一步转型升级，中国工业部门
就业份额比重偏低。虽然中国轻重工业两部门之间在推动企业成长的资本
积累和劳动力配置等方面存在差异，但是由于各种因素的相互作用，两部
门之间企业规模对其成长率的影响效应的差异并不明显。

借鉴罗西－汉斯伯格和赖特（Rossi-Hansberg and Wright，2007）构建
的 DSGE 模型对此理论阐释，并对其进行实证检验。罗西－汉斯伯格和赖
特（Rossi-Hansberg and Wright，2007）的 DSGE 模型不仅从理论上解释了
不同部门或不同行业之间企业规模对其成长的影响差异，还为实证研究提
供了一个分析框架。

第二节　相关文献回顾

西方企业规模与成长关系的研究可以追溯到 1931 年由吉布莱特提出
的吉布莱特定律。吉布莱特定律主要说明：第一，企业的成长是一个随机
过程，即影响企业成长有诸多因素，难以对其准确预测；第二，不同规模
的企业，其成长率并不因为各自的规模不同而有所差异（这一观点又被称
为吉布莱特的比例效应定律或 LPE）。早期的哈特和普莱斯（Hart and
Prais，1956）、西蒙和博尼尼（Simon and Bonini，1958）、尤吉·伊吉里和
西蒙（Yuji Ijiri and Simon，1964）等对英国、美国企业规模与成长关系的
研究表明企业的成长独立于其初始规模，遵循吉布莱特定律。然而，后来
大量的经验研究却发现企业成长并不独立于其规模，企业成长具有规模依
赖，即随着企业规模的变化企业的成长率也会发生变化，不同规模的企业
成长率并不相同。而且众多研究发现企业成长率与其规模之间呈显著的负

相关关系，即企业规模越大，企业成长得越慢。

关于企业成长率与其规模之间的负相关关系，西方学者已从理论上对此进行了多方面的解释。第一，约万诺维奇（Jovanovic，1982）提出的"噪音"选择模型（又称"学习"理论），揭示了在市场信息不对称、不完全以及资本市场不完全的经济条件下，由于市场选择的机制使得企业的成长依赖于其规模。第二，迪克西（Dixit，1989）、霍本哈因（Hopen-hayn，1992）和卡布拉尔（Cabral，1995）等从沉淀成本的角度阐释了企业成长率随着企业规模扩大而下降的原因。第三，针对金融市场的不完善、企业存在融资约束的现实，科利和卡德罗尼（Colley and Quadrini，2001）、阿尔伯克基和霍本哈因（Albuquerque and Hopenhayn，2004）、格列门蒂和霍本哈因（Glementi and Hopenhayn，2006）等建立了包含"融资约束"的理论模型刻画了企业动态（firm dynamics，指企业的进入退出、成长及成长的波动性等）与其规模之间的关系。约万诺维奇（Jo-vanovic，1982）的"学习"理论、迪克西（Dixit，1989）等提出的"沉淀成本"理论以及科利和卡德罗尼（Colley and Quadrini，2001）等建立的"融资约束"理论揭示了由于市场信息的不对称和不完全、资本市场或金融市场的不完全等原因致使企业规模与成长偏离竞争均衡状态，企业成长依赖于其规模，企业规模与成长之间并不完全遵循吉布莱特定律。这些理论较好地解释了一个产业内或一个经济体中的企业成长对于其规模的依赖，而且得到了众多实证上的检验。

然而，最近的研究还发现不同产业之间企业成长对其规模的依赖并不完全相同，甚至有些产业内的企业成长与其规模之间的相关性很弱，甚至于不相关。例如，奥德雷奇和桑塔雷利等（Audretsch and Klomp et al.，2004）对荷兰1000多家医疗服务业企业成长率的研究发现吉布莱特定律不能被拒绝。然而，大量基于制造业企业的研究表明吉布莱特定律并不成立。服务业企业和传统制造业企业的成长对其规模的依赖具有明显的差异。

约万诺维奇（Jovanovic，1982）的"学习"理论、迪克西（Dixit，1989）等提出的"沉淀成本"理论以及科利和卡德罗尼（Colley and Quadrini，2001）等提出的"融资约束"理论对于产业间企业成长依赖于其规模的差异却不能解释。鉴于不同部门之间企业规模对其成长影响的差异，罗西－汉斯伯格和赖特（Rossi-Hansberg and Wright，2007）基于不同部门之间人力资本和物质资本密集度的差异，构建DSGE模型分析部门之间企业成长对其规模的依赖关系，分析表明物质资本所占份额越大或人力资本所占份额越少以及人力资本利用率越低的部门，企业规模对其成长的影响效应越大。罗西－汉斯伯格和赖特（Rossi-Hansberg and Wright，2007）的 DSGE 模型来自宏观经济的收敛性，长期来看经济处于均值回复（mean reversion）状态，而宏观经济的收敛性表现为生产要素积累的均值回复，从而在企业层面表现为企业成长的均值回复。其理论强调人力资本在资源配置中的重要性。人力资本的生产在于提高技术水平，可以产生一种长期增长的机制，与其他生产要素相比，人力资本与生产条件的联系更为密切。在通常情况下，人力资本越少，其报酬率越高，人力资本积累得越快；反之，人力资本越丰裕，其报酬率越低，人力资本积累得越慢。因此，一般而言，人力资本存量积累会向均值回复。由于企业规模与人力资本存量相互联系，所以人力资本存量的均值回复就会使得企业规模向均值回复，表现为企业规模越大，企业成长率越低。

　　从直觉来看，不管是物质资本还是人力资本的积累都倾向于降低企业的成长率。然而随着时间的演化，假如产业的数量足够大，以至于包含产业特性影响物质资本的随机因素在总体经济中趋于消失的情况下，总体经济将会收敛于一个稳定状态，物质资本积累将不会对企业的成长率产生影响。然而，作为内生的人力资本在经济处于均衡条件下其内在的随机因素并不会在总体经济中趋于消失，仍然会对企业成长率产生影响。正像新古典增长模型中，物质资本份额越大，经济收敛的速度就越慢一样。存在内生人力资本的情况下，人力资本密集度越小，规模报酬递减得就越快，企业成长均值回复的速度也就越快；反之，人力资本密集度越大，企业成长的均值回复就会越慢。并且，从长期来看，由于企业的进入退出，在产业层面的部门生产就会表现为规模报酬不变的特性。因此，一个部门内部的物质资本密集度和人力资本密集度是负相关的，这也就意味着，物质资本密集度与人力资本积累的均值回复是正相关的。所以，物质资本密集度也与企业成长的均值回复的程度正相关，即物质资本份额越高的部门，企业规模对其成长的影响效应就越大。

　　关于中国企业成长的问题，国内学者已从不同角度不同侧面对此进行过研究，并提出了诸多促进中国企业成长的政策建议。然而，对于中国企业成长与规模之间关系的研究文献并不充分。从现有文献来看，张维迎等（2005）利用中关村科技园区的企业数据采用分位数回归研究发现企业规模和年龄均对企业成长构成一定的约束。赵桂芹和周晶晗（2007）利用

2000～2004 年中国非寿险公司数据研究中国非寿险业是否遵循吉布莱特定律，结果发现，中国非寿险业遵循吉布莱特定律，企业成长独立于其初始规模，大公司的成长速度并不显著慢于小公司。二者采用不同方法及利用不同的样本得到的结果并不相同。因此，对于不同部门或同一部门不同行业之间企业规模对其成长的影响就可能存在差异，什么原因导致了不同部门或不同行业之间企业成长对其规模依赖的差异。

罗西－汉斯伯格和赖特（Rossi-Hansberg and Wright，2007）的理论分析有助于理解中国工业及其轻重工业不同部门企业成长对其规模依赖存在的差异，也有助于深入理解资本和劳动等生产要素在中国工业企业生产中的作用机制。虽然，中国工业经济在向新型工业化迈进的征途中工业企业的整体技术水平得到很大提高，人力资本得到了很大发展，一批高新技术产业快速崛起。但是，物质资本份额在工业企业生产中仍然居高不下，整体工业经济的物质资本驱动型增长方式仍然没有得到彻底改观。在中国经济转型过程中，工业结构优化升级的关键在于技术要素的作用，中国工业不可能长期留在人口众多为特征的劳动密集型工业部门，同时只凭借物质资本投资，最终也会导致资源耗竭。因此，人力资本利用与提高对工业结构的转型升级将发挥重要作用。现实经济是否支持理论上的分析，需要进行实证检验。

第三节　DSGE 模型下企业成长动态

本节借鉴罗西－汉斯伯格和赖特（Rossi-Hansberg and Wright，2007）的分析，构建完全竞争经济条件下的 DSGE 模型刻画企业成长动态，其基本结论在垄断竞争均衡条件下也是成立的。联系中国经济的现实状况，随着中国改革开放的深入发展，中国经济的市场化程度日益提高，工业经济日益向知识经济转型，市场需求呈现个性化、多样化和快速变化的鲜明特点，中小型企业获得了快速发展，工业企业规模演进与企业成长类型呈现多样化，市场选择机制逐渐成为企业成长的主要方式，工业企业数目不断增多、竞争性不断增强，中国市场经济也呈现出很多成熟市场经济体的特征。有鉴于此，不失一般性，本节以一个完全竞争均衡模型来刻画企业成长动态过程。假设一个经济中产业之间劳动力可以自由流动，每个产业赋予特定的物质资本和人力资本。每家企业都具有 U 型的平均成本曲线，企业的自由进入与退出使所有企业都能在其平均成本曲线的最低点生产。为分析简单起见，假设消费者偏好是对数线性的。

一、家庭

首先，假设该经济体由相同的家庭单位组成，在初期每个家庭有 N_0 个成员，每个家庭的成员数都以外生增长率 g_N 的速率增长。家庭不重视闲暇（households do not value leisure）[①]，家庭按照公式（9 - 1）对单一最终产品的消费流 $\{C_t\}$ 排列其偏好：

$$(1 - \delta) E_0 \Big[\sum_{t=0}^{\infty} \delta^t N_t \ln \Big(\frac{C_t}{N_t} \Big) \Big] \qquad (9-1)$$

其中，δ 是家庭的贴现因子，E_0 是以初期家庭可以获得的信息为条件的期望因子。家庭投入 J 种中间产品 Q_{tj}，按照规模报酬不变的生产函数生产最终产品，其不变规模报酬的生产函数设定为：

$$C_t + \sum_{j=1}^{J} X_{tj} = B \prod_{j=1}^{J} (Q_{tj})^{\theta_j} \qquad (9-2)$$

最终产品既可以被用来消费，也可以用来作为 J 种中间产品行业中任何一个产业的物质资本投资 X_{tj}。本节采用"部门"和"产业"进行区分这些中间产品行业。特别地，本节假设这个经济中有 S 个部门，每个部门有 J_s 个产业，其中 $s = 1, \cdots, S$，每个产业生产单一的产品。则该经济体所生产的产品总数为 $J = \sum_{s=1}^{S} J_s$。该经济体可以按照产品生产方法和要素积累方式的不同来划分不同的部门。

假设一个部门内每个产业都具有相同的产品生产和要素积累参数，并生产相同份额的最终产品。因此，对于部门 s 中产业 i 和 j 来说都有 $\theta_i = \theta_j$。假设在一个部门中每个产业都受到相同的生产力冲击，积累同样的人力资本和物质资本。

其次，假设在每一期家庭中的每个成员都拥有一单位时间，家庭成员可以在 J 种产业的任何一个产业中分配工作时间，因此产业 j 在时期 t 的工作时间总数 N_{tj} 的约束条件为：

$$\sum_{j=1}^{J} N_{tj} \leqslant N_t \qquad (9-3)$$

假设家庭的物质资本按照对数线性形式进行积累：

[①]　其意思为：对于家庭来说，闲暇不会对效用产生影响。

$$K_{t+1j} = K_{tj}^{\lambda_j} X_{tj}^{1-\lambda_j} \tag{9-4}$$

其中，K_{tj}表示产业 j 在第 t 期的物质资本存量，λ_j 用来衡量上期物质资本积累对下期物质资本积累的重要性：假如说 $\lambda_j = 1$，物质资本就会以一种不变的形式进行演化；假如说 $\lambda_j = 0$，物质资本在每一期就会被完全折旧。

人力资本也假设按照对数线性函数进行积累：

$$H_{t+1j} = A_{t+1j} H_{tj}^{\omega_j} I_{tj}^{1-\omega_j} \tag{9-5}$$

其中，H_{tj}表示产业 j 在第 t 期的人力资本存量，ω_j 用来衡量上期人力资本积累对下期人力资本积累的重要性，A_{t+1j} 是一个包含产业特性的生产率冲击，也是模型中唯一的随机干扰项，$A_{t+1j} \in [\underline{A}_j, \overline{A}_j]$，并假设服从独立同分布（i.i.d）。$I_{tj}$ 代表人力资本投资，对于特定产业 j 来说，I_{tj} 是一个重要的投入要素，假设第 t 期产业 j 的产出 Y_{tj} 受到的资源约束为 $Q_{tj} + I_{tj} = Y_{tj}$。

最后，假设一个部门所有产业的积累参数都是相同的，即对于部门 s 中产业 i 和 j 都有 $\lambda_i = \lambda_j$，$\omega_i = \omega_j$。家庭对于这些特定要素的初始资本存量设定为 K_{0j} 和 H_{0j}。

二、企业

为分析简单起见，抽象掉企业的异质性，假设在产业 j 中每个企业在第 t 期具有相同的生产技术。在任何一期的生产中每个企业在各期都要支付一个固定成本 F_j，并投入基于产业特性的物质资本 k_{tj}，与基于产业特性的总体劳动投入，包括劳动投入 n_{tj} 和基于产业特性的人力资本 h_{tj}，生产函数设定为：

$$y_{tj} = \left[k_{tj}^{\alpha_j} (h_{tj}^{\beta_j} n_{tj}^{1-\beta_j})^{1-\alpha_j} \right]^{\gamma_j} \tag{9-6}$$

其中，$\gamma_j < 1$ 说明企业生产规模报酬递减，加上固定成本 F_j，确保企业的平均成本曲线呈 U 型特征。参数 α_j 决定产业生产中的物质资本份额，β_j 捕捉劳动总量中人力资本份额。假设在一个部门中所有生产参数均相同，即对部门 s 中的产业 i 和 j 来说，均有 $\alpha_i = \alpha_j$，$\beta_i = \beta_j$ 和 $\gamma_i = \gamma_j$。

三、资本积累与劳动力配置

通过刻画该经济体处于均衡时各生产要素和生产力的演化过程来刻画企业成长动态。假设第 t 期该经济体中产业 j 的企业总数为 μ_{tj}，该经济满足福利经济学定律的假设条件，因此该经济体中社会计划者的问题可以表述为：选择状态条件序列 $\{C_{tj}, X_{tj}, I_{tj}, N_{tj}, \mu_{tj}, H_{tj}, K_{tj}\}_{t=0,j=1}^{\infty,J}$，使代表性家庭的效用最大化，即：

$$\max_{C_{tj},X_{tj},I_{tj},N_{tj},\mu_{tj},H_{tj},K_{tj}}(1-\delta)E_0\Big[\sum_{t=0}^{\infty}\delta^t N_t\ln\Big(\frac{C_t}{N_t}\Big)\Big] \qquad (9-7)$$

s. t.

$$C_t+\sum_{j=1}^{J}X_{tj}=B\prod_{j=1}^{J}(Y_{tj}-I_{tj})^{\theta_j} \qquad (9-8)$$

$$Q_{tj}+I_{tj}=Y_{tj} \qquad (9-9)$$

$$Y_{tj}=\big[K_{tj}^{\alpha_j}(H_{tj}^{\beta_j}N_{tj}^{1-\beta_j})^{1-\alpha_j}\big]^{\gamma_j}\mu_{tj}^{1-\gamma_j}-F_j\mu_{tj} \qquad (9-10)$$

$$K_{t+1j}=K_{tj}^{\lambda_j}X_{tj}^{1-\lambda_j} \qquad (9-11)$$

$$H_{t+1j}=A_{t+1j}H_{tj}^{w_j}I_{tj}^{1-\omega_j} \qquad (9-12)$$

$$\sum_{j=1}^{J}N_{tj}\leqslant N_t \qquad (9-13)$$

其中，公式（9-8）是关于最终产品的资源约束条件，公式（9-9）是时期 t 产业 j 产出的资源约束条件，公式（9-10）是每个中间产品生产的资源约束条件，公式（9-11）和公式（9-12）分别是每个产业的物质资本和人力资本积累方程，公式（9-13）是劳动力配置的约束条件。

基于上述假设条件可以求解该经济的均衡条件，由于 μ_{tj} 仅出现在时期 t 产业 j 中间产品生产的资源约束公式（9-10）中，求解经济的均衡条件之前可以先计算出最优的企业数目。对 μ_{tj} 求解一阶条件，可以得到 $F_j=(1-\gamma_j)y_{tj}$。因此，该经济体处于均衡条件下企业规模可以表示为：

$$n_{tj}=\frac{N_{tj}}{\mu_{tj}}=\Big[\frac{F_j}{1-\gamma_j}\Big]^{\frac{1}{\gamma_j}}\Big(\frac{N_{tj}}{K_{tj}}\Big)^{\alpha_j}\Big(\frac{N_{tj}}{H_{tj}}\Big)^{\beta_j(1-\alpha_j)} \qquad (9-14)$$

把最优的企业个数 μ_{tj} 代入每个中间产品生产以及产出的资源约束条件中可以得到：

$$Q_{tj}+I_{tj}\leqslant\gamma_j\Big[\frac{1-\gamma_j}{F_j}\Big]^{\frac{1-\gamma_j}{\gamma_j}}K_{tj}^{\alpha_j}(H_{tj}^{\beta_j}N_{tj}^{1-\beta_j})^{1-\alpha_j} \qquad (9-15)$$

公式（9-15）说明该经济可以通过企业的进入退出来改变企业的数目使每家企业都在其长期平均成本的最低点进行生产，该经济体处于均衡条件下各产业的规模报酬不变。因此，在产业层面上（而不是在企业层面上），增加物质资本份额相对就会降低人力资本份额。至此，求解上述最优化问题可以得到该经济体的均衡条件，在该均衡条件下，劳动供给以固定的比率分配到每个产业中，最终产品以一个固定的比率被消费，生产要素都以固定的比率投入每个产业中，中间产品的产出也以一个固定的比率投入每个产业人力资本的生产中。

四、企业成长动态的刻画

对公式（9-14）两边取自然对数后再进行差分可以得到企业成长动态方程：

$$\ln n_{t+1j} - \ln n_{tj} = [\alpha_j + \beta_j(1-\alpha_j)]g_N - \alpha_j[\ln K_{t+1j} - \ln K_{tj}]$$
$$-\beta_j(1-\alpha_j)[\ln H_{t+1j} - \ln H_{tj}] \quad\quad (9-16)$$

把人力资本积累方程式代入上式，进一步可以得到：

$$\ln n_{t+1j} - \ln n_{tj} = [\alpha_j + \beta_j(1-\alpha_j)]g_N - \alpha_j[\ln K_{t+1j} - \ln K_{tj}]$$
$$-\beta_j(1-\alpha_j)[\ln A_{t+1j} - (1-\omega_j)\ln H_{tj} + (1-\omega_j)\ln I_{tj}]$$
$$(9-17)$$

公式（9-17）揭示了产业 j 中企业的成长率受到三种因素的影响。第一，总劳动供给的增长率 g_N，在其他条件相同的情况下，劳动供给总量的增加将会在每个时期推动着企业的扩张。第二，基于产业特性的物质资本增长率，物质资本的积累倾向于降低企业的成长率。然而随着时间的演化，假如产业的数量足够大，以至于包含产业特性影响物质资本的随机因素在总体经济中趋于消失的情况下，总体经济将会收敛于一个稳定状态，物质资本积累将不会对企业的成长率产生影响。第三，包含产业特性的企业生产率冲击以及人力资本投资和人力资本积累也会对企业成长率产生影响。

根据公式（9-17）可以讨论企业规模与其成长之间的关系。首先，因为包含产业特性的随机冲击来自人力资本的积累，假如去除劳动力总体（包括劳动力数量和人力资本）对生产的影响，即 $(1-\alpha_j) \to 0$，或去除人力资本对生产的影响，即 $\beta_j \to 0$，那么，企业成长就会独立于其规模。其次，假如说，人力资本是外生决定的，即 $\omega_j = 1$，人力资本积累对产出不产生影响时，企业成长也会独立于其规模。在这些条件下，当该经济处于稳定状态时，单个企业的成长率就变为：

$$\ln n_{t+1j} - \ln n_{tj} = [\alpha_j + \beta_j(1-\alpha_j)]g_N - \beta_j(1-\alpha_j)\ln A_{t+1j} \quad (9-18)$$

它由一个常数加上一个独立同分布（i. i. d）的随机变量构成，（9-18）式刻画了经济处于均衡条件下企业成长动态独立于其规模的成长过程。

然而，上述条件不成立时，即 $(1-\alpha_j) \nrightarrow 0$，$\beta_j \nrightarrow 0$ 和 $\omega_j \neq 1$，即使经济处于均衡状态，企业成长也可能依赖于其规模。同样假设人口的增长率为0，总体经济处于稳定状态，所有产业的物质资本都以不变常数进行积累。那么，根据方程（9-14），在替代 I_{tj} 后，可以把企业的成长动态方程写为：

$$\ln n_{t+1j} - \ln n_{tj} = n_j^C - (1 - \omega_j)(1 - \beta_j + \alpha_j\beta_j)\ln n_{tj}$$
$$- \beta_j(1 - \alpha_j)\ln A_{t+1j} \qquad (9-19)$$

其中，n_j^C 是一个依赖于其物质资本存量大小的常数项。在稳定状态下，理论分析表明企业规模的自然对数是一个 AR（1）过程，自相关系数为 $1 - (1 - \omega_j)(1 - \beta_j + \alpha_j\beta_j) \leqslant 1$，此时即使经济处于均衡状态，代表性企业成长也将会依赖其规模。

根据公式（9-19），可以分析不同部门或行业之间企业成长对其规模依赖的差异。对于产业 i 和 j 来说，其物质资本份额 α_j 或总体劳动中的人力资本份额 β_j 以及衡量人力资本利用率大小的 ω_j 的不同将会引起产业间企业规模对其成长影响效应 $-(1 - \omega_j)(1 - \beta_j + \alpha_j\beta_j)$ 的差异。

第四节　中国工业企业规模与成长关系检验

一、变量选取与数据说明

（一）变量选取

1. 企业规模（n_{tj}）与成长率（$\ln(n_{tj}/n_{t-1j})$）

用 n_{tj} 表示第 t 期第 j 个产业的平均企业规模，即 $n_{tj} = N_{tj}/\mu_{tj}$，其中 N_{tj} 表示第 t 期第 j 个产业的就业总人数，μ_{tj} 表示第 t 期第 j 个产业的企业总数。第 t 期第 j 个产业的平均企业成长率由 $\ln(n_{tj}/n_{t-1j})$ 计算得到。

2. 物质资本份额（α_j）

用 1 减去各产业工业增加值中总体劳动力份额来衡量各产业的物质资本份额 α_j，总体劳动份额等于各产业总体劳动报酬除以各产业工业增加值，其中中国工业企业 2003～2010 年各产业的总体劳动报酬根据 2004～2011 年《中国劳动统计年鉴》中各产业所属 39 个工业大类的各年城镇单位就业人员平均工资与各产业的就业人数的乘积计算得到。2003～2007 年中国工业各产业的工业增加值来自国家统计局，直接取自 CSMAR 数据库中 2011 年《中国工业行业数据库》。而 2008～2010 年由于国家统计局只公布了整体工业的工业增加值和各工业小类的工业总产值，但没有公布各工业小类的工业增加值，对于 2008～2010 年中国工业各工业小类的增加值，根据各工业小类的工业总产值在整体工业总产值的比重与整体工业的工业增加值的乘积来衡量各工业小类的工业增加值。

3. 其他变量

考虑到影响企业成长因素的广泛性，既包括宏观经济层面的因素，也包括产业层面以及企业自身的因素。对基本结构式模型检验后，还加入了影响企业成长的宏观经济增长率、企业净进入率、工业增加值增长率、企业的销售利润率、资产负债率和总资产周转率等变量构建带有以上变量的面板数据模型进行稳健性检验。第 t 期第 j 个产业的企业净进入率用 $Noentprsrate_{tj}$ 表示，根据第 t 期的企业总数 $Noentprs_{tj}$ 与第 $t-1$ 期的企业总数 $Noentprs_{t-1j}$ 之差与第 $t-1$ 期的企业总数 $Noentprs_{t-1j}$ 的比值计算得到。第 t 期的经济增长率用 $gdprate_{tj}$ 表示，根据各年实际 GDP 的指数计算得到，来衡量宏观经济增长对企业成长的影响。第 t 期第 j 个产业的工业增加值增长率用 $Idsvadvrate_{tj}$ 表示，根据第 t 期的工业增加值 $Idsvad_{tj}$ 与第 $t-1$ 期的工业增加值 $Idsvad_{t-1j}$ 之差与第 $t-1$ 期的工业增加值 $Idsvad_{t-1j}$ 的比值计算得到。用 $Roptsr_{tj}$ 表示第 t 期第 j 个产业企业的销售利润率，用来反映企业的获利能力。用 $Rodtast_{tj}$ 表示第 t 期第 j 个产业企业的资产负债率，作为衡量企业偿债能力的一个重要指标。用 $Tnoast_{tj}$ 表示第 t 期第 j 个产业企业的总资产周转率，进而分析评价企业的运营能力。

（二）数据说明

以上各变量除中国工业 39 个工业大类的城镇单位就业人员平均工资数据来自 2004～2011 年《中国劳动统计年鉴》外，其余数据主要来自 CSMAR 数据库中 2011 年《中国工业行业数据库》、部分来自 2004～2011 年《中国统计年鉴》。[①] 《中国工业行业数据库》提供了从 1999～2010 年 39 个工业大类、714 个工业中小类的全国、分省、分企业类型的行业数据，其数据与理论分析和模型设定是一致的。由于中国工业行业的分类在 2002 年发生了变化，为了使划分的行业一致，采用 2003～2010 年中国工业 39 个工业大类、505 个工业小类的数据对中国工业企业规模对其成长的影响效应进行检验。

为了检验不同部门企业规模对其成长的影响，按照国家统计局关于中国重工业和轻工业的划分标准，把中国工业 39 个工业大类划分为重工业

---

① 根据《中国工业行业统计数据库》（2011 年版）使用指南中的《国民经济行业分类与代码》（2002 年版）中行业的划分，在实际选用工业小类时去除了 714 个工业中小类中不在《国民经济行业分类与代码》（2002 版）中工业小类中的 209 个，实际选用工业小类为 505 个。把 39 个工业大类划分为轻工业和重工业两个"部门"，505 个工业小类视为 505 个"产业"，这样可以使采用的经验分析数据与理论分析相匹配。

和轻工业两个部门分别进行分析。其中重工业部门包括煤炭开采和洗选业、石油和天然气开采业等24个工业大类，轻工业包括农副食品加工业和食品制造业等15个工业大类①，表9-1和表9-2中分别列出了2003~2010年各部门或工业大类各变量的平均值。

表9-1　　　　　　2003~2010年中国重工业各变量的平均值

行业名称	企业规模（人/家）	企业成长率	物质资本份额	资本劳动比（万元/人）	企业净进入率	增加值增长率	销售利润率	资产负债率	总资产周转率
工业	402.01	-0.048	0.781	25.99	0.175	0.440	0.07	0.554	0.012
重工业	490.7	-0.065	0.784	35.35	0.194	0.548	0.077	0.56	0.011
煤炭开采和洗选业	665.31	-0.131	0.685	10.91	0.245	0.335	0.116	0.559	0.009
石油和天然气开采业	4315.8	-0.123	0.692	54.77	0.292	0.187	0.224	0.431	0.007
黑色金属矿采选业	173.59	-0.082	0.785	10.00	0.247	0.452	0.128	0.535	0.01
有色金属矿采选业	224.73	-0.2	0.767	8.07	0.683	1.020	0.115	0.585	0.013
非金属矿采选业	156.97	-0.085	0.797	7.89	0.125	0.362	0.072	0.49	0.015
其他采矿业	203.62	-0.352	0.81	10.70	0.186	0.271	0.061	0.526	0.018
石油加工、炼焦及核燃料加工业	368.2	0.04	0.869	45.52	0.166	0.476	0.023	0.57	0.015
化学原料及化学制品制造业	163.61	-0.021	0.859	19.65	0.112	0.264	0.074	0.537	0.012
医药制造业	244.36	-0.021	0.823	13.63	0.099	0.198	0.095	0.489	0.009
橡胶制品业	234.13	-0.047	0.775	8.55	0.135	0.224	0.057	0.552	0.014
塑料制品业	141.28	-0.027	0.774	8.64	0.153	0.232	0.049	0.554	0.014
非金属矿物制品业	182.48	-0.043	0.814	10.49	0.143	0.284	0.066	0.545	0.013
黑色金属冶炼及压延加工业	431.22	-0.03	0.844	24.89	0.079	0.254	0.043	0.639	0.012

---

① 根据《中国工业行业统计数据库》（2011年版）使用指南中的《国民经济行业分类与代码》（2002年版）中行业的划分，我国工业39个工业大类的行业代码分别为B6~B11，C13~C37，C39~C46。表9-1和表9-2中重工业各工业大类的行业代码为B6~B11，C25~C27，C29~C37，C39~C41，C44~C66；轻工业各工业大类行业代码为C13~C24，C28，C42和C43。表9-1和表9-2中轻重工业各工业大类按照行业代码数字大小的先后顺序排列。

行业名称	企业规模（人/家）	企业成长率	物质资本份额	资本劳动比（万元/人）	企业净进入率	增加值增长率	销售利润率	资产负债率	总资产周转率
有色金属冶炼及压延加工业	244.8	-0.107	0.845	16.44	0.219	0.463	0.052	0.621	0.012
金属制品业	144.96	-0.034	0.788	7.87	0.138	0.248	0.058	0.559	0.014
通用设备制造业	152.29	-0.059	0.775	8.65	0.219	0.354	0.065	0.598	0.011
专用设备制造业	174.11	-0.052	0.763	7.55	0.17	0.295	0.065	0.587	0.011
交通运输设备制造业	284.95	-0.041	0.717	10.57	0.164	0.457	0.052	0.627	0.011
电气机械及器材制造业	221.81	-0.022	0.789	7.62	0.168	0.260	0.057	0.589	0.013
通信设备、计算机及其他电子设备制造业	491.47	0.023	0.785	11.29	0.167	0.262	0.047	0.594	0.013
仪器仪表及文化、办公用机械制造业	222.49	-0.039	0.714	6.61	0.152	0.249	0.066	0.53	0.012
电力和热力的生产和供应业	446.45	-0.014	0.826	360.64	0.122	0.206	0.134	0.646	0.003
燃气生产和供应业	252.29	-0.108	0.809	45.22	0.168	0.341	0.055	0.543	0.006
水的生产和供应业	200.8	0.016	0.719	132.27	0.309	5.455	0.068	0.54	0.002

表9-2　　　　　　　　2003~2010 年中国轻工业各变量的平均值

行业名称	企业规模（人/家）	企业成长率	物质资本份额	资本劳动比（万元/人）	企业净进入率	增加值增长率	销售利润率	资产负债率	总资产周转率
工业	402.01	-0.048	0.781	25.99	0.175	0.440	0.070	0.554	0.012
轻工业	260.12	-0.022	0.775	11.02	0.145	0.269	0.058	0.544	0.014
农副食品加工业	144.3	-0.009	0.876	10.48	0.124	0.287	0.050	0.546	0.017
食品制造业	200.19	-0.017	0.815	10.28	0.103	0.243	0.063	0.547	0.013
饮料制造业	225.75	-0.006	0.874	17.20	0.109	0.203	0.081	0.539	0.011
烟草制品业	1099.24	0.081	0.643	24.33	-0.047	0.087	0.137	0.376	0.008

续表

行业名称	企业规模（人/家）	企业成长率	物质资本份额	资本劳动比（万元/人）	企业净进入率	增加值增长率	销售利润率	资产负债率	总资产周转率
纺织业	226.19	-0.058	0.801	7.50	0.116	0.203	0.043	0.587	0.013
纺织服装、鞋、帽制造业	267.29	-0.039	0.609	2.53	0.085	0.163	0.043	0.548	0.017
皮革、毛皮、羽毛（绒）及其制造业	333.41	-0.034	0.775	4.10	0.103	0.210	0.058	0.574	0.019
木材加工及木、竹、藤、棕、草制品业	136.34	-0.057	0.823	7.79	0.189	0.313	0.052	0.528	0.016
家具制造业	204.37	-0.010	0.741	4.91	0.251	0.408	0.046	0.578	0.015
造纸及纸制品业	165.71	-0.041	0.817	18.72	0.129	0.238	0.046	0.573	0.010
印刷业和记录媒介的复制	131.58	-0.007	0.758	15.01	0.050	0.112	0.069	0.497	0.008
文教体育用品制造业	293.69	-0.025	0.687	4.24	0.143	0.236	0.048	0.512	0.014
化学纤维制造业	264.99	-0.061	0.812	23.26	0.121	0.231	0.031	0.585	0.009
工艺品及其他制造业	210.94	-0.037	0.720	4.65	0.124	0.263	0.053	0.531	0.016
废弃资源和废旧材料回收加工业	112.09	-0.007	0.868	10.27	0.578	0.832	0.047	0.642	0.019

从重工业和轻工业两部门的物质资本份额来看，2003～2010 年中国重工业部门的平均物质资本份额为 78.43%，略高于中国工业的平均物质资本份额 78.06%。24 个重工业工业大类中黑色金属矿采选业和非金属矿采选业等 14 工业大类的物质资本份额均高于整体工业的平均值。中国重工业部门的平均物质资本劳动比（其中物质资本存量用固定资产净值平均余额来衡量）为 35.35 万元/人，高于中国工业的平均物质资本劳动比 25.99 万元/人，物质资本份额较高的行业也显示出较高的物质资本劳动比。中国轻工业部门虽然物质资本劳动比较低，为 11.02 万元/人。但是中国轻工业的物质资本份额仅略低于中国工业平均物质资本份额，中国轻工业物质资本份额为 77.46%，也仅略低于物质资本份额较高的中国重工业部门，并且 15 个轻工业大类中有 8 个工业大类的物质资本份额高于中国工业的

平均水平。

中国轻工业和重工业部门物质资本份额之间有差异，但差异并不明显，本章的分析认为，造成这种状况的原因在于，虽然中国轻工业部门容纳的劳动力数量相对于物质资本来说较多，但是劳动力报酬较低，而重工业部门容纳的劳动力数量相对于物质资本来说较少，但是重工业部门的劳动力报酬较高。表面上看来，中国轻工业部门是劳动密集型产业部门，而实质上轻工业部门劳动力的报酬较低，使得中国轻工业的物质资本份额仍然较高。

比较两大部门的各变量可以看出，物质资本份额略高的中国重工业部门的平均企业规模也较大，以就业人数来衡量企业规模，2003～2010年中国重工业部门平均每家企业就业人数为490人，高于工业企业平均规模402人/家。同时中国重工业部门也显示出较低的平均企业成长率和总资产周转率，分别为 -6.5% 和1.12%，均低于工业平均水平，中国工业平均企业成长率和总资产周转率分别为 -4.8% 和1.21%。其他变量中，重工业部门的企业净进入率、工业增加值增长率、销售利润率以及资产负债率均高于工业平均值。与此相反，中国轻工业部门的平均企业规模较小，其平均企业规模为260人/家，同时轻工业部门的平均企业净进入率、工业增加值增长率、销售利润率、资产负债率等其他变量均低于工业平均水平。然而轻工业部门具有较高的资产周转率与平均企业规模成长率。

二、模型设立

由公式（9－19），将结构式计量模型设立为：

$$\ln \frac{n_{t+1j}}{n_{tj}} = a + b\ln n_{tj} + e\alpha_j \ln n_{tj} + v_j + \varepsilon_{tj} \qquad (9-20)$$

其中，j 表示产业，t 表示时期，$n_{tj} = N_{tj}/\mu_{tj}$，$a + v_j = n_j^c$，$b = -(1-\omega_j)(1-\beta_j)$，$e = -(1-\omega_j)\beta_j$，$\varepsilon_{tj} = -\beta_j(1-\alpha_j)\ln A_{t+1j}$。在理论模型中假设在部门 s 中产业 i 和 j 都有 $\alpha_i = \alpha_j$，$\beta_i = \beta_j$ 和 $\omega_i = \omega_j$。由于中国工业不同产业的物质资本份额 α_j 可以根据数据直接测算，所以在计量模型设定中，假设 $\beta_i = \beta_j$ 和 $\omega_i = \omega_j$，而假设物质资本份额 α_j 在同一部门不同产业之间具有异质性。对于不同部门中的物质资本份额 α，根据同一部门各产业的物质资本份额的平均值计算得到，同时根据模型估计的 $\hat{b}$ 和 $\hat{e}$ 与测算的 α 进行估算不同部门中的人力资本在总劳动中的份额 β 和人力资本积累中的人力

资本投资份额（$1-\omega$）。v_j 是不可观测的产业个体效应，不随时间而变化。因为 A_{t+1j} 是表示生产力冲击的一个随机干扰项，$A_{t+1j} \in [\underline{A_j}, \overline{A_j}]$，并假设服从独立同分布（i.i.d），因此，$\varepsilon_{ij}$ 也是一个随机干扰项，由于计量模型设定中假设物质资本份额 α_j 在同一部门不同产业之间具有异质性，ε_{ij} 就可能随着 α_j 的变化而变化。

由理论模型可以预测，$b \leqslant 0$ 且 $e \leqslant 0$。并且对于部门 s_1 和 s_2，如果部门 s_1 的物质资本份额 α_{s_1} 高于部门 s_2 的物质资本份额 α_{s_2}，或部门 s_1 的人力资本在总劳动中的份额 β_{s_1} 与衡量上期人力资本在下期人力资本重要性的参数 ω_{s_1} 小于部门 s_2 的人力资本在总劳动中的份额 β_{s_2} 与衡量上期人力资本在下期人力资本重要性的参数 ω_{s_2}，则可以预测部门 s_1 的估计值（$\hat{b}_{s_1} + \hat{e}_{s_1}\alpha_{s_1}$）的绝对值将大于部门 s_2 的估计值（$\hat{b}_{s_2} + \hat{e}_{s_2}\alpha_{s_2}$）的绝对值，其中（$\hat{b} + \hat{e}\alpha$）度量了企业规模对其成长的影响效应，$\hat{b}$ 和 $\hat{e}$ 分别是各自部门的估计值，α 由各自部门的平均物质资本份额进行测算得到。

三、估计方法

（一）随机效应

对于公式（9-20）的估计，如果不可观测的个体效应 v_j 与解释变量不相关，可以采用随机效应模型估计。但基于产业的聚集性、专业性和竞争性等不可观测的产业个体效应 v_j 都可能与企业规模相关，如果采用随机效应模型估计，可能会得到不一致的结果。由于关心的主要是模型中估计的 $\hat{b}$ 和 $\hat{e}$ 以及衡量企业规模对其成长影响效应大小的（$\hat{b} + \hat{e}\alpha$）值，在这种情况下，随机效应估计可能是不适合的。

（二）固定效应

如果不可观测的个体效应 v_j 与解释变量是相关的，可以采用固定效应模型估计，得到一致的无偏估计值 $\hat{b}$ 和 $\hat{e}$。然而，由于假设同一部门不同产业之间的物质资本份额具有异质性，ε_{ij} 就可能存在异方差，这样采用固定效应估计，可能会影响估计值的有效性。但是，即使 ε_{ij} 存在异方差，用固定效应估计的 $\hat{b}$ 仍然是一致的无偏估计量值。对每个 j 求公式（9-20）在时间 t 上的平均，得到：

$$\ln \frac{\overline{n_{t+1j}}}{n_{ij}} = a + b \overline{\ln n_{ij}} + e\alpha_j \overline{\ln n_{ij}} + v_j + \overline{\varepsilon_{ij}} \tag{9-21}$$

式中，$\ln \dfrac{\overline{n_{t+1j}}}{n_{ij}} = T^{-1} \sum_{t=1}^{T} (\ln n_{t+1j} - \ln n_{ij})$，如此等等。公式（9-20）减去公

式（9-21）可得固定效应估计模型：

$$\ln \frac{n_{t+1j}}{n_{tj}} - \ln \overline{\frac{n_{t+1j}}{n_{tj}}} = b\left(\ln n_{tj} - \overline{\ln n_{tj}}\right) + e\alpha_j\left(\ln n_{tj} - \overline{\ln n_{tj}}\right) + \varepsilon_{tj} - \overline{\varepsilon_{tj}}$$

$$(9-22)$$

（三）一阶差分

同样，当不可观测的个体效应 v_j 与解释变量相关时，也可以选用一阶差分模型估计。当 ε_{tj} 无序列相关时，在同方差的假设条件下，选择固定效应估计是有效的。如果 ε_{tj} 是随机游走的，存在很强的时序相关性，固定效应估计的有效性就会降低，选用一阶差分估计是有好处的。然而，在许多情况下，ε_{tj} 虽然表现有某种正的时序相关，但未达到随机游走的程度，则很难判断两种方法哪个更有效。因此，同时选用这两种方法估计模型。一阶差分估计模型设立为：

$$\ln \frac{n_{t+1j}}{n_{tj}} - \ln \frac{n_{tj}}{n_{t-1j}} = b\left(\ln n_{tj} - \ln n_{t-1j}\right) + e\alpha_j\left(\ln n_{tj} - \ln n_{t-1j}\right) + \varepsilon_{tj} - \varepsilon_{t-1j}$$

$$(9-23)$$

最后，为了消除 ε_{tj} 可能存在异方差的影响，采用 FGLS 方法对此估计。

四、模型估计结果及其分析

分别采用了随机效应、固定效应和一阶差分 FGLS 对中国工业、重工业和轻工业三个部门的模型进行估计，而且为了避免异常值对模型分析的影响，还设定每个变量按产业—年的观测值确定每年 winsorize 上下极值各 1%。同时，对于随机效应模型设定，还进行了 Hausman 检验。Hausman 检验统计量为：

$$H = (\hat{B}_{FE} - \hat{B}_{RE})'[V_{FE} - V_{RE}]^{-1}(\hat{B}_{FE} - \hat{B}_{RE}) \qquad (9-24)$$

其中，$\hat{B}_{FE}$ 和 V_{FE} 分别为来自固定效应模型估计的系数向量和估计的渐进协方差矩阵，$\hat{B}_{RE}$ 和 V_{RE} 分别为来自随机效应模型估计的系数向量和估计的渐进协方差矩阵。Hausman 检验结果均拒绝随机效应模型的原假设，从回归结果看，随机效应估计的结果与固定效应和一阶差分估计的结果也具有较大差异，检验结果如表9-3所示。固定效应和一阶差分估计的结果均显示三个部门估计的 $\hat{b}$ 和 $\hat{e}$ 均为负值，除以固定效应估计的轻工业部门的 $\hat{b}$ 在 10% 的显著性水平下不显著外，其他估计值在 1% 的显著性水平下均显著为负，说明中国工业企业规模对其成长具有显著的负向影响。

表 9 - 3

中国工业企业规模与成长关系检验结果

变量	工业			轻工业			重工业		
	随机效应	固定效应	一阶差分	随机效应	固定效应	一阶差分	随机效应	固定效应	一阶差分
b	-0.0540*** (0.00611)	-0.145*** (0.0527)	-0.397*** (0.0844)	-0.0261*** (0.00851)	-0.139 (0.112)	-0.269* (0.149)	-0.0693*** (0.00817)	-0.147** (0.0602)	-0.472*** (0.0999)
e	0.00906 (0.00574)	-0.495*** (0.0677)	-0.821*** (0.105)	-0.00760 (0.00777)	-0.512*** (0.143)	-1.089*** (0.184)	0.0204*** (0.00774)	-0.490*** (0.0776)	-0.682*** (0.124)
a	0.213*** (0.0250)	2.787*** (0.0634)		0.140*** (0.0428)	2.814*** (0.128)		0.246*** (0.0307)	2.781*** (0.0736)	
样本数	3451	3451	2947	1073	1073	919	2378	2378	2028
R^2		0.402			0.351			0.420	
Hausman	0.0000			0.0000			0.0000		

注：括号内是各自估计系数的标准误，***、**和*分别表示1%、5%和10%的显著性水平。

由各部门估计的 $\hat{b}$ 和 $\hat{c}$ 与本章测算的各部门的物质资本份额 α，根据固定效应和一阶差分估计的结果，本章分别计算出中国工业、轻工业和重工业三个部门的人力资本在总劳动中的份额 β 和衡量人力资本利用率的参数 ω 以及三个部门的人力资本份额 $\beta(1-\alpha)$、劳动力份额 $(1-\beta)(1-\alpha)$ 和企业规模对其成长的影响效应 $-(1-\omega)(1-\beta+\alpha\beta)$，如表 9 - 4 所示。比较这两种方法计算的各参数值，以固定效应估计的结果计算的各参数值更为合理。以固定效应估计的结果进行分析，比较中国工业、轻工业和重工业三部门各参数值的大小可见，2003 ~ 2010 年中国整体工业物质资本份额仍占据最大比例，为 78.06%；其次是人力资本份额，为 16.97%；劳动力所占份额较低，仅为 4.97%。中国轻工业部门中物质资本份额略低于中国整体工业，为 77.46%，仍然显示出较高的水平；人力资本份额略高于中国整体工业水平，为 17.73%；劳动力份额也较低，为 4.81%。与中国轻工业部门相比，中国重工业部门物质资本份额只略高于中国轻工业部门，物质资本份额为 78.43%；人力资本份额略低于轻工业部门，为 16.59%；劳动力份额同样显示出较低的水平，为 4.98%。

表 9 - 4　　　根据固定效应和一阶差分估计的系数计算的各参数值

变量	固定效应			一阶差分		
	工业	轻工业	重工业	工业	轻工业	重工业
β	0.7734	0.7865	0.7692	0.6741	0.8019	0.5910
ω	0.3600	0.3490	0.3630	- 0.2180	- 0.3580	- 0.1540
$1-\beta$	0.2266	0.2135	0.2308	0.3259	0.1981	0.4090
α	0.7806	0.7746	0.7843	0.7806	0.7746	0.7843
$\beta(1-\alpha)$	0.1697	0.1773	0.1659	0.1479	0.1808	0.1275
$(1-\beta)(1-\alpha)$	0.0497	0.0481	0.0498	0.0715	0.0446	0.0882
$-(1-\omega)(1-\beta+\alpha\beta)$	- 0.5314	- 0.5356	- 0.5313	- 1.0379	- 1.1125	- 1.0069

以上结果表明，在 2003 ~ 2010 年中国工业各部门之间仍然显示出较高的物质资本份额与较低的劳动力份额，使得中国工业企业规模对中国工业企业的成长产生较大的负向影响效应。而轻重工业部门之间在资本积累和劳动力配置等方面虽略显差异，但是重工业部门略高的物质资本份额与略低的人力资本份额和相对较高的人力资本利用率使得轻重工业部门之间企业规模对其成长的影响效应的差异并不明显，中国轻工业部门企业规模

对其成长率的影响系数为 -0.536，重工业部门企业规模对其成长率的影响系数为 -0.531。

五、稳健性检验

为进一步检验中国工业企业规模与成长之间的关系，构建包含影响企业成长的宏观经济增长率、产业增加值增长率、企业净进入率以及企业的销售利润率、资产负债率和总资产周转率等变量的面板数据模型对此做进一步实证分析，模型设立为：

$$\ln \frac{n_{t+1j}}{n_{tj}} = a + b\ln n_{tj} + e\alpha_j \ln n_{tj} + c_1 Noentprsrate_{t+1j} + c_2 gdprate_{t+1j}$$
$$+ c_3 Idsvadrate_{t+1j} + c_4 Roptsr_{t+1j} + c_5 Rodtast_{t+1j}$$
$$+ c_6 Tnoast_{t+1j} + v_j + \varepsilon_{tj} \tag{9-25}$$

对于面板数据模型（9-25）的估计，与结构式模型的估计一样，分别采用随机效应、固定效应、一阶差分 FGLS 等三种方法估计，同时还对随机效应模型设定进行 Hausman 检验，Hausman 检验结果均拒绝随机效应模型的原假设。估计结果如表 9-5 所示。

主要关心的系数是估计值 $\hat{b}$ 和 $\hat{e}$，从固定效应和一阶差分估计的结果来看，两种方法的回归结果一致显示估计值 $\hat{b}$ 和 $\hat{e}$ 显著为负，比较发现以固定效应估计的结果更为合理。以固定效应估计的结果分析，轻工业部门估计的 $\hat{b}$ 和 $\hat{e}$ 分别为 -0.117 和 -0.417，重工业部门估计的 $\hat{b}$ 和 $\hat{e}$ 分别为 -0.096 和 -0.416。根据两部门估计的 $\hat{b}$ 和 $\hat{e}$ 与两部门的物质资本份额 α，分别测算出两部门企业规模对其成长的影响效应。轻工业部门企业规模对其成长的影响效应系数为 -0.4400，其绝对值略高于重工业部门企业规模对其成长的影响效应系数 -0.4227 的绝对值，也略高于整体工业企业规模对其成长的影响效应系数 -0.4291 的绝对值。同样可以根据各部门估计的 $\hat{b}$ 和 $\hat{e}$ 与测算的物质资本份额 α 进行测算得出各部门的人力资本份额和劳动力份额。工业、轻工业和重工业部门三部门人力资本份额分别为 17.95%、17.60% 和 17.51%，劳动力份额分别为 3.99%、4.94% 和 4.06%。

同时回归结果还显示：第一，模型估计的经济增长率的系数显著为正，整体工业部门估计的经济增长率的系数为 0.591，说明中国宏观经济增长可以促进中国整体工业企业成长，经济增长率每增加 1 个百分点，可以拉动 0.591 个百分点的工业企业成长率；从轻工业和重工业两部门的比较来看，中国经济增长对中国重工业企业成长的影响效应明显大于对中国轻工业企业成长的影响效应。第二，从工业增加值增长率的系数来判断，

表 9 – 5　稳健性检验结果

变量	工业			轻工业			重工业		
	随机效应	固定效应	一阶差分	随机效应	固定效应	一阶差分	随机效应	固定效应	一阶差分
b	-0.036*** (0.0054)	-0.095** (0.0443)	-0.347*** (0.0725)	-0.0122* (0.0072)	-0.117 (0.0950)	-0.277** (0.137)	-0.049*** (0.0073)	-0.0964* (0.0500)	-0.395*** (0.0853)
e	0.00553 (0.0050)	-0.428*** (0.0568)	-0.659*** (0.0902)	-0.00750 (0.0066)	-0.417*** (0.121)	-0.856*** (0.169)	0.0135** (0.0067)	-0.416*** (0.0642)	-0.561*** (0.106)
$c1$	-0.401*** (0.0097)	-0.274*** (0.0094)	-0.157*** (0.0063)	-0.433*** (0.0197)	-0.302*** (0.0200)	-0.150*** (0.0120)	-0.396*** (0.0111)	-0.271*** (0.0107)	-0.160*** (0.0074)
$c2$	-0.153 (0.123)	0.591*** (0.109)	0.982*** (0.0625)	-0.638*** (0.208)	0.200 (0.193)	0.696*** (0.107)	0.00647 (0.151)	0.714*** (0.132)	1.140*** (0.0769)
$c3$	0.186*** (0.0068)	0.139*** (0.0062)	0.093*** (0.0046)	0.275*** (0.0144)	0.205*** (0.0141)	0.099*** (0.0090)	0.163*** (0.0077)	0.122*** (0.0070)	0.089*** (0.0053)
$c4$	0.267* (0.0745)	0.197* (0.102)	-0.0208 (0.0813)	0.429*** (0.135)	0.0248 (0.213)	-0.221 (0.155)	0.269*** (0.0900)	0.256** (0.116)	0.0883 (0.0961)
$c5$	-0.0578* (0.0309)	0.148*** (0.0403)	0.198*** (0.0360)	-0.125** (0.0532)	-0.0585 (0.0828)	0.0961 (0.0665)	-0.0143 (0.0376)	0.204*** (0.0461)	0.238*** (0.0429)
$c6$	0.898* (0.523)	-3.304*** (0.903)	-5.950*** (0.839)	-0.366 (0.709)	-6.052*** (1.767)	-7.786*** (1.473)	1.555** (0.690)	-2.150*** (1.064)	-5.665*** (1.018)

续表

变量	工业			轻工业			重工业		
	随机效应	固定效应	一阶差分	随机效应	固定效应	一阶差分	随机效应	固定效应	一阶差分
a	0.163 *** (0.0323)	2.126 *** (0.0682)		0.172 *** (0.0544)	2.391 *** (0.144)		0.151 *** (0.0392)	2.027 *** (0.0777)	
样本数	3451	3451	2947	1073	1073	919	2378	2378	2028
R^2		0.583			0.538			0.608	
Hausman	0.0000			0.0000			0.0000		

注：括号内是各自估计系数的标准误，***、** 和 * 分别表示 1%、5% 和 10% 的显著性水平。

中国工业的发展对中国工业企业的成长也产生显著的正向影响。从整体工业估计的系数来看，中国整体工业增加值每增加 1 个百分点，可以拉动中国工业企业成长率增加约 0.139 个百分点。同时轻重工业两个部门增加值的增长均显著提高了各自部门企业的成长率。并且轻工业部门工业增加值的增长对企业成长率的影响高于重工业部门。第三，不管是轻工业部门还是重工业部门，各部门企业净进入率对企业的成长率均呈显著负向影响，而且轻工业部门工业企业净进入率对企业成长率的影响略高于重工业部门。第四，从整体上来看，中国工业企业获利能力的提高可以推动中国工业企业成长，然而不能得到中国工业企业的偿债能力和运营能力对企业成长呈正向影响的结论，可能更多的外源融资更有利于企业的成长，而过快的资产周转率会对企业成长产生不利影响。稳健性检验结果与结构式模型估计结果是一致的，支持结构式模型分析的结论。

第五节　小结与政策建议

企业规模与成长关系反映了企业规模的变动或成长趋势，不同部门企业规模对其成长的不同影响反映了各部门企业成长路径的差异。工业企业规模与成长关系是经济结构调整的重要内容，反映了不同规模的企业对资源的利用。这是因为不同规模的企业对资源利用的效率不仅影响到经济结构调整的方向，还影响着经济增长的速度和质量。然而，对于中国工业企业规模与成长关系这一重要问题至今尚缺乏深入理论探讨，更缺乏实证分析。

有鉴于此，本章基于罗西－汉斯伯格和赖特（Rossi-Hansberg and Wright，2007）的 DSGE 理论构建计量模型对 2003～2010 年中国工业规模与成长之间的关系进行了实证研究。分析结果表明：第一，中国工业企业成长率与其规模之间呈显著的负相关关系，中国轻工业和重工业两部门在资本积累和劳动力配置等方面并完全不相同，但由于各要素之间的相互作用，两部门之间企业规模对其成长率的影响效应并不存在明显的差异，其中中国轻工业部门企业规模对其成长率的影响效应略高于中国重工业部门企业规模对其成长率的影响效应。第二，分别测算中国工业、轻工业和重工业部门的人力资本份额和劳动力份额的大小。发现中国工业生产中物质资本份额仍然占据最大比例，在总体劳动中人力资本的份额明显高于劳动力的份额，其中物质资本份额为 78.06%，人力资本份额为 16.97%，劳动力份额仅占 4.97%。中国轻重工业两部门物质资本份额、人力资本份额和劳动力份额虽有差异但差异并不明显，其中轻工业部门物质资本份额略低于重工业部门，人力资本份额略高于重工业部门，两部门劳动力份额均占很小比例，说明较高的资本份额使得中国工业部门所容纳的劳动力份额比重偏低。第三，为进一步检验中国工业企业成长对其规模的依赖，构建了包含影响企业成长的宏观经济增长率、产业增加值增长率、企业净进入率以及企业的销售利润率、资产负债率和总资产周转率等控制变量的面板数据模型对此做进一步实证研究，实证结果与本章构建的结构式模型估计的结果是一致的。

由本章研究结果可知，中国工业企业规模的扩张制约着工业企业成长，降低物质资本份额，提高人力资本份额和人力资本利用率可以减少中国工业企业规模对其成长率的负面影响。人力资本的提高在中国工业转型升级过程中产生重要作用，虽然改革开放多年来中国工业经济已经获得了飞速发展，但物质资本投资主导型粗放式增长格局仍然没有得到彻底改观，较高的物资资本份额和工业化转型升级中所要求的人力资本份额的提高，使得中国工业所能容纳的劳动力份额比重偏低。因此，怎样提高中国工业人力资本份额和人力资本利用率和怎样解决中国工业化进程中劳动力份额偏低的问题是中国工业结构调整以及中国经济发展中两个需要解决的重要问题。对此，提出以下政策建议。

（1）进一步完善市场经济体制为企业塑造良好成长环境。20 世纪八九十年代，企业大型化是企业规模变动的历史趋势，而步入 21 世纪以后，工业经济向知识经济转型，市场结构和生产技术都已发生了很大变化，企业规模变动趋势呈大型化和小型化并存的适配阶段，随着中国社会主义市场经济的快速发展，鼓励非公有制经济的进入，中国工业中小企业获得了快速发展，工业企业中 80% 以上当属中小企业。2003~2010 年中国经济体制改革得到进一步深化、整体经济获得了快速的增长、工业化进程也进一步加剧，为中国工业企业，尤其是中小企业的成长创造了良好的成长环境。中国工业企业规模与成长之间的关系表明，中国工业中小型企业具有较高的成长率，中小企业的成长也是中国经济增长的重要动力之源。因此，在关注大型企业成长的同时也应该充分关注中小企业的成长，为中小型企业的成长提供一个良好的发展环境。为促进中国工业企业持续健康成长，进一步推进中国社会主义市场化改革，培育信息完备、法制健全、高效透明、高度发达的市场经济体制尤为必要。

（2）着实提高企业人力资本水平和人力资本利用率推动工业企业快速成长。对于提高人力资本水平，国家应加大对于基础教育、职业教育以及高等教育的投入，提高劳动者的教育科学文化素质和专业技术水平。企业应多渠道提升人力资本：应加强企业人力资本的开发和培养，增强员工技能的培训和人力资本的储备；降低劳动强度，改善工作环境，提高员工的薪酬福利水平，为员工提升人力资本提供良好的制度和物质条件；改善人才引进机制、与高校和科研院所保持良好的合作关系；健全提高人力资本的产权制度，特别要健全对于吸引高层次人才和企业高级管理人员以及高级技术人员的产权制度。对于提高人力资本利用率，建议应进一步放开劳动力市场，提高劳动市场的流动性，为人力资本的合理匹配创造一个良好的市场环境。此外，还要注意人力资本的再培训与再利用，深入研究和制定合理的人力资本的分配制度，防范人才的流失，留住人才，用好人才，提高人力资本推动企业经济效益增长中的作用。

（3）适当降低物质资本份额缓解企业规模对企业成长的不利影响。针对中国工业企业物质资本份额偏高而劳动力份额偏低的现实情况，建议要切实转变企业成长方式，加大企业研发投入力度，提高企业人力资本水平和技术水平，适当减少物质资本份额。同时应在如何提高劳动者就业水平上做好工作，采取拓宽劳动者就业渠道，提高劳动者素质以及职业培训等手段来提高中国工业企业就业份额，这不仅可以缓解企业成长对其规模的依赖，促进企业的成长，也有利于中国工业企业成长方式乃至总体经济增长方式的转变。

（4）积极推动资源合理化配置促进工业结构合理化与转型升级。企业物质资本、人力资本和劳动力等生产要素的不同配置影响企业成长的方式。轻重工业部门不同的资源配置方式使得企业规模对其成长产生不同的影响效应。物质资本份额偏高使得两部门企业规模对企业成长产生较大的负向影响，其中轻工业较低的人力资本利用率使得轻工业企业规模对企业成长的负向影响高于重工业部门。因此，应积极推动两部门资源的合理配置、优化资源配置方式来促使中国工业结构向合理化与高级化发展，从总体上推动中国工业企业成长。

第十章 结语、思考与启示

第一节 结 语

"企业"是一个重要的微观经济主体，作为一种社会经济组织形式，其自身的成长过程是整个社会经济系统演进过程中的一个经济事实。"企业成长"不仅是企业经营者追求的最终目标，也是拉动整体国家经济增长的前提与基础。什么因素决定了企业的成长，企业成长动态演进是否具有规律性？关于企业成长问题的研究由来已久，亚当·斯密、马克思、彭罗斯等众多经济学者对于企业成长问题已有众多论述。然而，现代社会发展日新月异，时至今日，企业成长问题的研究依然是一个重要课题。

《中国工业企业成长动态及其影响因素：事实与诠释》一书探讨中国工业企业成长动态特征及其影响因素，分别从研发投入、生产率、创新、对外直接投资、融资约束等个体层面以及行业总体层面多方面多角度对此诠释并予以实证研究，发现中国工业企业成长动态及其影响因素的众多特征事实，揭示出中国工业企业成长动态演进的规律性。由研究结论提出政策建议，希望借此研究可以为推动中国工业企业成长与转型升级提供参考与借鉴。本书的研究始于 1998 年一直延续至 2010 年，这一时期中国社会主义市场经济体制改革进一步深化、工业化进程进一步加快，经济处于高速增长阶段。因此，深入探究社会主义市场化改革进程中中国工业企业成长动态的演进路径，全面剖析影响中国工业企业成长的因素，对于中国工业企业成长乃至整体国家经济发展来说都具有重要意义。本书以转型经济之中的中国作为研究背景分析企业成长动态及其影响因素丰富了既有关于企业成长问题的研究文献。

在思想观念上，本书坚持马克思的企业规模与成长理论的基本观点，吸收并借鉴西方企业规模与成长理论的思想内涵，在研究过程中将二者渗透与融合分析。

其一，马克思的企业规模与成长理论有着非常丰富的内容，多角度地论述了企业规模与成长问题。马克思的企业规模与成长理论坚持马克思的唯物史观，遵循生产力与生产关系的辩证关系原理对不同历史时期不同的社会形态与政治制度下的企业规模动态演进和成长过程进行了考察，科学合理地揭示了企业规模变动与成长规律。马克思认为，企业不仅是生产力的载体，也是生产关系的体现，企业的成长是生产力与生产关系共同作用的结果，当生产力发生变化时企业的成长方式也将发生变化。在马克思看来，企业规模的扩大是一历史规律，企业的规模与成长之间存在着历史发展的必然趋势。马克思的企业规模与成长理论认为：企业的规模决定于企业生产的技术手段；技术手段的变革导致企业生产经营所必需的最低资本额发生变化，使企业规模发生变化；企业规模变化或成长是一个动态的发展过程。马克思的企业规模与成长理论对于企业成长路径的考察与企业成长因素的分析以现实的企业规模变动或企业成长为基础，强调技术进步或生产率对企业规模变动或企业成长的影响，探究了企业成长路径的动态演变过程，认为企业的成长是多因素决定的。马克思的企业规模与成长理论对于分析影响中国工业企业成长的因素具有指导性意义。企业成长是内因与外因共同作用的结果，在对中国工业企业成长动态及其因素的分析中，本书不仅考察了企业研发投入、生产率或创新、对外直接投资以及融资约束等影响企业成长的内部因素，同时也考察了区位因素、行业特征、市场结构、出口需求与金融市场发展等影响企业成长的外部因素。在研究过程中，辩证地看待影响企业成长的因素，不仅分析了影响企业成长因素的正面效应还探讨了其可能存在的负面影响。

其二，亚当·斯密的分工理论，以及后来的规模经济理论、企业成长的生命周期理论以及基于分布规律视角下的企业成长理论等西方企业规模与成长理论具有重要借鉴意义。本书分析比较了马克思的企业规模与成长理论与西方企业规模与成长理论，发现其共同性，拓宽了马克思的企业规模与成长理论的现实适用性。并基于西方企业规模与成长理论，探讨了企业成长动态随企业规模与企业年龄变动的规律性特征，并具体分析了企业研发投入、生产率、创新、对外直接投资、融资约束以及人力资本等方面影响企业成长的内在机理，为实证研究提供了分析的基础。

在研究内容方面，第一，第四章探究了中国制造业企业成长动态及其研发投入对其产生的影响，揭示了中国制造业企业成长的特征事实及其研发投入对制造业企业成长影响的形成机制。第二，第五章以非制造业工业企业数据对此进行研究，发现了非制造业企业成长及其规模分布的特征事实及其生产率与规模对其成长影响的内在机制。第三，第六章探讨了创新对新一代信息技术产业企业成长的影响及其高创新性是否带来新一代信息技术产业企业的高成长性，并采用中国新一代信息技术产业微观企业数据，基于企业规模与成长关系的模型——吉布莱特定律的分析框架对此进行了实证研究。第四，第七章在分析了对外直接投资影响中国制造业企业成长机理的基础上，采用中国制造业企业对外直接投资相关数据对此进行了实证分析。第五，第八章以大型上市公司为样本研究了融资约束对中国制造业上市公司企业成长的影响，这一研究对于从融资约束的角度来促进中国企业成长及其规模结构合理化和产业结构优化等方面具有重要意义。第六，第九章借鉴罗西－汉斯伯格和赖特（Rossi-Hansberg and Wright, 2007）构建的 DSGE 模型从人力资本和物质资本密集度差异角度不仅从理论上解释了不同部门或不同行业之间企业规模对其成长的影响差异，而且还采用了中国工业企业相关数据对其进行了实证检验。上述内容构成了本书的主要章节，加上第一章导论、第二章相关理论评述、第三章企业成长动态及其影响因素：诠释以及第十章结语、思考与启示构成了本书的全部内容。

在研究方法上，本书坚持历史与逻辑的统一，以马克思主义为指导吸收借鉴西方经济学的经济研究方法，规范与实证研究相结合。

规范分析主要是从理论上进行阐释诸因素影响企业成长动态的内在机制，做理论诠释，并根据实证研究结论提出促进中国工业企业成长的相关政策建议，对此进行定性分析。

实证分析则主要是利用中国工业企业相关数据，构建计量经济模型探究中国工业企业成长动态的特征事实及其诸因素对其产生的影响效应，对此进行定量研究。在具体实证方法的运用方面，第一，采用统一框架，即根据关于企业规模与成长关系的模型——吉布莱特定律探究中国工业企业成长动态演进规律并分析诸因素对其产生的影响，使研究结论更为可靠。采用统一框架，从研发投入、生产率或创新、对外直接投资以及融资约束等不同角度进行研究，使得研究结论更为丰富。第二，采用截面数据 OLS、动态面板数据模型、面板 VAR 模型、面板数据 IV-2SLS 方法以及分位数双重差分倾向得分匹配法等实证研究方法，有别于以往的研究。特别地，在变量选取上，考虑到数据的可得性以及变量的不可观测或难以观测性，本书中采用了不同的方法对此进行了适当的处理。其中，考虑到研发本身存在的内生性，基于研发行为决策理论构建利用面板数据 Probit 方法估计研发行为决策模型，利用 Probit 模型的拟合值作为研发投入工具变量；对于生产率的测度采用生产函数并利用半参数 LP 与 ACF 估计法等进行测算得到；对于创新变量的测度采用了新产品产值、研发投入以及生产率测度等多种方法进行度量；鉴于对外直接投资额数据不能够直接获得，采用"自然实验"的方法设立了对外直接投资实验组虚拟变量和实验期虚拟变量；鉴于企业融资约束不可观测或难以观测，对于企业融资约束采用了测量企业信用等级的 Altman 的 Z 值以及企业高管年龄等代理变量检验了融资约束对于企业规模与成长的影响。

　　本书从产业组织研究者的角度，出于对企业就业的关注，主要以企业就业人数衡量企业规模，以企业就业人数的增长率衡量企业成长率进行分析。本书不仅考察了企业成长量的增长，也突出研究了企业成长质的提升，重点研究了企业成长随企业规模与年龄等变动的特征事实以及企业研发投入、生产率或技术创新、对外直接投资、融资约束、物质资本与人力资本等对企业成长的影响效应。本书的研究得到许多有益结论，具有重要政策启示。

第二节　思考与启示

　　企业成长不仅是一个理论问题，还是一个现实问题，值得进一步思考。本书坚持马克思企业规模与成长理论的基本观点，借鉴西方企业规模与成长理论，对中国工业企业成长动态及其影响因素做理论诠释，并采用中国工业企业大量详实数据对此实证研究。本书研究结论富有启示性建议。本书在各章中对此展开了具体论述，在本书的结尾将重申以下内容，以突出本书的重要内涵。

　　第一，生产率是决定中国工业企业成长的关键要素。本书的研究充分体现了：推动企业成长，"发展生产力是硬道理"的论断。在理论上，马克思的企业规模与成长理论强调技术进步或生产率对企业规模变动或企业成长的影响，西方企业规模与成长理论也从多方面对此进行了探讨；在实证上，基于中国制造业企业数据、中国非制造业企业数据以及中国新一代信息技术产业企业的数据，本书实证结果表明，研发投入、生产率与创新对于企业成长均具有积极正向效应。因此，推动中国工业企业成长关键仍然在于生产率或技术进步的提高上。在这一问题上，本书的第四章、第五章与第六章对此进行了详细的论证，并给予了广泛事实证据。

第二，形成大中小型适配的企业规模结构是推动企业成长的重要举措。本书的经验研究结论也反映了近年来随着中国市场经济的发展、经济的快速增长、工业化进程的加快，大企业缺失，而中小企业快速发展的局面。一方面，伴随着工业经济时代向知识经济时代转移的大潮，生产的专业化、集约化要求规模经济与大企业的形成，企业的大型化以及规模经济将深刻影响着整体经济发展，然而，大企业的缺失却成为经济转型中的中国经济的一个显著特征。另一方面，在规模经济赖以生存的批量化、标准化和同质化的市场经济条件正在逐渐削弱的现实情况下，市场需求呈现个性化、多样化和快速变化的特征。中小企业在经济发展中的作用增强。因此，在中国实施"抓大放小"政策措施下，解决大企业缺失，并关注中小企业的成长同样不能忽视。推动中国工业企业成长，形成大中小型适配的企业规模结构是一个重要举措。

第三，完善市场经济体制是促进企业成长的制度保证。对于中国工业企业成长动态及其影响因素的研究，从统计数据上来看，中国工业企业平均规模呈下降趋势，并且企业规模越大企业成长得越慢。不管是从个体层面上数据的考察，还是从总体层面上数据的考察，都显示近年来中国工业企业成长具有一个基本的法则——"企业成长具有'规模依赖'，企业成长率与其规模之间呈负相关。"针对现实经济中企业成长率与企业规模之间的负相关关系，西方学者基于市场有效性假设对此进行了解释，其中约万诺维奇（Jovanovic，1982）的"学习"理论、迪克西（Dixit，1989）、霍本哈因（Hopenhayn，1992）与卡布拉尔（Cabral，1995）等提出的"沉淀成本"理论以及科利和卡德罗尼（Colley and Quadrini，2001）以及格列门蒂和霍本哈因（Glementi and Hopenhayn，2006）等构建的"融资约束"把市场有效性与此相联系，揭示由于信息不对称和不完善、资本市场或金融市场的不完善使得企业成长依赖于其规模。这对于实施经济市场化改革的中国来说具有一定的借鉴意义，中国进行社会主义市场化改革虽然取得了巨大成就，社会主义经济体制进一步完善，市场体系逐渐成熟，但中国的市场经济中不完善不完全的因素仍然存在，特别地，在金融市场上，企业融资难借贷难的问题一直困扰着中国企业的成长乃至中国经济的发展。因此，为企业健康成长培育良好成长空间，市场经济体制改革仍需进一步推进，完善产权制度推动要素市场化改革可成为重要抓手。

　　第四，对内解决企业融资难题，对外实施"走出去"发展战略获取逆向技术溢出提高企业市场竞争力是推动企业成长的重要途径。一方面，"融资难"一直是制约中国企业成长的掣肘，对内解决企业融资约束问题将会进一步释放企业成长的动力与活力。另一方面，提高企业自主创新能力，对外积极实施"走出去"发展战略获取逆向技术溢出提高企业竞争力也将会进一步推动中国工业企业成长。在这一方面，本书的第七章和第八章已经具体展开了相关论证，可以为相关政策的制定与实施提供依据。

　　第五，怎样提高中国工业企业人力资本份额和人力资本利用率和怎样解决中国工业化进程中劳动力份额偏低的问题是中国工业结构调整以及中国经济发展中两个需要解决的重要问题。由本书第九章研究结果可知，中国工业企业规模的扩张制约着工业企业成长，降低物质资本份额，提高人力资本份额和人力资本利用率可以减少中国工业企业规模对其成长率的负面影响。人力资本的提高在中国工业转型升级过程中产生重要作用，虽然改革开放多年来中国工业经济已经获得了飞速发展，但物质资本投资主导型粗放式增长格局仍然没有得到彻底改观，较高的物资资本份额和工业化转型升级中所要求的人力资本份额的提高，使得中国工业所能容纳的劳动力份额比重偏低。因此，怎样提高中国工业人力资本份额和人力资本利用率和怎样解决中国工业化进程中劳动力份额偏低的问题是中国工业结构调整以及中国经济发展中两个需要解决的重要问题。

　　除此之外，本书还分析影响企业成长的产权特征、地区差异与出口需求等多方面的影响因素，具体在各章节都有所论证。不同的影响因素对企业成长的影响效应具有差异，可能带来正向效应，也可能带来负面效应。因此，在推动中国工业企业成长政策取向上，应发挥其正面影响效应，避免其负面影响效应。

　　本书对于中国工业企业成长动态及其影响因素的研究，已经取得了一些研究成果，为推动工业企业成长与转型升级提供了理论阐释与中国经验。然而，企业成长问题的研究仍然有待深入。关于企业成长问题的研究可以改进之处可能有如下方面：第一，由于数据可得性的限制，使得在数据的选用上还存在着一定的不足。本书使用的《中国工业行业数据库》的数据期间为2003～2010年，上市公司数据库的数据期间为2000～2010年，《中国工业企业数据库》的数据期间为1998～2007年。虽然，采用这些数据可以对这一时期的企业成长问题进行探究，但是，随着时间的演进，使得研究不能够追溯到当前的企业成长问题，使本书的研究受到限制。第二，由于影响企业成长的因素众多，本书研究的中国工业企业成长因素还不能面面俱到，现实中仍然有许多因素有待分析。第三，在研究方法上，限于本人研究能力的局限，还需要进一步地改进，使其更切入问题的分析。特别地，随着具有微观基础的 DSGE 模型的发展，如何更切合实际地采用 DSGE 模型分析企业成长动态及其影响因素这一方面还可以做进一步探究。需要突出说明的是，对马克思经济学理论应用到具体问题的研究中，本着求同存异的态度，如何把马克思经济学与西方经济学深入融合应用到现实经济问题的分析中还需要进一步地探索。

本书的研究可以为今后这一方面的研究提供基础性材料，在本书研究基础上，还可以延伸研究很多内容。

其一，"数字金融"发展对小微企业成长动态的影响研究。当前，数字经济时代下的数字金融是金融创新和未来的发展方向。与传统金融不同，数字金融具有普惠和服务型特点，在获客方面，是扁平化、平台化的金融，在大数据的加持下，低成本也成为其显著优势。[①] 国内的金融机构在数字金融的探索实践中已取得比较重大的突破。例如，目前的工商银行、农业银行、浦发银行通过建立购物平台、社交平台、客户分析平台和融资决策平台等搭建银行与客户沟通的桥梁，以及蚂蚁金服的新型金融服务模式——"310 模式"，通过这一模式可以为数以百万的小微商家和个体创业者提供金融服务。数字金融是推动经济技术创新的主力军，是推动深化改革的主要力量，极大促进了经济发展和市场经济繁荣，对提高金融市场与金融机构的运作效率都有很大的推动作用，也是促进小微企业成长的奠基石。一直以来，小微企业面临成本高、风险大、融资难、税负重、人才缺乏等问题。数字金融的快捷性、高渗透性、可持续性和经济性能够很好地解决小微企业所面临的问题，尤其是数字金融服务体系的完善能够推进小微企业的数字化转型。并且，加强小微企业数字金融服务，是金融支持实体经济和稳定就业、鼓励创业的重要内容，事关经济社会发展全局。因此，强调数字金融发展对小微企业成长动态的影响研究具有重要现实意义。

其二，税收激励政策对企业成长动态的影响研究。从中国企业规模演进或企业成长的动态来看，随着中国改革进入深化阶段，在国企改革以及放宽非公有制经济市场准入等制度设计和政策支持下，一大批非公有制经

① 中国人民银行武汉分行调查统计处分析师刘小二，数字金融——未来金融新蓝海，清华金融评论速递，2019 – 03 – 25，https://www.sohu.com/a/303732511_550313。

济迅速崛起，国有企业也在建立现代企业制度、股份制改革以及抓大放小的产权制度改革的过程中获得了快速发展的活力。其中，激励企业成长的税收政策发挥着重要作用，一系列的减税政策推动供给侧结构性改革。2016 年 3 月 23 日，财政部、国家税务总局联合发布《关于全面推开营业税改征增值税试点的通知》，规定从 2016 年 5 月 1 日起，将"营改增"试点范围扩大到建筑业、房地产业、金融业、生活服务业，并将所有企业新增不动产所含增值税纳入抵扣范围，确保所有行业税负只减不增。现有的研究表明：低税率企业的规模会变得比社会最优规模大，而高税率企业的生产规模会小于社会最优规模，在税负差异的驱动下，劳动、资本、土地等生产要素会从高税率企业流向低税率企业，产生资源错配，从而降低整个产业对生产要素总体的利用效率。税收激励影响企业投资行为特征，而且不同特征的企业对于税收激励的敏感性并不相同，相对于大型企业来说，中小型企业由于受到融资约束或凸性调整成本等因素的影响，对于税收激励的反应更为敏感。因此，税收政策与企业成长及其规模分布密切相关。就影响机制来看，税收激励政策影响企业的资源配置与技术进步，从而影响单个企业成长或规模扩张，而从一个经济体或一个产业层面上来看，会影响经济体的市场结构或产业结构，从而从整体上来看，就会影响企业整体规模分布状况。因此，从分布规律视角研究税收激励政策对中国企业成长动态的影响也具有重要的现实意义。

尤其是，2007 年世界金融危机过后，全球经济已经呈下行变动，受 2019 年底全球新冠肺炎疫情的影响，国际经济下行压力将会增大，经济形势将会发生很大变化。随着中国经济的不断发展，中国工业企业成长动态将不断演进，探究新形势下中国工业企业成长动态演进规律将能够准确把握其发展方向，这一方面的研究可以进一步再推进。其他方面，例如，企业成长的内在动力机制以及政府的补贴政策、货币金融政策等外部因素也会影响中国工业企业成长，探讨其影响机制、分析其影响效应可以为推动中国工业企业成长相关政策的制定与实施提供决策参考。还比如，国内缺乏跨地区大型企业的一个原因可能在于，国内地区分割等制度因素影响中国工业企业成长，如何推进制度建设促进企业成长也是一个重要课题。等等诸多方面可以作为本书进一步研究的延伸，对此深入研究可以为推动中国工业企业成长动态演进与转型升级提供更多方面的理论与经验支持。

最后，希望本书的研究对于推动中国工业企业的健康成长与整体工业经济的结构优化与转型升级以及整体国家的经济发展能够提供有用之处。

参 考 文 献

一、中文部分

[1] 爱迪斯，2004，《企业生命周期》，中译本，华夏出版社。

[2] 白光、马国忠，2003，《企业发展力》，中国经济出版社。

[3] 白俊红、刘宇英，2018，《对外直接投资能否改善中国的资源错配》，《中国工业经济》第 2 期，第 1~19 页。

[4] 白重恩、钱震杰、武康平，2008，《中国工业部门要素分配份额决定因素研究》，《经济研究》第 8 期，第 16~28 页。

[5] 波特，1997，《竞争战略》，中译本，华夏出版社。

[6] 曹啸、吴军，2002，《中国金融发展和经济增长关系的格兰杰因果检验和特征分析》，《财贸经济》第 5 期，第 40~43 页。

[7] 陈东琪、邹德文，2009，《共和国经济 60 年》，人民出版社。

[8] 陈佳贵、黄群慧、吕铁、李晓华等，2012，《中国工业化进程报告（1995~2010）》，社会科学文献出版社。

[9] 陈强，2014，《高级计量经济学及 Stata 应用（第二版）》，高等教育出版社。

[10] 陈小洪，1998，《"八五"计划以来中国企业规模结构的演变与展望》，《中国工业经济》第 3 期，第 42~47 页。

[11] 陈小梅，2004，《企业规模决定因素的理论综述》，《福建行政学院福建经济管理干部学院学报》第 2 期，第 50~54 页。

[12] 陈晓峰，2010，《中国式失败》，中国经济出版社。

[13] 陈耀、汤学俊，2006，《企业可持续成长能力及其生成机理》，《管理世界》第 12 期，第 111~114 页。

[14] 陈永志，2007，《马克思企业管理理论与当代管理劳动的变化》，《当代经济研究》第 10 期，第 1~6 页。

［15］程承坪，2004，《论企业的边界和规模》，《数量经济技术经济研究》第 6 期，第 78～83 页。

［16］程惠芳、幸勇，2003，《中国科技企业的资本结构、企业规模与企业成长性》，《世界经济》第 12 期，第 72～75 页。

［17］程启智，1999，《马克思的企业理论与科斯等人的企业理论的比较研究》，《当代经济研究》第 6 期，第 57～61 页。

［18］崔彩周，2008，《当代西方马克思主义企业规模理论研究》，《当代经济研究》第 8 期，第 15～20 页。

［19］德赫斯，1998，《长寿公司》，中译本，经济日报出版社。

［20］德罗奈，2001，《金融垄断资本主义》，《马克思主义与现实》第 5 期，第 79～81 页。

［21］迪德里奇等，2001，《全球资本主义的终结：新的历史蓝图》，中译本，人民文学出版社。

［22］范明、汤学俊，2004，《企业可持续成长的自组织研究：一个一般框架及其对中国企业可持续成长的应用分析》，《管理世界》第 10 期，第 107～113 页。

［23］方明月，2010，《企业规模研究的新方法：基于分布规律视角》，《制度经济学研究》第 1 期，第 209～224 页。

［24］方明月、聂辉华，2008，《企业规模决定因素的经验考察：来自中国企业面板的证据》，《南开经济研究》第 6 期，第 27～36 页。

［25］方明月、聂辉华，2010，《中国工业企业规模分布的特征事实：齐夫定律的视角》，《产业经济评论》第 6 期，第 1～17 页。

［26］弗莱姆兹，1998，《增长的痛苦》，中译本，中国经济出版社。

［27］弗鲁博顿、芮切特，2006，《新制度经济学》，中译本，上海三联出版社、上海人民出版社。

［28］傅红岩，1998，《吉布莱特定律与西方企业成长理论评述》，《经济学动态》第 8 期，第 69～72 页。

［29］格林，1996，《计量经济分析》，中译本，中国人民大学出版社。

［30］郭庆旺、贾俊雪，2005，《中国全要素生产率的估算：1979—2000》，《经济研究》第 6 期，第 51～60 页。

［31］哈贝马斯，1999，《超越民族国家？——论经济全球化的后果

问题》,《马克思主义与现实》第 5 期,第 60~64 页。

[32] 韩国高、高铁梅、王立国、齐鹰飞、王晓姝,2011,《中国制造业产能过剩的测度、波动及成因研究》,《经济研究》第 12 期,第 18~31 页。

[33] 郝臣,2006,《中小企业成长:政策环境与企业绩效》,《上海经济研究》第 11 期,第 15~22 页。

[34] 贺小刚、李新春,2005,《企业家能力与企业成长:基于中国经验的实证研究》,《经济研究》第 10 期,第 101~111 页。

[35] 胡鞍钢、郑京海、高宇宁、张宁、许海萍,2008,《考虑环境因素的省级技术效率排名》,《经济学(季刊)》第 3 期,第 993~960 页。

[36] 黄华,2005,《马克思企业管理思想述评及其启示》,《天津市财贸管理干部学院学报》第 2 期,第 18~20 页。

[37] 黄泰岩、王检贵,2000,《企业规模是如何决定的》,《中国经济问题》第 4 期,第 12~19 页。

[38] 简泽、张涛、伏玉林,2014,《进口自由化、竞争与本土企业的全要素生产:基于中国加入 WTO 的一个自然实验》,《经济研究》第 8 期,第 120~132 页。

[39] 蒋冠宏、蒋殿春,2012,《中国对外投资的区位选择:基于投资引力模型的面板数据检验》,《世界经济》第 9 期,第 21~40 页。

[40] 蒋冠宏、蒋殿春,2014,《中国企业对外直接投资的"出口效应"》,《经济研究》第 5 期,第 160~173 页。

[41] 蒋一苇,1979,《"企业本位论"刍议:试论社会主义制度下企业的性质及国家与企业的关系》,《经济管理》第 6 期,第20~27 页。

[42] 蒋一苇,1980,《论社会主义企业管理的特征》,《经济管理》第 11 期,第 14~22 页。

[43] 蒋一苇,1980,《企业本位论》,《中国社会科学》第 1 期,第 21~36 页。

[44] 金碚,2012,《中国企业竞争力报告(2012)》,社会科学文献出版社。

[45] 金辉,1998,《企业规模变迁的实质:企业的大中小问题》,

《南开经济研究》第 4 期，第 28 ~ 30 页。

[46] 康季军、张宗益、傅蕴英，2005，《金融发展与经济增长之因果关系——中国、日本、韩国的经验》，《金融研究》第 10 页，第 20 ~ 31 页。

[47] 康芒斯，2006，《制度经济学》，中译本，商务印书馆。

[48] 李斌、江伟，2006，《金融发展、融资约束与企业成长》，《南开经济研究》第 3 期，第 68 ~ 78 页。

[49] 李布，2007，《大有大的难 小有小的好：如何掌握企业规模》，中国时代经济出版社。

[50] 李洪亚，2019，《OFDI 与中国制造业企业成长》，《经济学报》第 2 期，第 177 ~ 216 页。

[51] 李洪亚，2014，《R&D、企业规模与成长关系研究：基于中国制造业企业数据：2005 ~ 2007》，《世界经济文汇》第 3 期，第 98 ~ 120 页。

[52] 李洪亚，2016，《产业结构变迁与中国 OFDI：2003 ~ 2014 年》，《数量经济技术经济研究》第 10 期，第 76 ~ 93 页。

[53] 李洪亚，2016，《生产率、规模对企业成长与规模分布会有什么样的影响？：基于 1998 ~ 2007 年中国非制造业工业企业数据的实证研究》，《南开经济研究》第 2 期，第 92 ~ 115 页。

[54] 李洪亚、宫汝凯，2016 ，《技术进步与中国 OFDI：促进与溢出的双重考察》，《科学学研究》第 1 期，第 57 ~ 68 页。

[55] 李洪亚、史学贵、张银杰，2014 ，《融资约束与中国企业规模分布研究——基于中国制造业上市公司数据的分析》，《当代经济科学》第 2 期，第 95 ~ 109 + 127 ~ 128 页。

[56] 李劲竹、王丹，2006，《从马克思的资本潜能理论看企业成长》，《当代经理人》第 16 期，第 46 页。

[57] 李科、徐龙炳，2009，《资本结构、行业竞争与外部治理环境》，《经济研究》第 6 期，第 116 ~ 128 页。

[58] 李科、徐龙炳，2011，《融资约束、债务能力与公司业绩》，《经济研究》第 5 期，第 61 ~ 73 页。

[59] 李磊、白道欢、冼国明，2016，《对外直接投资如何影响了母国就业？——基于中国微观企业数据的研究》，《经济研究》第 8 期，第 144 ~ 158 页。

［60］ 李凌，1983，《社会化大生产和小企业》，《中国社会科学》第 2 期，第 129～143 页。

［61］ 李石泉、王炜，1998，《马克思的企业理论》，《财经研究》第 7 期，第 3～11 页。

［62］ 李松玉，2003，《全球化与新自由主义》，《国外理论动态》第 9 期，第 7～10 页。

［63］ 李鑫伟、牛雄鹰，2017，《国际化路径、技术创新与区域中小企业成长——基于省际面板数据的实证检验》，《技术经济》第 6 期，第 24～31 页，第 39 页。

［64］ 李鑫伟、牛雄鹰，2017，《国际化路径与区域中小企业成长的关系：互补或替代》，《经济与管理》第 6 期，第 70～76 页。

［65］ 李延喜、杜瑞、高锐、李宁，2007，《上市公司投资支出与融资约束敏感性研究》，《管理科学》第 1 期，第 82～88 页。

［66］ 李泳，2009，《中国企业对外直接投资成效研究》，《管理世界》第 9 期，第 34～43 页。

［67］ 李悦、陈胜昌，1981，《试论工业企业的规模结构》，《中国社会科学》第 1 期，第 65～76 页。

［68］ 刘彪文，2010，《企业成长论》，线装书局。

［69］ 刘灿，1997，《马克思企业理论与科斯企业理论的比较和再认识》，《当代经济研究》第 3 期，第 57～61 页。

［70］ 刘朝明，2004，《企业成长》，天地出版社。

［71］ 刘刚，2003，《企业成长之谜：一个演化经济学的解释》，《南开经济研究》第 5 期，第 9～14 页。

［72］ 刘海云、聂飞，2015，《中国制造业对外直接投资的空心化效应研究》，《中国工业经济》第 4 期，第 83～96 页。

［73］ 刘小玄、李双杰，2008，《制造业企业相对效率的度量和比较及其外生决定因素（2000～2004）》，《经济学（季刊）》第 3 期，第 843～868 页。

［74］ 鲁晓东、连玉君，2012，《中国工业企业全要素生产率估计：1999～2007》，《经济学（季刊）》第 2 期，第 541～558 页。

［75］ 罗利、2007，《财产权与民主的限度》，中译本，商务印书馆。

［76］ 罗长远、张军，2009，《经济发展中的劳动收入占比：基于中国产业数据的实证研究》，《中国社会科学》第 4 期，第 65～

79 页。

[77] 罗仲伟，2009，《新中国企业规模演变的历史轨迹》，《学习与探索》第 5 期，第 20～29 页。

[78] 马克思，1975，《资本论》1～3 卷，中译本，人民出版社。

[79] 马克思、恩格斯，1995，《马克思恩格斯选集》，人民出版社。

[80] 马歇尔，2004，《经济学原理》，中译本，华夏出版社。

[81] 毛其淋、许家云，2017，《中间品贸易自由化提高了企业加成率吗?：来自中国的证据》，《经济学季刊》第 2 期，第 45～84 页。

[82] 纳尔逊、温特，1997，《经济变迁的演化理论》，中译本，商务印书馆。

[83] 聂辉华、谭松涛、王宇锋，2008，《创新、企业规模和市场竞争：基于中国企业层面的面板数据分析》，《世界经济》第 7 期，第 57～66 页。

[84] 诺斯，1994，《制度、制度变迁和经济绩效》，中译本，上海三联书店。

[85] 潘晶晶，2009，《企业成长的制度经济学分析》，《经济研究导刊》第 19 期，第 18～19 页。

[86] 彭罗斯，2007，《企业成长理论》，中译本，上海三联书店。

[87] 邱海平，1999，《马克思关于企业规模的理论》，《河南社会科学》第 2 期，第 16～23 页。

[88] 邱海平，2000，《马克思的企业规模理论研究》，《当代经济研究》第 8 期，第 5～14 页。

[89] 邱海平，2001，《生产社会化的二重发展与企业规模的变化》，《教学与研究》第 4 期，第 47～52 页。

[90] "人力资本结构研究"课题组，2012，《人力资本与物质资本的匹配及其效率影响》，《统计研究》第 4 期，第 32～38 页。

[91] 沈坤荣、张成，2003，《中国企业的外源融资与企业成长：以上市公司为案例的研究》，《管理世界》第 7 期，第 120～126，143，155 页。

[92] 沈坤荣、张成，2004，《金融发展与中国经济增长：基于跨地区动态数据的实证研》，《管理世界》第 7 期，第 15～21 页。

[93] 施韦卡特，2002，《关于马克思主义和向社会主义转型的十个

命题（上）》，《国外理论动态》第 9 期，第 22～24 页。

[94] 斯密，1972，《国民财富的性质和原因的研究》，中译本，商务印书馆。

[95] 孙援朝，1995，《美国奥尔曼教授认为当今西方资本主义正在走向崩溃》，《国外理论动态》第 1 期，第 5～7 页。

[96] 谈儒勇，1999，《中国金融发展与经济增长关系的实证研究》，《经济研究》第 10 期，第 40～59 页。

[97] 汤明，2007，《企业成长的四维理论》，经济科学出版社。

[98] 唐隆华、宋劲松，2000，《西方经济学中的企业规模理论》，《当代经济研究》第 3 期，第 52～58 页。

[99] 唐跃军、宋渊洋，2008，《中国企业规模与年龄对企业成长的影响：来自制造业上市公司的面板数据》，《产业经济研究》第 6 期，第 28～35 页。

[100] 汪良军，2006，《企业成长与企业家活动分析：兼论企业成长中的路径依赖及其超越》，经济科学出版社。

[101] 王文春、荣昭，2014，《房价上涨对工业企业创新的抑制影响研究》，《经济学（季刊）》第 2 期，第 465～490 页。

[102] 王小鲁，2000，《中国经济增长的可持续性与制度变革》，《经济研究》第 7 期，第 3～15 页。

[103] 王永进、盛丹、李坤望，2017，《中国企业成长中的规模分布：基于大企业的研究》，《中国社会科学》第 3 期，第 26～47 页，第 204～205 页。

[104] 威廉姆森、温特，2007，《企业的性质：起源、演变和发展》，中译本，商务印刷馆。

[105] 魏成龙，1998，《中国企业规模分析》，《南开经济研究》第 4 期，第 17～22 页。

[106] 魏锋、刘星，2004，《融资约束、不确定性对公司投资行为的影响》，《经济科学》第 2 期，第 35～43 页。

[107] 沃尔夫，2001，《2000 年的美国经济：一个马克思主义的分析》，《当代经济研究》第 1 期，第 7～12 页。

[108] 吴波，2008，《FDI、知识溢出与本土集群企业成长：基于嘉善木业产业集群的实证研究》，《管理世界》第 10 期，第 87～95 页。

[109] 吴延兵，2006，《R&D 与生产率：基于中国制造业的实证研究》，《经济研究》第 11 期，第 60～71 页。

[110] 吴延兵，2007，《企业规模、市场力量与创新：一个文献综述》，《经济研究》第 5 期，第 125～138 页。

[111] 吴迎春、游常山，2002，《资本主义世界体系正在崩溃：伊曼纽尔·沃勒斯坦访谈录》，《社会科学报》，3 月 14 日。

[112] 吴育辉、魏志华、吴世农，2009，《中国上市公司发行短期融资券的影响因素分析》，《金融研究》第 5 期，第 93～106 页。

[113] 伍德里奇，2003，《计量经济学导论：现代观点》，中译本，中国人民大学出版社。

[114] 肖文、周君芝，2014，《国家特定优势下的中国 OFDI 区位选择偏好——基于企业投资动机和能力的实证检验》，《浙江大学学报（人文社会科学版）》第 1 期，第 184～196 页。

[115] 谢千里、罗斯基、张轶凡，2008，《中国工业生产率的增长与收敛》，《经济学（季刊）》第 3 期，第 809～826 页。

[116] 熊彼特，1990，《经济发展理论》，何畏等译，北京：商务印书馆。

[117] 徐向艺，2011，《制度创新与企业成长研究》，经济科学出版社。

[118] 杨杜，1996，《企业成长论》，中国人民大学出版社。

[119] 殷醒民，1997，《中国工业企业规模的变动趋势研究》，《管理世界》第 3 期，第 136～146 页。

[120] 殷醒民，2003，《中国工业与技术发展》，上海人民出版社。

[121] 余淼杰，2010，《中国的贸易自由化与制造业企业生产率》，《经济研究》第 12 期，第 97～110 页。

[122] 张杰、李勇、刘志彪，2008，《出口与中国本土企业生产率：基于江苏制造业企业的实证分析》，《管理世界》第 11 期，第 50～64 页。

[123] 张杰、李勇、刘志彪，2009，《出口促进中国企业生产率提高吗？：来自中国本土制造业企业的经验证据：1999～2003》，《管理世界》第 12 期，第 11～26 页。

[124] 张军，2002，《资本形成、工业化与经济增长：中国的转轨特征》，《经济研究》第 6 期，第 3～13 页。

[125] 张玲、曾维火，2004，《基于 Z 值模型的中国上市公司信用评级研究》，《财经研究》第 6 期，第 5～13 页。

[126] 张世鹏，1995，《德国学者论资本主义向"后福特主义劳动社会"过渡中的劳动问题》，《国外理论动态》第 30 期，第 237～240 页。

[127] 张维迎，1995，《企业的企业家——契约理论》，上海三联出版社、上海人民出版社。

[128] 张维迎、周黎安、顾全林，2005，《高新技术企业的成长及其影响因素：分位回归模型的一个应用》，《管理世界》第 10 期，第 94～101，112，172 页。

[129] 张银杰，1998，《马克思的企业理论与新制度经济学的企业理论之比较》，《教学与研究》第 10 期，第 47～51 页。

[130] 张银杰，2004，《现代企业制度新论——企业疑难问题探索》，上海财经大学出版社。

[131] 赵桂芹、周晶晗，2007，《公司成长与规模是否遵循吉布莱特法则——对中国非寿险公司的实证检验》，《产业经济研究》第 3 期，第 11～16 页。

[132] 郑江淮、何旭强、王华，2001，《上市公司投资的融资约束：从股权结构角度的实证分析》，《金融研究》第 11 期，第 92～99 页。

[133] 郑京海、胡鞍钢、Arge Bigsten，2008，《中国的经济增长能否持续?：一个生产率视角》，《经济学（季刊）》第 3 期，第 777～808 页。

[134] 郑玉歆，1999，《全要素生产率的测度及经济增长方式的"阶段性"规律》，《经济研究》第 5 期，第 55～60 页。

[135] 周景勤，1995，《关于企业理论的探讨》，《经济学动态》第 5 期，第 29～31 页。

[136] 周亚虹、贺小丹、沈瑶，2012，《中国工业企业自主创新的影响因素和产出绩效研究》，《经济研究》第 5 期，第 107～119 页。

[137] 周业安，1999，《金融抑制对中国企业融资能力影响的实证分析》，《经济研究》第 2 期，第 13～20 页。

[138] 朱丽，2002，《企业成长与并购》，《南开经济研究》第 3 期，

第 42～44 页。

［139］朱蔚文，1983，《重温马克思关于管理二重性的原理》，《湘潭大学社会科学学报》第 2 期，第 33～38 页。

［140］朱钟棣，2004，《当代国外马克思主义经济理论研究》，人民出版社。

［141］诸竹君、黄先海、宋学印，2016，《中国企业对外直接投资促进了加成率提升吗?》，《数量经济技术经济研究》第 6 期，第 77～93 页。

二、外文部分

［1］Acemoglu, D. , and D. Cao, 2015, "Innovation by Entrants and Incumbents", *Journal of Economic Theory*, 157, PP255 – 294.

［2］Ackerberg, D. A. , K. Caves, and G. Frazer, 2015, "Identification Properties of Recent Production Function Estimators", *Econometrica*, 83（6）, PP2411 – 2451.

［3］Akcigit, U. , and W. R. Kerr, 2016, "Growth through Heterogeneous Innovations", Harvard Business School Entrepreneurial Management Working Paper No. 11 – 044.

［4］Albuquerque, R. , and H. Hopenhayn, 2004, "Optimal Lending Contracts and Firm Dynamics", *Review of Economic Studies*, 71（2）, PP285 – 315.

［5］Angelini, P. , and A. Generale, 2008, "On the Evolution of Firm Size Distributions", *American Economic Review*, 98（1）, PP426 – 438.

［6］Arellano, M. , and O. Bover, 1995, "Another Look at the Instrumental Variable Estimation of Error – Components Models", *Journal of Econometrics*, 68（1）, PP29 – 51.

［7］Audretsch, D. , L. Klomp, E. Santarelli, and A. Thurik, 2004, "Gibrat's Law: Are the Services Different?", *Review of Industrial Organization*, 24（3）, PP301 – 324.

［8］Aw, B. , 2002, "Productivity Dynamics of Small and Medium Enterprises in Taiwan", *Small Business Economics*, 18, PP69 – 84.

［9］Becker, S. O. , K. Ekholm, R. Jäckie, and M. Muendler, 2005,

"Location Choice and Employment Decisions: A Comparison of German and Swedish Multinationals", *Review of World Economics / Weltwirtschaftliches Archiv*, 141 (4), PP693 – 731.

[10] Bianchini, S. , G. Pellegrino, and F. Tamagni, 2016, "Innovation Strategies and Firm Growth", IEB Working Paper N. 2016/10.

[11] Blundell, R. , and S. Bond, 1998, "Initial Conditions and Moment Restrictions in Dynamic Panel Data Models", *Journal of Econometrics*, 87 (1), PP115 – 143.

[12] Boermans, M. A. , and H. Roelfsema, 2016, "Small Firm Internationalization, Innovation, and Growth", *International Economics and Economic Policy*, 13 (2), PP283 – 296.

[13] Bogliacino, F. , M. Piva, and M. Vivarelli, 2012, "R&D and Employment: An Application of the LSDVC Estimator Using European Microdata", *Economics Letters*, (116), PP56 – 59.

[14] Brouwer, E. , A. Kleinknecht, and J. Reijnen, 1993, "Employment Growth and Innovation at the Firm Level An Empirical Study", *Journal of Evolutionary Economics*, (3), PP153 – 159.

[15] Cabral, L. , and J. Mata, 2003, "On the Evolution of the Firm Size Distribution: Facts and Theory", *American Economic Review*, 93 (4), PP161 – 172.

[16] Cabral, L. , 1995, "Sunk Costs, Firm Size and Firm Growth", *Journal of Industrial Economics*, 43 (2), PP161 – 172.

[17] Capasso, M. , T. Treibich, and B. Verspagen, 2015, "The Medium-term Effect of R&D on Firm Growth", *Small Business Economics*, 45 (1), PP39 – 62.

[18] Castellani, D. , I. Mariotti, and L. Piscitello, 2008, "The Impact of Outward Investments on Parent Company's Employment and Skill Composition Evidence from the Italian Case", *Structural Change and Economic Dynamics*, 19 (1), PP81 – 94.

[19] Caves, R. , 1998, "Industrial Organization and New Findings on the Turnover and Mobility of Firms", *Journal of Economic Literature*, 36 (4), PP1947 – 1982.

[20] Cefis, E. , and L. Orsenigo, 2001, "The Persistence of Innovative

Activities: A Cross-countries and Cross-sectors Comparative Analysis", *Research Policy*, 30 (7), PP1139 – 1158.

[21] Chen, T. , and Y. Ku, 2000, "The Effect of Foreign Direct Investment on Firm Growth: the Case of Taiwan's Manufacturers", *Japan and the World Economy*, 12 (2), PP153 – 172.

[22] Chen, W. , and H. Tang, 2014, "The Dragon is Flying West: Micro-level Evidence of Chinese Outward Direct Investment", *Asian Development Review*, 31 (2), PP109 – 140.

[23] Chesher, A. , 1979, "Testing the Law of Proportionate Effect", *Journal of Industrial Economics*, 27 (4), PP 403 – 411.

[24] Clementi, G. , and H. Hopenhayn, 2006, "A Theory of Financing Constraints and Firm Dynamics", *Quarterly Journal of Economics*, 121 (1), PP229 – 265.

[25] Coad, A. , and R. Rao, 2010, "R&D and Firm Growth Rate Variance", *Economics Bulletin*, 30 (1), PP702 – 708.

[26] Coad, A. , and R. Rao, 2008, "Innovation and Firm Growth in High-tech Sectors: A Quantile Regression Approach", *Research Policy*, 37 (4), PP633 – 648.

[27] Coad, A. , and T. Broekel, 2012, "Firm Growth and Productivity Growth: Evidence From a Panel VAR", *Applied Economics*, 44 (10), PP1251 – 1269.

[28] Cohen, W. , and D. Levintha, 1989, "Innovation and Learning: The Two Faces of R&D", *Economic Journal*, 99 (397), PP569 – 596.

[29] Cooley, F. , and V. Quadrini, 2001, "Financial Markets and Firm Dynamics", *American Economic Review*, 91 (5), PP1286 – 1310.

[30] Cozza, C. , R. Rabellotti, and M. Sanfilippo, 2015, "The Impact of Outward FDI on the Performance of Chinese Firms", *China Economic Review*, 36, PP 42 – 57.

[31] Daunfeldt, S. , and E. Niklas, 2013, "When is Gibrat's Law a Law?", *Small Business Economics*, 41 (1), PP133 – 147.

[32] Debaere, P. , H. Lee, and J. Lee, 2010, "It Matters Where You Go: Outward Foreign Direct Investment and Multinational Employ-

ment Growth at Home", *Journal of Development Economics*, 91 (2), PP301 – 309.

[33] Demirel, P. , and M. Mazzucato, 2012, "Innovation and Firm Growth: Is R&D Worth It?" *Industry and Innovation*, 19 (1), PP45 – 62.

[34] Desai, M. A. , C. F. Foley, and, J. R. Hines, 2009, "Domestic Effects of the Foreign Activities of US Multinationals", *American Economic Journal: Economic Policy*, 1 (1), PP 181 – 203.

[35] Desai, M. A. , C. F. Hines, and R. J. James, 2005, "Foreign Direct Investment and the Domestic Capital Stock", *American Economic Review*, *Papers and Proceedings of the One Hundred Seventeenth Annual Meeting of the American Economic Association*, *PA*, 95 (2), PP33 – 38.

[36] Dixit, A. , 1989, "Entry and Exit Decisions under Uncertainty", *Journal of Political Economy*, 97 (2), PP620 – 638.

[37] Doms, M. , T. Dunne, and M. J. Roberts, 1995, "The Role of Technology Use in the Survival and Growth of Manufacturing Plants", *International Journal of Industrial Organization*, 13 (4), PP523 – 542.

[38] Du Reitz, G. , 1975, "New Firm Entry in Swedish Manufacturing Industries during the Post – War period", Doctoral Dissertation, Stockholm.

[39] Dunne, T. , J. Roberts, and L. Samuelson, 1989, "The Growth and Failure of U. S. Manufacturing Plants", *Quarterly Journal of Economics*, 104 (4), PP 671 – 698.

[40] Dunne, P. , and A. Hughes, 1994, "Age, Size, Growth and Survival: UK Companies in the 1980s", *Journal of Industrial Economics*, 42 (2), PP115 – 140.

[41] Dunne, T. , J. Roberts, and L. Samuelson, 1989, "The Growth and Failure of U. S. Manufacturing Plants", *Quarterly Journal of Economics*, 104 (4), PP671 – 698.

[42] Evans, D. , 1987a, "The Relationship between Firm Growth, Size and Age: Estimates for 100 Manufacturing Industries", *Journal of*

Industrial Economics, 35 (4), PP567 – 581.

[43] Evans, D., 1987b, "Tests of Alternative Theories of Firm Growth", *Journal of Political Economy*, 95 (4), PP657 – 674.

[44] Falk, M., 2012, "Quantile Estimates of the Impact of R&D Intensity on Firm Performance", *Small Business Economics*, (39), PP19 – 37.

[45] Fishe, R. P. H., G. S. Maddala, and R. P. Trost, 1979, "Estimation of a Heteroscedastics Tobit Model", Manuscript, University of Florida.

[46] Geroski P., S. Machin, and C. Walters, 1997, "Corporate Growth and Profitability", *Journal of Industrial Economics*, 45 (2), PP171 – 190.

[47] Geroski, P., 2005, "Understanding the Implications of Empirical Work on Corporate Growth Rates", *Managerial and Decision Economics*, (26), PP129 – 138.

[48] Giannetti, M., 2003, "Do Better Institutions Mitigate Agency Problems? Evidence from Corporate Finance Choices", *Journal of Financial and Quantitative Analysis*, 38 (1), PP185 – 212.

[49] Gibrat, R., 1931, *Les inkgalitks economiques*, Paris: Librairie du Recueil Sirey.

[50] Greenhalgh, C., M. Longland, and D. Bosworth, 2001, "Technological Activity and Employment in a Panel of UK Firms", *Scortish Journal of Political Economy*, 48 (3), PP260 – 282.

[51] Gu, L., and W. R. Reed, 2013, "Chinese Overseas M&A Performance and the Go Global Policy", *Economics of Transition*, 21 (1), PP157 – 192.

[52] Gugler, K., D. C. Mueller, and B. B. Yurtoglu, 2003, "The Effects of Merger: An International Comparison", *International Journal of Industrial organization*, 21, PP625 – 653.

[53] Hall, B., 1987, "The Relationship between Firm Size and Firm Growth in the U. S. Manufacturing Sector", *Journal of Industrial Economics*, 35 (4), PP583 – 606.

[54] Hall, B., F. Lotti, and J. Mairesse, 2008, "Employment, Inno-

vation and Productivity: Evidence from Italian Microdata", *Industrial and Corporate Change*, 17 (4), PP813 – 839.

[55] Hansen, U. E., N. Fold, and T. Hansen, 2014, "Upgrading to Lead Firm Position via International Acquisition: Learning from the Global Biomass Power Plant Industry", *Journal of Economic Geography*, http: //dx. doi. org/10. 1093/jeg/lbu050.

[56] Hart, P. E., and S. J. Prais, 1956, "The Analysis of Business Concentration: A Statistical Approach", *Journal of the Royal Statistical Society*, Series A 119.

[57] Hart, P., and N. Oulton, 1996, "Growth and Size of Firms", *Economic Journal*, 106 (438), PP1242 – 1252.

[58] Heckman, J., H. Ichimura, and P. E. Todd, 1997, "Matching as an Econometric Evaluation Estimator: Evidence from Evaluating a Job Training Programme", *Review of Economic Studies*, 64 (4), PP605 – 654.

[59] Heckman, J., H. Ichimura, and P. E. Todd, 1998, "Matching as an Econometric Evaluation Estimator", *Review of Economic Studies*, 65 (2), PP261 – 294.

[60] Herzer, D., 2011, "The Long-run Relationship between Outward Foreign Direct Investment and Total Factor Productivity: Evidence for Developing Countries", *Journal of Development Studies*, 47 (5), PP767 – 785.

[61] Hölzl, W., 2009, "Is the R&D Behavior of Fast-growing SMEs Different? Evidence from CIS III Data for 16 Countries", *Small Business Economics*, (33), PP59 – 75.

[62] Hopenhayn, H., 1992, "Entry, Exit, and Firm Dynamics in Long Run Equilibrium". *Econometrica*, 60 (5), PP1127 – 1150.

[63] Hymer, S., and P. Pashigian, 1962, "Firm Size and Rate of Growth", *Journal of Political Economy*, 70 (6), PP556 – 569.

[64] Ijiri, Yuji, and H. A. Simon, 1964, "Business Firm Growth and Size", *American Economic Review*, 54 (2), PP77 – 89.

[65] Imbriani, C., and F. Reganati, 2011, "Outward Foreign Direct Investment and Domestic Performance: the Italian Manufacturing and

Services Sectors", *Atlantic Economic Journal*, 39（4）, PP369 – 381.

［66］ Jane, W. L., and P. W. Beamish, 2006, "SME Internationalization and Performance: Growth vs. Profitability", *Journal of International Entrepreneurship*, 4（1）, PP27 – 48.

［67］ Jovanovic, B., 1982, "Selection and the Evolution of Industry", *Econometrica*, 50（5）, PP 649 – 670.

［68］ Klette, J., and S. Forre, 1998, "Innovation and Job Creation in a Small Open Economy—Evidence from Norwegian Manufacturing Plants 1982 – 92", *Economics of Innovation and New Technology*, 5（2 – 4）, PP247 – 272.

［69］ Klette, T., and S. Kortum, 2004, "Innovating Firms and Aggregate Innovation", *Journal of Political Economy*, 112（5）, PP986 – 1018.

［70］ Klette, T., and Z. Griliches, 2000, "Empirical Patterns of Firm Growth and R&D Investment: A Quality Ladder Model Interpretation", *Economic Journal*, 110（463）, PP363 – 387.

［71］ Kokko, A., 2006, "The Home Country Effects of FDI in Developed Economie", EIJS Working Paper No. 225, European Institute of Japanese Studies, Stockholm.

［72］ Laincz, C. A., 2009, "R&D Subsidies in a Model of Growth with Dynamic Market Structure", *Journal of Evolutionary Economics*, 19（5）, PP643 – 673.

［73］ Levinsohn, J., and A. Petrin, 2003, "Estimating Production Functions Using Inputs to Control for Unobservables", *Review of Economic Studies*, 70（2）, PP 317 – 341.

［74］ Levinsohn, J., A. Petrin, and B. Poi, 2003, "Production Function Estimation in Stata using Inputs to Control for Unobservables", *Stata Journal*, 4（2）, PP113 – 123.

［75］ Liu, J., M. Tsou, and J. Hammitt, 1999, "Do Small Plants Grow Faster? Evidence from Taiwan Electronics Industry", *Economics Letters*, （65）, PP121 – 129.

［76］ Liu, W., P. Tsai, and C. Tsay, 2015, "Domestic Impacts of Outward FDI in Taiwan: Evidence from Panel Data of Manufacturing

Firms", *International Review of Economics and Finance*, 39, PP469 – 484.

[77] Lotti, F. , E. Santarelli, and M. Vivarelli, 2003, "Does Gibrat's Law Hold among Young, Small Firms?" *Journal of Evolutionary Economics*, (13), PP213 – 235.

[78] Lucas, R. E. , 1978, "On the Size Distribution of Business Firms", *Bell Journal of Economics*, 9 (2), PP508 – 523.

[79] Lucas, R. E. , 1967, "Adjustment Costs and the Theory of Supply", *Journal of Political Economy*, 75 (4), PP321 – 334.

[80] Luttmer, E. G. J. , 2011, "On the Mechanics of Firm Growth", *Review of Economic Studies*, 78 (3), PP1042 – 1068.

[81] Mansfield, E. , 1962, "Entry, Gibrat's Law, Innovation, and the Growth of Firms", *American Economic Review*, 52 (5), PP1023 – 1051.

[82] Massimo, D. G. , D. L. Adriana, and C. Petraglia, 2009, "Measuring Productivity", Working Paper, IAREG WP5/01.

[83] Meisenzahl, R. , 2016, "Can Financing Constraints Explain the Evolution of the Firm Size Distribution?", *Review of Industrial Organization*, 48 (2), PP 123 – 147.

[84] Montea, A. , and E. Papagni, 2003, "R&D and the Growth of Firms: Empirical Analysis of a Panel of Italian Firms", *Research Policy*, (32), PP1003 – 1014.

[85] Navaretti, G. B. , D. Castellaniy, and A. Disdier, 2010, "How does Investing in Cheap Labour Countries Affect Performance at Home? Firm-level Evidence from France and Italy", *Oxford Economic Papers*, 62 (2), PP234 – 260.

[86] Nolan, P. , 2012, "Is China Buying the World?", Cambridge (UK): Polity Press.

[87] Nurmi, S. , 2004, "Plant Size, Age and Growth in Finish Manufacturing", *Finnish Economic Papers*, 17 (1), PP3 – 17.

[88] Oberhofer, H. , and M. Pfaffermayr, 2013, "Firm Growth in Multinational Corporate Groups", *Empirical Economics*, 44 (3), PP1435 – 1453.

[89] Olley, S. , and A. Pakes, 1996, "The Dynamics of Productivity in the Telecommunications Equipment Industry", *Econometrica*, 64 (6), PP1263 – 1297.

[90] Pfaffermayr, M. , 2004, "Export Orientation, Foreign Affiliates, and the Growth of Austrian Manufacturing Firms", *Journal of Economic Behavior and Organization*, 54 (3), PP411 – 423.

[91] Prabal, K. , and P. Nagaraj, 2014, "Productivity and Firm Size in India", *Small Business Economics*, 42 (4), PP891 – 907.

[92] Rajan, R. G. , and L. Zingales, 2001, "Financial Systems, Industrial Structure, and Growth", *Oxford Review of Economic Policy*, 17 (4), PP467 – 482.

[93] Rosenberg, N. , P. Ince, K. Slog, and A. Plantinga, 1990, "Understanding the Adoption of New Technology in the Forest Products Industry", *Forest Products Journal*, 40 (10), PP15 – 22.

[94] Rossi – Hansberg, E. , and L. J. Wright, 2007, "Establishment Size Dynamics in the Aggregate Economy", *American Economic Review*, 97 (5), PP1639 – 1666.

[95] Rossi – Hansberg, E. , and L. J. Wright. 2007, "Urban Structure and Growth", *Review of Economic Studies*, 74 (2), PP597 – 624.

[96] Samuels, J. , 1965, "Size and the Growth of Firms", *Review of Economic Studies*, 32 (2), PP105 – 112.

[97] Sapienza, H. J. , E. Autio, and S. Zahra, 2003, "Effects of Internationalization on Young Firms' Prospects for Survival and Growth", the Entrepreneurship Division of the Academy of Management.

[98] Segarra, A. , and M. Teruel, 2014, "High-growth Firms and Innovation: An Empirical Analysis for Spanish Firms", *Small Business Economics*, 43 (4), PP 805 – 821.

[99] Segerstrom, P. , 2007, "Intel Economics", *International Economic Review*, 48 (1), PP247 – 280.

[100] Simon, H. , and C. Bonini, 1958, "The Size Distribution of Business Firms", *American Economic Review*, 48 (4), PP607 – 617.

[101] Singh, A. , and G. Whittington, 1975, "The Size and Growth of

Firms", *Review of Economic Studies*, 42 (1) .

[102] Spigarelli, F. , I. Alon, and A. Mucelli, 2013, "Chinese overseas M&A: Overcoming Cultural and Organizational Divides", *International Journal of Technological Learning, Innovation and Development*, 6 (1), PP190 –208.

[103] Stam, E. , and K. Wennberg, 2009, "The Roles of R&D in New Firm Growth", *Small Business Economics*, (33), PP77 –89.

[104] Sutton, J. , 1997, "Gibrat's Legacy", *Journal of Economic Literature*, 35 (1), PP40 –59.

[105] Thompson, P. , 2001, "The Microeconomics of an R&D –Based Model of Endogenous Growth", *Journal of Economic Growth*, 6 (4), PP263 –283.

[106] Viner, J. , 1932, "Cost Curves and Supply Curves", *Zeitschrift fur Nationalokonomie*, (3), PP23 –46.

[107] Whited, T. M. , 1992, "Debt, Liquidity Constraints, and Corporate Investment: Evidence from Panel Data", *Journal of Finance*, 47 (4), PP1425 –1460.

[108] Wooldridge, J. M. , 2002, *Econometric Analysis of Cross Section and Panel Data*, MIT Press.

[109] Xu, X. , 2002, "Have the Chinese Provinces become Integrated under Reform?", *China Economic Review*, 13 (2 –3): 116 –133.

[110] Yang, C. , and C. Huang, 2005, "R&D, Size and Firm Growth in Taiwan's Electronics Industry", *Small Business Economics*, 25 (5), PP477 –487.

[111] Young, A. , 2000, "The Razor's Edge: Distortions and Incremental Reform in the People's Republic of China", *Quarterly Journal of Economics*, 115 (4): 1091 –1135.

[112] Yu, M. , 2010, "Processing Trade. Firms Productivity, and Tariff Reductions: Evidence from Chinese Products", CCER Working Paper, No. E2010007.

[113] Zipf, G. K. , 1949, "Human Behavior and the Principle of Least Effort: An Introduction to Human Ecology", Addison –Wes-ley, Cambridge.

后　记

　　从博士论文到现在的书稿，是前期研究成果的集合，目前书稿已经做了重要修改。书稿的形成离不开众多亲朋好友的帮助和支持，在这里一并表示感谢。回想我博士论文的写作过程，从查资料、开题、整理思路、收集数据、着手撰写到最终定稿整个过程，每一步都付出了众多的努力。在读博士期间，经院老师们的谆谆教诲，使我的专业知识更加扎实、知识体系更加系统、科研素质得到了很大提升。博士论文不仅是我知识和能力的体现，更是老师们谆谆教诲的成果，同时还渗透着同窗好友以及我家人的支持和帮助。在书稿完成之际，谨向曾经教过我的老师们和帮助过我的同学和朋友以及支持我的家人表示衷心的感谢！

　　第一，感谢我的导师张银杰。2009 年师从张银杰老师，多年来被张老师渊博的知识、深厚的学识、严谨的治学态度以及张老师的和蔼可亲所感染。对张老师精彩的授课、独到的观点与风趣的语言仍然记忆犹新。是张老师对企业问题深入的探索引领我进入企业成长问题的研究，不管是我博士论文的选题、搜集资料、开题，还是写作和完稿都渗透着张老师的辛勤劳动。平日里，经常向张老师请教关于企业的问题以及企业成长的问题，张老师百忙之中总是能抽出时间给予指导，张老师不倦的教诲让我感到由衷的敬佩。在这里，向张老师表示真诚的感谢。

　　第二，感谢为我授课和帮助过我的老师们。尤其是我们政治经济学的老师们：程恩富、何玉长、马艳、冒佩华、陈波和张沁悦等。特别地，需要感谢海归老师们：田国强、孙宁、周亚虹、陈庆池、朱东明、贺欣和李哲等，老师们渊博的学识和严谨的治学态度使我终身受益。尤其要感谢马艳老师和何玉长老师，在本书的选题、结构及最后修订过程中提出的宝贵建议。

　　第三，感谢经院的同学们。同学之间的互相关心、互相学习和互相激励将成为日后对博士学习生活中的永恒记忆。另外，还要感谢师兄在日常学习生活中给予我的支持和帮助。

　　第四，感谢家人特别是我的父母。感谢父母和亲人们默默奉献以及对我的宽容和鼓励让我免除了后顾之忧，能够安心读书，完成学业，使书稿得以形成。

　　最后，感谢国家社科基金委后期资助项目的资助，感谢匿名审稿专家提出的宝贵建议，感谢出版社编辑老师们的关心与支持，希望本书能够顺利出版，谢谢！

图书在版编目（CIP）数据

中国工业企业成长动态及其影响因素：事实与诠释/
李洪亚著.—北京：经济科学出版社，2021.9
国家社科基金后期资助项目
ISBN 978 - 7 - 5218 - 2671 - 5

Ⅰ.①中…　Ⅱ.①李…　Ⅲ.①工业企业－企业发展－
研究－中国　Ⅳ.①F425

中国版本图书馆 CIP 数据核字（2021）第 132660 号

责任编辑：程辛宁
责任校对：徐　昕
责任印制：张佳裕

中国工业企业成长动态及其影响因素：事实与诠释
李洪亚　著
经济科学出版社出版、发行　新华书店经销
社址：北京市海淀区阜成路甲 28 号　邮编：100142
总编部电话：010 - 88191217　发行部电话：010 - 88191522
网址：www. esp. com. cn
电子邮箱：esp@ esp. com. cn
天猫网店：经济科学出版社旗舰店
网址：http://jjkxcbs. tmall. com
北京季蜂印刷有限公司印装
710 × 1000　16 开　18 印张　320000 字
2021 年 9 月第 1 版　2021 年 9 月第 1 次印刷
ISBN 978 - 7 - 5218 - 2671 - 5　定价：92.00 元
（图书出现印装问题，本社负责调换。电话：010 - 88191510）
（版权所有　侵权必究　打击盗版　举报热线：010 - 88191661
QQ：2242791300　营销中心电话：010 - 88191537
电子邮箱：dbts@ esp. com. cn）